Die großen Kriminalfälle 2

SERIE
PIPER

Zu diesem Buch

Der St. Pauli-Killer, die erste Kindsentführung der Nachkriegszeit oder der legendäre Ausbrecherkönig, der am Heiligen Abend während des Auftritts des Gefangenenchors das Weite suchte: Diese und viele andere Kriminalfälle, darunter die Schlecker-Entführung oder der Elternmord von Morschen, sorgten im ganzen Land für Aufsehen. In Helfried Spitras Buch zur ARD-Reihe rekonstruieren sieben Autoren und Autorinnen die berühmtesten Kriminalfälle der letzten fünf Jahrzehnte von Saarbrücken bis Rügen, von Lübeck bis Tübingen. Sie bieten Einblicke in die Arbeit der Ermittler und viele neue Informationen aus Prozessunterlagen und Gesprächen mit Zeitzeugen.

Helfried Spitra, geboren in Siebenbürgen, studierte an der Hochschule für Fernsehen und Film in München. Er war Programmchef der Abteilung Kultur und Wissenschaft beim MDR und ist dies in gleicher Funktion heute beim WDR; außerdem ist er Vorsitzender des Geschichtlichen Arbeitskreises der ARD. 2001 erschien der erste Band der »Großen Kriminalfälle«.

Die großen Kriminalfälle 2

Der St. Pauli-Killer, der Ausbrecherkönig und
neun weitere berühmte Verbrechen

Herausgegeben von
Helfried Spitra

Mit 20 Abbildungen

Piper München Zürich

Von Helfried Spitra herausgegeben, liegen in der Serie Piper vor:
Die großen Kriminalfälle 1 (3806)
Die großen Kriminalfälle 2 (4477)

FSC

Dieses Taschenbuch wurde auf FSC-zertifiziertem Papier gedruckt.
FSC (Forest Stewardship Council) ist eine nichtstaatliche, gemeinnützige
Organisation, die sich für eine ökologische und sozialverantwortliche
Nutzung der Wälder unserer Erde einsetzt (vgl. Logo auf der Umschlag-
rückseite).

Ungekürzte Taschenbuchausgabe
Piper Verlag GmbH, München
November 2005
© 2004 Campus Verlag GmbH, Frankfurt/Main
Umschlag/Bildredaktion: Büro Hamburg
Heike Dehning, Charlotte Wippermann,
Alke Bücking, Kathrin Hilse
Umschlagabbildung: Zefa Images
Satz: Fotosatz L. Huhn, Maintal-Bischofsheim
Papier: Munken Print von Arctic Paper Munkedals AB, Schweden
Druck und Bindung: Clausen & Bosse, Leck
Printed in Germany
ISBN-13: 978-3-492-24477-0
ISBN-10: 3-492-24477-7

www.piper.de

Inhalt

Vorwort

Die Deutschen lieben Krimis. Sang noch Bill Ramsey in den fünfziger Jahren »Ohne Krimi geht die Mimi nie ins Bett«, muss es heute wohl heißen, ohne Krimi vergeht kein Fernsehabend. Schimanski, Lena Odenthal, Derrick oder Columbo – das sind nur einige Namen, stellvertretend für die vielen vertraut und lieb gewordenen Wegbegleiter im großen Krimiangebot auf den vielen deutschen Fernsehkanälen.

Das besondere, rege Interesse der Zuschauer an der Kriminalistik hat die Geschichtsredaktionen mehrerer Häuser der ARD vor einigen Jahren veranlasst, eine dokumentarische Reihe der großen deutschen Kriminalfälle seit 1945 zu entwickeln. Mittlerweile sind es rund zwei Dutzend Geschichten geworden, die sie rekonstruiert und erzählt haben. Und ein erstes Buch, ebenfalls im Campus Verlag erschienen, gibt es auch schon dazu.

Diese Kriminalfälle zeigen dem Leser ein breites Panorama der gesellschaftlichen Wirklichkeit der letzten 50 Jahre, und das in Ost- wie in Westdeutschland. Es sind Fälle, die schon während ihrer Aufklärung großes Medieninteresse erfahren haben. Mancher Leser wird sich noch an Bilder oder Schlagzeilen erinnern:

Die erste Kindesentführung der Nachkriegszeit, der Elternmord in Morschen, der legendäre Ausbrecherkönig Lecki, der am Heiligen Abend während des Auftritts des Gefangenenchors das Weite suchte, oder ausgerechnet ein Astrologe als Frauenmörder.

Manchmal war auch die Politik mit verwickelt, wie im berühmten Fall der Saarbrücker Rotlichtgröße Hugo Lacour, Duzfreund so manchen Landespolitikers. In der Öffentlichkeit spekulierte und hoffte man nach seiner Festnahme, dass er kompromittierende Fotos des damaligen Ministerpräsidenten auspacken würde – allerdings vergeblich.

Im Falle des berühmten St. Pauli-Killers Pinzner mussten sogar zwei Hamburger Senatoren zurücktreten, die die politische Verantwortung für seinen »großen Abgang« trugen. Der Profikiller, der im Auftrag der organisierten Kriminalität von Flensburg bis München gemordet hatte, brachte mit einem hereingeschmuggelten Revolver den Staatsanwalt, seine Frau und sich selbst mitten im Polizeipräsidium um.

Auch im Osten Deutschlands spielte die Politik oft mit. Im Fall des »Giftpakets nach Rügen« befasste sich selbst das SED-Politbüro mit dem Fall und entschied auf Todesurteil für den Angeklagten, SED-Mitglied Otto Bergemann. Dieser hatte während seiner Vernehmungen die Beteiligung an Judenerschießungen und auch an Verbrechen gegen russische Kriegsgefangene gestanden – und später widerrufen. Obwohl selbst der Staatsanwalt nur lebenslänglich gefordert hatte, sollte das Todesurteil zeigen, wie der Osten mit einem Kriegsverbrecher umgeht.

Der Fall Schmücker hingegen spiegelt die Zeit der revolutionären Gruppen Anfang der siebziger Jahre in West-Berlin: Er schildert exemplarisch die Sogwirkung auf einen unzufriedenen Jugendlichen, der der Bundesrepublik den revolutionären Kampf ansagt, und zeigt die weniger bekannte Arbeit des Verfassungsschutzes.

Neben dem typischen Bild der damaligen Gesellschaft vermitteln die Dokumentationen auch einen realistischen Einblick in die Arbeit der Ermittler.

Während der Fernsehkrimi für die Aufklärung des Falles höchstens 90, manchmal sogar nur 60 Erzählminuten Zeit hat, dauert es im realen Leben oft Jahre, bis alle Spuren gefunden, verfolgt und ausgewertet sind und bis der Täter überführt ist. Viele Aktenordner mit Tausenden von Seiten dokumentieren die mühsamen, manchmal auch in Sackgassen führenden Ermittlungen. Auch bei aufwändiger und detaillierter Puzzlearbeit bleiben im realen Leben – im Gegensatz zur Fiktion – viele Fragen ungeklärt. Im Spielfilm darf dann Kommissar

Zufall eingreifen und den Fall restlos lösen. In der Realität bleibt uns die vollständige Wahrheit oft verborgen. Manchmal muss, wie im Fall Lacour, trotz fehlender Leiche verhandelt werden, und es kommt dennoch zur Verurteilung des Täters.

Die Dokumentationen der ARD erzählen nochmals die ganze Geschichte und ordnen sie in das Lebensgefühl der Zeit ein. Die Autoren haben dafür in langwieriger und mühsamer Arbeit meterweise Aktenordner durchgewühlt und viele Gespräche mit Angehörigen, Tätern, Zeitzeugen und Ermittlern geführt. Immer hatte der Schutz der Betroffenen und ihrer Familien absoluten Vorrang. Trotzdem war es keine Selbstverständlichkeit, dass diese dann auch vor die Kamera getreten sind und Auskunft gegeben haben. Auch wenn die geschilderten Geschehnisse oft Jahre zurückliegen und die Fälle juristisch abgeschlossen sind, so sind sie für die Beteiligten emotional noch lange nicht bewältigt. Für diesen Mut gebührt den Betroffenen Dank und Anerkennung.

Danken will ich an dieser Stelle auch den Autoren der Filme und der nachfolgenden Texte. Manche sind von Anfang der Reihe an dabei und mussten zuweilen einen langen Atem bewahren. Auch den Polizeibehörden und der Justiz danke ich ausdrücklich für ihr Engagement und ihre Kooperationsbereitschaft. Sie alle haben, neben den vielen Redakteurinnen und Redakteuren der Sender, diese außergewöhnliche Reihe erst möglich gemacht.

Helfried Spitra

Der St. Pauli-Killer

»Ich hab immer nur gedacht, das ist keine echte Waffe, die der da hat, wo soll der die herhaben ...? Aber in dem Moment stand Wolfgang Bistry auf und hat einen Schritt in seine Richtung gemacht, und Werner Pinzner hat geschossen, er hat ihm einfach in den Kopf geschossen ...« Mit diesen Worten beginnt eine Frau von einem Ereignis zu berichten, über das sie 16 Jahre lang geschwiegen hat. Jahre, in denen ihr Name in der Öffentlichkeit nicht genannt, sie nicht erwähnt werden durfte, sie nicht darüber sprechen konnte und wollte. Gitta Berger, die Protokollantin oder – wie die Kriminaler sagen – die Schreibkraft der Soko 855 wurde Zeugin eines grauenvollen Geschehens, das einmalig in der deutschen Kriminalgeschichte werden sollte. Das Jahr 1986 war ein trauriges Jahr für Gitta Berger, ihr Vater war kurz davor gestorben, der 29. Juli 1986 aber sollte der schwärzeste Tag in ihrem Leben sein.

»Werner Pinzner hat mit seiner Frau noch gesprochen. Seine Frau hat sich vor ihm hingekniet, hat den Mund aufgemacht, und er hat ihr durch den Mund in den Kopf geschossen. Und ich wollte wegschauen, aber er hat nur zu mir gesagt: ›Und du schaust zu!‹ Und dann hat er sich mit dem Rücken zu mir gesetzt und hat sich auch erschossen.« Gitta Berger ist damals Anfang 20 und hatte gerade geheiratet. Ihr Mann, ein Polizeibeamter, wird informiert. Mit ihm zusammen verlässt sie den Tatort, den die junge Frau 16 Jahre lang nicht wieder betreten wird. Es ist das ehemalige Polizeipräsidium Hamburg am Berliner Tor. Tatzimmer: ein Vernehmungsraum der Soko 855. Dort sollte an diesem für Hamburger Verhältnisse außergewöhnlich heißen Sommertag die letzte Vernehmung Pinzners stattfinden. Werner Pinzner, genannt »Mucki« oder »der St. Pauli-Killer«. Der Auftragsmörder, der von sich behauptete: »Ich habe von Flensburg bis München gemordet.« Im Tatzimmer, in dem die Beamten mit der Spurensicherung beginnen, steht noch die Schreibmaschine mit dem weißen Blatt Papier, das die Protokollführerin wenige Augenblicke zuvor eingespannt und auf das sie gerade noch das Datum und die Namen der anwesenden Personen getippt hatte, als Werner Pinzner eine Waffe zog, zuerst auf den Staatsanwalt Wolfgang Bistry schoss, seine Ehefrau Jutta und dann sich selbst hinrichtete. Der Staatsanwalt stirbt am darauf folgenden Tag. Auf dem Papier, auf dem Gitta Berger die letzte Vernehmung des St. Pauli-Killers protokollieren sollte, ist auch der Name der Anwältin Pinzners vermerkt. Auch sie ist Zeugin und gibt noch am gleichen Tag ein Fernsehinterview, in dem sie ihre tiefe Betroffenheit zum Ausdruck bringt. Der Name der Anwältin darf aus Gründen des Persönlichkeitsschutzes bis heute nicht genannt werden.

»Der mutmaßlich fünffache Mörder Werner Pinzner wurde heute im Hamburger Polizeipräsidium zum Amokschützen. ... Unklar ist, wie Pinzner an die Waffe gekommen ist. Er war im Sicherheitstrakt des Untersuchungsgefängnisses inhaftiert«, heißt es in der ersten Nachrichtensendung der ARD nach dem Blutbad. Nach den Schüssen im Präsidium: Fragen über Fragen an die verantwortlichen Senatoren. »Frau Leithäuser, wann nehmen Sie Stellung zum Fall Pinzner?«, will ein Fernsehreporter von der damaligen, wegen ihrer Liberalität ohnehin umstrittenen Justizministerin Eva Leithäuser wissen. »Ich habe meine Jacke angezogen, aber nicht meinen Hut genommen«, versucht Leithäuser am 29. Juli noch scherzhaft zu kontern. »Treten Sie zurück?«, wendet sich der Reporter an Rolf Lange, den Innensenator: »Nein ...« Seine Antwort kommt zögerlich, denn Lange weiß bereits, wie es um ihn und seine politische Zukunft nach diesem Fiasko steht. Obwohl das, was an dem Tag bekannt beziehungsweise bekannt gegeben wird, nur die Spitze des Eisbergs sein sollte. Zunächst aber wird eine Nachrichtensperre verhängt.

Mord und Selbstmord im Präsidium – das Ende jahrelanger Ermittlungen der Fachdirektion Organisierte Kriminalität und der Soko

855. Wolfgang Sielaff, viele Jahre lang stellvertretender Polizeipräsident in Hamburg, erklärt: »Dies war ein Stich ins Herz, das war eine Situation, die alles sprengte, was man an Vorstellungskraft hatte.« Mit diesen Worten beschreibt Sielaff das Ende dessen, was man pathetisch als eine glorreiche Zeit für die Innenbehörde bezeichnen könnte. Für den Bereich Innere Sicherheit viel gescholten, hatte Hamburg im Kampf gegen das organisierte Verbrechen mit Wolfgang Sielaff und seiner Abteilung an vorderster Front bundesweit eine Art Vorreiterrolle eingenommen. Martin Köhnke, heute Leitender Staatsanwalt in Hamburg, der seinen engen Freund Wolfgang Bistry zur Soko holte und verlor, zieht eine persönliche Bilanz: »Wenn ich mit diesem Ausgang auch nur im Entferntesten gerechnet hätte, ich hätte auf Erfolg gepfiffen.« Mit den Schüssen im Polizeipräsidium ist die Hoffnung der Hamburger Ermittlungsbehörden zunichte gemacht. »An diesem wunderschönen, extrem heißen Sommertag war mit einem Mal der größte Erfolg zur größten Schmach geworden«, berichtet der Schriftführer der Soko 855, Rolf Bauer, und öffnet erstmals, 16 Jahren später, die Akten, die im Keller des neuen Hamburger Polizeipräsidiums ganze Regalwände füllen.

Organisierte Kriminalität an der Elbe

Der Fall, der zum aufsehenerregendsten der Kriminalgeschichte in der Nachkriegszeit werden sollte, beginnt eigentlich schon Ende der siebziger Jahre. In bestimmten Insider-Kreisen werden Gerüchte laut, dass Polizeibeamte bis hin zu hochrangigen Führungskräften der Polizei auf St. Pauli mit kriminellen Banden gemeinsame Sache machen. Bald werden aus Gerüchten konkrete Verdächtigungen und Verdachtsmomente, sodass sich aufgrund des immer stärker werdenden Drucks der Innenausschuss des Senats erstmalig mit der Frage beschäftigen muss: Gibt es in Deutschland organisierte Kriminalität? Die Politik und mit ihnen die Ermittlungsbehörden können nicht länger wegsehen. Der damalige Innensenator Alfons Pavelczyk macht den ersten Schritt und veranlasst die sofortige Gründung einer neuen Ermittlungsgruppe; die Fachdirektion 65 soll das Ressort OK (Organisierte Kriminalität) in Angriff nehmen. Wolfgang Sielaff muss der Sache nachgehen und erhält schließlich den Auftrag, im Rahmen des Polizeipräsidiums Hamburg diese erste Dienststelle zur Bekämpfung von organisierter Kriminalität in Deutschland aufzubauen.

Die damalige »Größe« auf dem Hamburger Kiez heißt Winfried Schultz, genannt Frieda, und beherrscht angeblich alles, was Rang und Namen auf St. Pauli hat. Schultz werden auch Kontakte zur Mafia in den Vereinigten Staaten nachgesagt, was Wolfgang Sielaff und seine Truppe mehr oder weniger stichhaltig nachweisen können. Doch schlussendlich reicht es trotz intensiver Bemühungen und jahrelanger Ermittlungen »nur« zu einer Verurteilung der damaligen Kiezgröße wegen Steuerhinterziehung. Dazu Sielaff: »Bei Al Capone war auch nur Steuerhinterziehung drin, aber die Gesetzeslage in den USA ist eine andere.« Damit meint Sielaff den Umstand, dass Al Capone nach seiner Verurteilung wegen desselben Delikts die letzten Jahre seines Lebens hinter Gittern verbrachte und Schultz ein freier Mann war, als er starb. »Der Verdacht, dass damals in Hamburg führende Polizeibeamte in kriminelle Machenschaften verwickelt waren, ließ sich übrigens nicht erhärten«, fügt Wolfgang Sielaff abschließend hinzu. Die von ihm ins Leben gerufene Dienststelle Organisierte Kriminalität bleibt erhalten. Berechtigterweise.

Die achtziger Jahre auf St. Pauli. »Es war eine wahnsinnige Zeit«, erinnert sich Thomas Osterkorn, heute Chefredakteur beim *Stern*, damals Polizeireporter in Hamburg. Viel Geld ist auf dem Kiez, und florierende Bordellbetriebe links und rechts der Reeperbahn sowie in den schummrig-düsteren Seitenstraßen geben dem Viertel seinen verruchten Hauch gelebten Lebens. »Chicago auf St. Pauli«, beschreibt Osterkorn die damals vorherrschende Stimmung. Es war die letzte Phase und zugleich der Untergang einer Epoche, mit der man sich in Hamburg arrangiert hatte.

Die »GmbH«, eine Zuhältergruppe – aus den Anfangsbuchstaben ihrer Vornamen war der Name entstanden –, hatte das Sagen und die Macht auf St. Pauli übernommen. Alle vier, langhaarige, goldkettchenbehangene Zuhälter, als wollten sie alle Klischees bedienen, fahren die größten und vor allem die teuersten Autos. Der schöne Mischa Luchting, das »M« in der GmbH, fährt in einem weißen Rolls-Royce die Reeperbahn entlang. Die Nutella-Bande, in den Augen der älteren GmbH grüne Jungs, rücken auf der anderen Seite der Amüsiermeile Hamburgs nach. Machtkämpfe und Zuhälterkriege machen das Leben auf St. Pauli zunehmend ungemütlicher. Die GmbH will sich nicht vertreiben lassen, schlägt zurück. Die Geldeintreiber beider Gruppen sind die »Hell's Angels«, die mit brutaler Gewalt und ihren Einschüchterungsmethoden das tun, womit sich die Zuhälter längst nicht mehr die Hände schmutzig machen.

Jahrelang war verschwiegen worden, was längst Realität ist: Organisierte Kriminalität beherrscht die einst legendäre Amüsiermeile Hamburgs. »Ich hab' das schon so empfunden, dass da so 'ne Art Atmosphäre war, wie man sich das eigentlich so früher in Chicago vorgestellt hat. Es gab Revierkämpfe, Schießereien und dann eben auch zunehmend Morde.« Als Polizeireporter ist Thomas Osterkorn oft früher am Tatort als die Einsatzkräfte der Polizei. Aus Partnern werden Todfeinde – und Tote. Bordellboss Mischa Luchting wird angeblich mit vorgehaltener Waffe gezwungen, sich in einem Wald aufzuhängen. Die offizielle Version lautet Selbstmord. Thomas Osterkorn:

»Ehrlicherweise war für uns Journalisten – war solch ein Luden-Auflauf natürlich auch klasse. Wir haben fotografiert und man hatte dann Bilder von allen Beteiligten, die später tot oder lebendig in dem weiteren Fortgang der Dinge eine wesentliche Rolle gespielt haben. Und sie kamen alle. Alles, was Rang und Namen hatte in der deutschen Rotlicht- und Verbrecherszene, hatte man auf Bild, konnte auch so ein bisschen einschätzen, wer wie mit wem. Und die Strukturen waren ja schon sehr viel tiefer und verfestigter und internationaler, als man überhaupt wahrhaben wollte.«

Als das Geschäft mit der käuflichen Liebe im Zuge der aufkommenden Aids-Angst immer schwieriger wird, sucht man nach anderen Einnahmequellen: Das Kokain hält Einzug im und rund um das horizontale Gewerbe. Mit der Droge weht ein anderer Wind im Milieu, schärfer, skrupel- und gnadenloser als je zuvor. Immobilienhaie versuchen die letzte Mark aus den Bordellen herauszuholen, denen aus Furcht vor Ansteckung die Freier ausbleiben. Die Zuhälter schnupfen sich mit Koks ihre Misere schön und entdecken, dass mit Rauschgift das wirklich große Geld zu machen ist. Wolfgang Sielaff: »Man redet nicht zuletzt in Italien oder in den USA auch von syndikalisiertem Verbrechen, von Parallelgesellschaft. Das heißt, organisierte Kriminalität durchläuft Entwicklungsstufen – und die spannende Frage für uns war damals, auf welcher Entwicklungsstufe stehen wir hier eigentlich?«

Die verbliebenen drei von der GmbH müssen weichen. Sie räumen ihren Platz für die Gruppe um Peter N., genannt »der Wiener«. Wer zu der ersten Charge gehört, verkehrt im »Chicago«, und das gehört einer weiteren Kiezgröße, Reinhard »Ringo« K. Mit dem Zuhälter Peter N. aber, dem Wiener, ist eine neue Dimension ins Milieu gekommen. Zwischen den Fronten bemühen sich Einzelne um Ausgleich, zum Beispiel Hanne Kleine: »Wenn ich das höre! GmbH, Gerd, Mischi und wie sie alle hießen ... das waren alles solche harmlosen und netten Jungens, da war kein Schläger und nix und überhaupt nix bei. Oder dann die Nutella-Bande, kleine Jungs waren das ...« Auch die »kleinen Jungs« wollen ans große Geld.

Hanne Kleines Boxring unter dem legendären Kiez-Lokal »Die Ritze« ist Treffpunkt für Politik, Porno, Prominenz und – die Polizei. 28. September 1981: Beim ersten Auftragsmord wird in der »Ritze« Fritz Schroer, der »Chinesen-Fritz«, vom Barhocker geschossen. Wie bei Mackie Messer hat keiner was gesehen, gehört, gewusst. Der Mörder wird nie gefasst. Neue Märkte von Flensburg bis Konstanz werden erschlossen. Am Hamburger Straßenstrich und jenseits der Stadtgrenze, auch in Niedersachsen und Schleswig-Holstein, geben die Kiezgrößen längst den Ton an. Die Ermittler der Fachdirektion 65 »Organisierte Kriminalität« beginnen, die Strukturen des Rotlicht-Milieus unter die Lupe zu nehmen. Für die Folgen der Machtkämpfe braucht man keine Lupe mehr.

Fünf Männer sterben innerhalb von neun Monaten durch Kopfschüsse. In mehreren Fällen durch dieselbe Waffe: ein Arminius-Revolver vom Kaliber 38 spezial. Am 7. Juli 1984 wird Jehoda Arzi, der Bordellbetriebe von der Nordsee bis nach Bayern besaß und dem Milieu zu mächtig wurde, in seiner Kieler Wohnung ermordet. Am 13. September 1984 tötet ein Killerkommando den Zuhälter und Kokaindealer Peter Pfeilmaier, den »Bayern-Peter«, einen Kompagnon des

»Wieners«. Kurz darauf holt die Sonderfahndung München die Beamten der Hamburger Kripo zu einem Tatort in einem Waldstück nahe der bayerischen Hauptstadt. Der drogenabhängige Zuhälter Dietmar Traub, genannt »Der Lackschuh«, wurde regelrecht hingerichtet. Ostern 1985 wird die Hamburger Mordkommission zu einem Doppelmord in Schnelsen in ein gediegenes Villenviertel gerufen. Die Opfer: Waldemar »Waldi« Dammer und Ralf Kühne, ein stadtbekannter Bordellier und sein Wirtschafter.

Die Ermittler wissen inzwischen: die Waffe stammt aus dem Milieu, sie wurde bei einem Einbruch gestohlen. Von den Tätern fehlt jede Spur. Dann die sensationelle Wende: Noch am selben Tag, als die Ermittler vom Tatort in die Dienststelle zurückkommen, meldet sich mittags ein anonymer Anrufer. Er kündigt an, Informationen aus dem Milieu liefern zu wollen.

Vier Jahre lang hatte die Soko verdeckt ermittelt, um dem Bandenkrieg und dem organisierten Verbrechen beizukommen. Endlich können die Kriminalbeamten der Hamburger Dienststelle organisierte Kriminalität Hoffnung schöpfen. Die Informanten nennen »Ross und Reiter«. Erstmals fallen Namen: »Der Wiener«, er ist der Auftraggeber, Armin H., der »Hiwi«, und Werner Pinzner, der Killer. Die Polizei soll die Gruppe um den »Wiener« endlich außer Gefecht setzen, oder das Milieu erledigt es selbst.

Morgens gehen die Informationen ein, mittags steht bereits die Soko 855. Rolf Bauer kommentiert: »So etwas hatte es noch nie gegeben.« Die Leitung der Soko übernehmen die Staatsanwälte Martin Köhnke und Wolfgang Bistry, beide jung, beide gleichermaßen engagiert und ehrgeizig. Nur im Wesen sind sie unterschiedlich. Köhnke ist besonnen und zurückhaltend, Bistry in gewissem Maße Draufgänger. Martin Köhnke: »Es hätte keinen besseren als Wolfgang Bistry für diese Aufgabe geben können.«

Die Gruppe um den »Wiener« hatte im bürgerlichen Milieu gemordet, jetzt spätestens ist klar, dass etwas in dieser Stadt geschehen muss. Tag für Tag folgen Razzien. In den Bordellen und am Straßenstrich in der Süderstraße ist nichts mehr, wie es gerade noch war. Bis April 1986 wird die Szene beschattet, Informanten werden eingeschleust. Ein Insider wird verhaftet, der Bordellbesitzer und Kompagnon des ermordeten Peter Pfeilmaier – unter einem Vorwand zwar, aber er bricht als Erster sein Schweigen: Gerd Gabriel, Betreiber des Etablissements »Hammer Deich«, wird ins Zeugenschutzprogramm aufgenommen und als Kronzeuge aufgebaut. In die Szene rund um den Kietz und den Strich an der Süderstraße gerät Bewegung.

Zu einer ersten (angeblichen) Zeugenvernehmung im Herbst 1985 kommt Werner Pinzner bewaffnet, wie er in seinen späteren Aussagen vollmundig bekunden wird. Wäre es damals zu einer Anschuldigung gekommen, hätte er geschossen, wird es im Protokoll heißen. Für eine Festnahme reichen die Beweise nicht aus. Monatelang wird Pinzner observiert. Vermutlich ahnt der Killer, was auf ihn zukommt. Er ist unruhig, versucht, sich das Leben zu nehmen. »Gefahr in Verzug«, lautet ein Vermerk, als am 15. April 1986 der Bordellbetreiber Peter N., Armin H. und Werner Pinzner schließlich verhaftet werden. Dem Bordellboss Reinhard »Ringo« K. gelingt die Flucht nach Costa Rica.

Gefängnis und Untersuchungshaft sind für die Zuhälter nichts Aufregendes. Zu dicht ist die Mauer des Schweigens, selbst seitens der von der Polizei eingeschleusten V-Leute. Auftragsmorde gehören mittlerweile rund um die Reeperbahn zum Geschäftsrisiko, seit die Angst vor Aids und »Billig-Importen« aus Ländern der Dritten Welt den Existenzkampf zusehends härter und brutaler gemacht haben und sich das Geschäft auf den lukrativeren Drogenmarkt verlagert hatte. Der Wiener und sein Hiwi sind sich sicher, spätestens nach 24 Stunden sind sie wieder auf freiem Fuß.

Doch dieses Mal ist es nicht wie immer. Denn Werner Pinzner, der von einem SEK-Trupp mit einem Trick überrascht, überwältigt und nackt aus seiner Wohnung in Hamburg-Bramfeld geholt und ins Polizeipräsidium gebracht worden war, will nicht mit einem der Vernehmungsbeamten sprechen. Max van Oosting, der die Aufgabe hat, die erste Vernehmung Pinzners zu führen, erinnert sich: »Er wollte nur mit Staatsanwalt Wolfgang Bistry sprechen. Ich habe Bistry geholt, und da stand Pinzner dann, nur in eine Wolldecke gehüllt, die wir ihm gegeben hatten, und sagte zu Bistry: ›Ich stehe nackt vor Ihnen. Ich habe achtmal gemordet und werde alles sagen. Wenn ich noch einmal 24 Stunden allein mit meiner Frau sein kann.‹« Wolfgang Bistry soll die Forderung des Lohnkillers sinngemäß mit einem »Wir werden se-

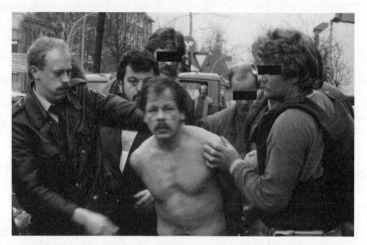

Von der Polizei überrascht: Völlig überrumpelt wird Werner Pinzner am 15. April 1986 in seiner Hamburger Wohnung von einem Sondereinsatzkommando festgenommen.

hen, was sich machen lässt« beantwortet haben. In den Augen Pinzners sind diese Worte ein Versprechen.

Stolz verkündet der Lohnkiller: »Ich habe von Flensburg bis München gemordet!« Er gesteht acht Morde. Fünf davon wird er in den kommenden drei Monaten bis ins Detail schildern – das Verbrechen an dem Bordellbesitzer Jehoda Arzi, der sich in der Kieler Wohnung vor seinen ehemaligen Geschäftspartnern und seiner rachsüchtigen Ex-Frau versteckt hielt; den Mord an Peter Pfeilmeier, den er in einen Hinterhalt lockte und mit einem Kopfschuss tötete; den Mord an seinem Freund Dietmar Traub – genannt Lackschuh –, dem er bis nach München folgte, um ihn in einem Wald bei Ottobrunn zu erschießen; in Hamburg-Schnelsen den Doppelmord an Waldemar Dammer und dessen Wirtschafter Ralf Kühne.

»Ich bin Wolfgang Bistry auf dem Flur begegnet. Er hat sich gefreut an diesem Tag«, erzählt Gitta Berger, die die Vernehmungen protokolliert. Werner Pinzner wird nun zum wichtigsten Kronzeugen der Staatsanwaltschaft. Wolfgang Sielaff erinnert sich: »Wir hatten nach der Festnahme Pinzners eine völlig neue Situation. Und zwar die, dass wir einen Killer festgenommen hatten, der faktisch unser wichtigster Zeuge war, gegen jene, die ihn beauftragt hatten. Und der noch mal ein Schlaglicht warf auf die Strukturen innerhalb des Rotlichtmilieus.«

In einer ersten Pressekonferenz stellt sich bald darauf der damalige Innensenator Rolf Lange vor die Fernsehkameras und die Journalisten. »Der Hamburger Polizei ist ein durchschlagender Erfolg im Kampf gegen das organisierte Verbrechen gelungen«, berichtet er. 16 Jahre später um seine Einschätzung gebeten, meint der Ex-Innensenator: »Der polizeiliche Erfolg, einen Lohnkiller zur Strecke gebracht zu haben, war im Frühjahr 1986, da waren noch viele Monate bis zur Wahl hin, das spielte in Bezug auf die Wahl noch keine Rolle, das andere spielte eine Rolle: dass es nachher so schrecklich ausging. Und dann war der Wahltermin auch schon näher gerückt. Da spielte es eine ganz große Rolle.«

Es ist Mitte April 1986, die Wahl in Hamburg soll im September stattfinden. Rolf Lange gehört dem rechten Flügel der SPD an, die traditionsgemäß die Hansestadt regiert. Eine Regierung, die hinsichtlich ihrer Sicherheitspolitik zur Genüge Probleme und Brennpunkte aufzuweisen hat. Nur am Rande erwähnt seien die Jahre andauernden Unruhen um die Besetzung der Häuser in der Hafenstraße; nach einer Anti-Atomkraft-Kundgebung hält die Polizei im Frühjahr 1986 Hunderte Demonstranten stundenlang fest: der Hamburger Kessel. Rolf Lange muss dafür die politische Verantwortung übernehmen – für die CDU-Opposition willkommene Wahlkampfmunition. In der SPD hingegen liegen die Nerven blank. Die Geständnisse des Auftragskillers sind angesichts der vorausgegangen Misserfolge mehr als ein Hoffnungsschimmer – für Innenpolitik und Behörden.

Mit einem gewissen Maß an Bewunderung und durchaus mit Respekt nimmt die ansonsten kritische Hamburger Lokalpresse die Leistung der Fachdirektion 65 zur Kenntnis. Christian Kersting, langjähriger politischer Redakteur bei der *Bild*-Zeitung, bringt das so zum Ausdruck: »Von Auftragskillern hatte man bis dahin zwar gehört, gelesen, wusste, dass es so was in der Mafia in Italien gibt, aber man hätte doch nie gedacht, dass in Hamburg so ein Mensch rumläuft!«

Der Auftragskiller von Hamburg

Wer ist Werner Pinzner, genannt Mucki, der jetzt als St. Pauli-Killer durch die Tagespresse, Boulevardblätter und sonstige Medien geistert? Einblicke in das Leben eines Auftragsmörders: Seine Biografie liest sich typisch angesichts der Taten, deren er sich nun brüstet. Geboren in Hamburg-Bramfeld, kommt er aus kleinen Verhältnissen, mit dem Vater versteht er sich nicht. Kein Schulabschluss, abgebrochene Schlachterlehre, Rausschmiss bei der Bundeswehr. Werner Pinzner fährt kurz zur See, jobbt als Kellner auf St. Pauli. Die erste Heirat, seine Tochter Birgit wird geboren. Es folgen diverse Straftaten und eine Verurteilung zu zehn Jahren Gefängnis wegen eines bewaffneten Raubüberfalls auf einen Supermarkt, den Pinzner zusammen mit einem Komplizen begeht, bei dem ein Mensch ums Leben kommt. Die erste Ehe scheitert. Noch vor Antritt der Haft hat er Jutta, seine spätere Frau, kennen gelernt. Sie hält über all die Jahre zu ihm.

Werner Pinzner behauptet zeitlebens, er habe die Schüsse auf den Supermarktleiter nicht abgegeben, und fühlt sich zu Unrecht bestraft. »In den ersten Gesprächen nach seiner Festnahme, noch bevor er Wolfgang Bistry traf, beschwerte sich Pinzner bei mir nur immerzu über diese Ungerechtigkeit, die ihm zugefügt wurde. Er sagte, die Justiz habe aus ihm das gemacht, was er jetzt sei. Der Killer. Die Justiz hat sozusagen ihre Quittung dafür bekommen«, erinnert sich Max van Oosting.

Die ersten Kontakte zu den Kiezgrößen knüpft Werner Pinzner in der Justizvollzugsanstalt Fuhlsbüttel, in der er die Haftstrafe verbüßt. »Santa Fu« gilt damals – wenn man schon einsitzen muss – als Traumknast. Drogen werden ein- und Kassiber mit Geschäftsanweisungen hinausgeschmuggelt. Fast regelmäßige Tage der offenen Tür lassen die Inhaftierten von vorzeitiger, wenngleich illegaler Freiheit träumen. Etliche kommen aus dem Hafturlaub nicht zurück. »Santa Fu, raus bist Du« titelt die *Bild* Hamburg, nicht ganz zu Unrecht. Die Hamburger Justizsenatorin Eva Leithäuser ist längst unter Beschuss geraten, auch wenn sie noch eisern an ihren Bestrebungen festhält: »Ich werde nach wie vor alles daransetzen, einen modernen, liberalen Behandlungsvollzug voranzutreiben.« Auch Werner Pinzner nimmt an diesem liberalen Strafvollzug teil, er sitzt dort neun von zehn Jahren Haft ab. Erste Drogenerfahrungen. Die Reststrafe verbüßt er als Freigänger in der Justizvollzugsanstalt Vierlande. Hier soll er resozialisiert werden und wird vom Milieu entdeckt: der Mann fürs Grobe. Der Freigänger Pinzner beschafft sich eine Waffe, deponiert sie in seinem Schließfach in der Haftanstalt. Von hier aus und mit dieser Waffe begeht er einen Raubüberfall und den Mord an Jehoda Arzi in Kiel.

Originalzitat aus der Vernehmung vom 29. April 1986: Frage des Ermittlers: »Sie sagen, dies war der erste Auftrag, den Sie übernahmen?« Antwort Pinzner: »Da wurde mir gesagt, ich soll ihm einen Finger, ich soll den Finger abhacken, ob ich so was machen würde? Ja. Und dann fragte er: ›Und wie willst du das machen?‹ Ich sag’: ›Ich geh‹ hoch und knall’ ihn weg …«

Rolf Bauer, der Ermittler, der während dieser und nahezu allen späteren Vernehmungen neben Pinzner saß, rekapituliert: »Der erste Auftragsmord – während der Haftzeit. Und mit dieser Reputation ist er dann auch aus der Haft entlassen worden – letztendlich – und ist dann so ins Milieu gekommen.« Bei seiner Rückkehr in die Haftanstalt Vierlande – nach dem Mord – wird der Freigänger Pinzner nicht gleich am Eingang kontrolliert. So kann er die Waffe problemlos wieder in seinem Schließfach deponieren. Der nächste Auftrag kann kommen.

Werner Pinzner, Mucki, schmückt sich mit Statussymbolen – die goldene Rolex besitzt er bald –, arbeitet an seiner Kiezkarriere. Er will dazugehören. Skrupellosigkeit ersetzt bei dem Kleinkriminellen aus Hamburg-Bramfeld die Cleverness. Dem St. Pauli-Killer werden Anteile an einem Bordell versprochen. Volker Schmidt, damals Leiter der Soko, hat noch eindrücklich im Ohr, was im Milieu gesprochen wird: »Wenn er auftauchte mit dem Mercedes seines Freundes Sigi T., dann möglicherweise im Fond gesessen hat und mit den weißen Handschuhen aus dem geöffneten Fenster gewunken hat in Richtung dieser Milieugrößen, dann haben sich denen schon die Nackenhaare gesträubt. Und da war schon die Befürchtung da, dass sie auf der Liste stehen.« Die weißen Handschuhe trug Pinzner in Wirklichkeit wegen eines Ekzems, unter dem er litt. Die Legende hält sich dennoch.

Ralf Kühne, Fan amerikanischer Corvette-Sportwagen, steht nicht auf der Liste und stirbt trotzdem – als unliebsamer Zeuge an der Seite von Waldemar Dammer. Pinzner erschießt gemeinsam mit einem Mittäter, den Werner Pinzner erst in späteren Vernehmung quasi aus Enttäuschung preisgibt, den Bordellbesitzer und dessen Wirtschafter in dem Einfamilienhaus in Hamburg-Schnelsen. Mit diesem Doppelmord werden Pinzner, sein Auftraggeber und dessen Komplizen zum Risiko für alle. Rolf Bauer erinnert sich: »Es wurde mal gesagt, ich kann nicht schneller laufen, als eine Neun-Millimeter fliegt. Und davor hatten sie alle Respekt. Sie wussten, dass Werner Pinzner keine Skrupel hat, seine Waffe zu benutzen. Das haben wir ja nun inzwischen auch erfahren ...«

Das Drogengeschäft sorgt im Milieu noch ein letztes Mal für volle Kassen. Was die Polizei bereits ahnt, wird auf dem Kiez verdrängt: Internationale Zuhältergruppen rüsten auf zur Machtübernahme auf St. Pauli. Die deutschen Luden tanzen auf dem Vulkan. Thomas Osterkorn beschreibt die damalige Crème des Milieus so:

»Wer hat das größte Auto, wer hat die schönsten Frauen, wer hat die größten Muckis. Die sind alle ins Fitnessstudio gegangen, ins Sonnenstudio. Die haben sich eigentlich tagsüber nur mit ihrem Körper und ihrer Körperbräune beschäftigt. Und abends dann war Schaulaufen aufm Kiez. Ja, und wenn die in Urlaub fuhren, den Sommer haben die hohen Herren ihre Ferien auf Gran Canaria verbracht, mitsamt den Mädels, mit Rennwagen, die eingeflogen wurden, mit Sportyachten, die im Hafen lagen, und so weiter. Also die haben schon auf großem Fuß gelebt, die Herren. Jedenfalls die Spitze.«

Und Werner Pinzner ist fest entschlossen, einen Platz auf der Sonnenseite des Milieus für sich zu erkämpfen – und für seine Jutta, die er inzwischen geheiratet hat.

Sollte er Skrupel haben, so hilft sein ständiger Kokainkonsum, sie zu vertreiben. Gegen Ende seiner Killerlaufbahn muss ihn das Milieu mit Drogen ruhig stellen und schmiedet Pläne, den einstigen Lieblingskiller zu liquidieren. Seine Leiche soll Kampfhunden zum Fraß vorgeworfen werden. Hanne Kleine: »Der Ursprung ist nur dieses blöde Koks. Das ist jedenfalls meine Meinung. Sonst würden die alle noch leben und hätte keiner was gemacht.« Werner Pinzner bleibt der »Mucki«, und noch immer hat er keine Anteile an einem Bordell.

Man fürchtet ihn – Respekt hat niemand. Mucki Pinzner darf zusehen. Mehr nicht. Martin Köhnke: »Er war ein Niemand. Er hatte gezeigt, dass er zu allem bereit war, und war noch immer ein Niemand, er hat getötet und ist über Leichen gegangen und blieb das, was er war: ein Niemand.« Die fehlende Anerkennung macht den Lohnkiller umso gefährlicher. An seiner Seite Jutta. Bedingungslos vertraut sie ihrer großen Liebe – bis in den Tod.

Der Killer als Medienstar

Jutta Pinzner ist nicht alleine. Vom Tag der Verhaftung ihres Mannes an wird sie rund um die Uhr betreut. Seine Anwältin, die zwölf Jahre lang den bis dahin unbedeutenden Kleinkriminellen vertreten hat, wittert ihre große Chance. Ein Auftragskiller wird vermarktet. Noch am selben Tag gehen 15 000 Euro über den Tisch. Ein Hamburger Fotoreporter spielt dabei die entscheidende Rolle: Thomas Reinecke. »Es gab die Absprache zwischen der Rechtsanwältin und mir, sich nicht mit anderen Medien zu unterhalten, sondern das nur über mich laufen zu lassen«, sagt Reinecke. Die komplette Story wird zunächst einmal an den Stern verkauft. Hier kommt ein anderer Reporter ins Spiel, Thomas Osterkorn, der heutige Chefredakteur:

»Der *Stern* hatte eine sehr gute Berichterstattung gehabt über diesen Fall, weil sie eben per Exklusivvertrag an die Informationen gekommen sind, ich wiederum hatte Informationen, die der *Stern* nicht hatte, und vor allem viele, viele Bilder. Denn ich erinnere mich, dass die Polizei zwar Pinzners Wohnung durchsucht, aber seinen Dachboden vergessen hatte, und irgendein Nachbar hatte auf dem Dachboden eine Kiste mit Fotos von ihm gefunden und mir wieder angeboten. Da hab' ich beim *Stern* angerufen und hab' gesagt: ›Ihr habt 'ne tolle Geschichte und ich hab' 'ne Kiste voller Bilder, wollen wir nicht tauschen?‹ Und so sind wir uns dann einig geworden. So bin ich zum *Stern* gekommen ...«

Thomas Osterkorn lacht. Der plaudernde Killer gibt indessen Geheimnis um Geheimnis preis: Tatorte und Opfer, Höhe des Kopfgeldes und vor allem – Auftraggeber. Seine Geständnisse garniert Pinzner mit Details. Er, der wichtigste Zeuge der Staatsanwaltschaft, ist der Verräter aus der Unterwelt. Wer kassiert in den Bordellen? Wie brachten die Sankt-Pauli-Größen den Strich an der Süderstraße unter Kontrolle?

Originalzitat aus der Vernehmung vom 30. April 1986:
Frage von Staatsanwalt Bistry: »Sie sagten, Sie hätten 20 000 schon gekriegt. Von wem war der Auftrag und warum?«
Antwort Pinzner: »Das sollte auch von dem Wiener kommen, das sollte für den Stefan, für den Guido, insgesamt 60 000; 40 000 hab ich gekriegt ...«
Frage von Staatsanwalt Bistry: »Ach, der Guido, das hängt zusammen mit Waldi ...«
Antwort Pinzner: »Mit dem Waldi und so ... ja, die drei, die Clique sollte weg ...«

Der Killer selbst hat zunehmend Angst davor, im Gefängnis umgebracht zu werden. Für Polizei und Staatsanwaltschaft ist Pinzner der größte Fang seit Jahren. Untergebracht im Hochsicherheitstrakt des Untersuchungsgefängnisses, ist er Hamburgs bestbewachter Häftling. Der Staatsanwalt ordnet Isolierhaft und Spezialbewachung an, man lässt ihm Sonderbehandlung zukommen, erfüllt ihm Wünsche, solange er auspackt. Die Verpflegung wird angeliefert aus dem Hotel Atlantic. Im Polizeipräsidium am Berliner Tor ist der Trakt der Soko 855 abgetrennt und besonders gesichert. Bei den Vernehmungen ist nicht nur Pinzners Anwältin, sondern auch seine Ehefrau Jutta dabei. Die Ermittler wollen den geständigen Mörder bei Laune halten. »Und er hat immer solche Zugeständnisse, sich Sonderwünsche erfüllen lassen und immer wie eine Karotte vor der Soko und vor dem Staatsanwalt damit gewedelt, es gäbe noch sehr viel mehr, über das er auspacken könnte, und da wollten die ran, was ich auch verstehen kann«, erinnert sich Osterkorn. Werner Pinzner aber äußert auch immer wieder seine Enttäuschung darüber, dass Staatsanwalt Bistry sein vermeintliches Versprechen nicht hält und die Entscheidung über das Zusammensein mit seiner Frau Jutta aus seiner Sicht ständig hinauszögert. Pinzners Anwältin darf den St. Pauli-Killer in der Haft besu-

chen. Sie kommt im Lauf der drei Monate insgesamt 73 Mal zu ihm.
An manchen Tagen mehrmals.

Mit Pinzner ansonsten Kontakt aufzunehmen sei eigentlich unmöglich, glaubt die Justiz. Nicht aber der Fotoreporter Reinecke:

»Es war für mich doch sehr einfach, einen Fragenkatalog zu Mucki Pinzner
zu bringen, den er handschriftlich beantwortete, und den er auch wieder
rausgekriegt hat, und der dann veröffentlicht wurde. Das heißt, es gab die
Möglichkeiten der Kontaktaufnahme über den Schriftverkehr, es gab die
Möglichkeiten der Kontaktaufnahme mit Mitgefangenen, was ja eigentlich
nicht sein soll in der Untersuchungshaftanstalt, was aber passiert. Es gab die
Möglichkeit, dass auf dem Wege der Korruption Informationen an ihn herangetragen wurden oder andere Sachen.«

Andere Sachen? Damit kann der Fotoreporter nur eines meinen: die
Drogen, mit denen das Milieu seinen Killer versorgt, um ihn ruhig
zu stellen, und das geschieht – wie nach dem Tod bekannt wird –
über die Anwaltspost, die die Anwältin ihm in die Zelle bringt. Täglich, manchmal mehrmals. Nachzulesen in Pinzners Tagebuch aus
der Untersuchungshaft. Sein Tagebuch ist aus der Retrospektive gesehen die Chronik eines angekündigten Todes. Kommt selbst der
Tipp, wann Pinzner beim Hofgang fotografiert werden kann, vom
Kiez? Er notiert in sein Tagebuch: »Die Anwältin verkauft Dokumente von mir ohne Erlaubnis. Bestellt Fotografen, die mich abschießen.«

Thomas Reinecke: »Es gab genügend Hinweise darauf, es gab genügend Dinge, die darauf zeigten, dass bei Werner ›Mucki‹ Pinzner
etwas eingesetzt hatte, was also ganz weit abgehoben war, der jede
Möglichkeit genutzt hätte, etwas zu realisieren, was außergewöhnlich gewesen ist. Ich bin selbst ein Teil dieser Maschinerie um ihn geworden.« Dem Fotoreporter wird das Angebot gemacht, Pinzner zu
fotografieren, während er sich beim Hofgang das Leben nimmt. Von
der gleichen Stelle aus, von der er ihn schon einmal aufgenommen
hat. Jutta Pinzner soll dabei neben dem Fotografen stehen. Vermutlich hätte auch sie sich bei dieser Gelegenheit umgebracht, meint Reinecke, hätte er den Auftrag letztlich nicht doch noch abgelehnt.
Denn diese Story in den Druck zu bringen, davor schrecken alle zurück.

Die Idee insgesamt, die Medien einzuspannen und noch einmal richtig groß rauszukommen, scheint den todessüchtigen Werner Pinzner zu faszinieren. Weder die Soko noch die Führungsebene ahnt etwas davon. Wolfgang Sielaffs Vorstellungen konzentrieren sich auf eine Aktion von außen: »Von der Stelle aus, von der das Foto gemacht wurde, hätte man auch mit einer Waffe auf ihn zielen können.« Max van Oosting: »Er hatte von Anfang an seine eigene Aussagebereitschaft von dem Wohlbefinden seiner Frau abhängig gemacht. Und davon, dass die Polizei auch sicherstellt, dass ihr nichts passiert, möglicherweise ein Racheakt aus dem Milieu heraus. Das waren ja seine Gedanken, die er äußerte, uns gegenüber.« Die Soko denkt alle Möglichkeiten durch, vermutet Gefahren von allen Seiten. Zu seinem Schutz wird Werner Pinzner an immer neuen Orten vernommen. Volker Schmidt erinnert sich:

»Es hat verschiedene Beobachtungen gegeben an der Direktion Ost, am Gebäude der Direktion Ost, dass dort Personen Beobachtungen durchgeführt haben, Fotos gemacht haben, sich einer Kontrolle dann entzogen haben, also abhauen konnten. Dass wir da immer wieder befürchten mussten, er wird entweder befreit oder aber er wird erschossen. Diese beiden Befürchtungen hatten wir, dass von außen Auftraggeber Interesse daran hatten, dass er nicht weiter aussagt.«

Für die Kiezgrößen ist der inhaftierte Lohnkiller genauso gefährlich wie einst der Auftragsmörder mit der 38er im Hosenbund.

Originalzitat aus der Vernehmung vom 17. Juni 1986:
    Frage des Ermittlers: »Hatten Sie dann Angst, dass man Ihnen da eventuell ans Leder will?«
    Antwort Pinzner: »Na, ich weiß ja selbst, wie das ist, denn ich hab für diese Leute was gemacht und musste damit rechnen, dass auch ich irgendwann mal drankomme. Da hab ich irgendwie immer mit ... nach dem ersten Ding ... Ja, ich bin Mitwisser gewesen, und das sind Leute, die vielleicht, im Grunde genommen schon alleine von meiner Schnauze her, gar keinen Bock auf mich hatten ...«

Chronik eines angekündigten Selbstmordes

An eine Gefahr »von innen« aber denkt zu diesem Zeitpunkt niemand, nicht die Staatsanwälte, nicht die Kriminalbeamten. Rolf Bauer:

> »Ich erinnere eine Situation, da haben wir nachmittags eine Vernehmung durchgeführt und es gab Kuchen. Jeder hat ein Stück Kuchen gegessen, damit besticht man ja niemanden. Schwarzwälder Kirschtorte. Und die Anwältin legte das Messer immer so, dass Werner Pinzner eigentlich da hätte hinlangen können. Und jedes Mal, wenn sie das Messer niederlegte, hab' ich das Messer sofort wieder zu uns gedreht. Das war eine komische Situation. Das würde man eigentlich nicht tun. Aber im Nachhinein ...!«

Inzwischen hatte das Zusammentreffen Pinzners mit seiner Frau Jutta stattgefunden, im großen Besprechungsraum der Polizeikaserne in Hamburg-Alsterdorf, bewacht von zwei Beamten, einer von ihnen der Soko-Leiter Volker Schmidt. Werner Pinzner sei außer sich vor Wut gewesen und habe aus Enttäuschung schon nach kurzer Zeit zurück in seine Zelle gebracht werden wollen. In seinem Tagebuch finden sich unter diesem Datum Einträge – Pinzner schreibt von »Bistry« und »dieser Verarschung«.

»Und es ist dann so gewesen«, berichtet Thomas Reinecke, der Fotoreporter, »dass eines Tages Rechtsanwältin, Jutta und Tochter an mich herantraten, und ich dann in einem sehr privaten Gespräch mit Jutta erfuhr, dass Werner ›Mucki‹ Pinzner einen so genannten ›exitus triumphalis‹ plane ...« – den großen Abgang. Jutta Pinzner beschreibt in den Briefen – die in der Zelle Pinzners gefunden werden; sie sind mit der Anwaltspost zu ihm gelangt und wurden von Pinzner entgegen der Anweisung aufbewahrt – ihre Angst: »... Sie [die Anwältin] drängt mich, endlich meine Scheißangst zu überwinden ...«

Bis zuletzt kommt Jutta Pinzner mit der Anwältin zu den Vernehmungen ihres Mannes. Rolf Bauer hat diese Zeit, die er unzählige Male in seinem Kopf hat Revue passieren lassen, noch sehr genau vor Augen:

> »Ich erinnere einen Tag, wo sie sich nicht haben durchsuchen lassen. Da sind sie umgekehrt, erbost haben sie getan! Erbost, dass man sie durchsuchen will.

Natürlich – weil man dann die Waffe gefunden hätte oder eine Waffe. Das war der Grund, warum sie nicht reingekommen sind, beide nicht. Sonst gäbe es keinen Grund. Vielleicht war die Waffe damals in der Tasche, das wissen wir ja nicht. Und die Taschen hat man letztendlich immer durchsucht.«

Es ist der 18. Juli 1986, an dem Jutta Pinzner die Durchsuchung verweigert, und an diesem 18. Juli findet der Haftrichter bei der Postkontrolle eine Karte Pinzners an seinen Bruder. Inhalt: »Jutta und ich fliegen heute nach Sri Lanka!«

Martin Köhnke: »Ich habe sofort in der Untersuchungshaftanstalt angerufen, habe die Abteilungsleiterin gebeten, in die Zelle Pinzner hineinzuschauen, im Klartext zu klären, ob Pinzner noch lebt. Und sie rief zurück und sagte, es sei alles ganz normal, er hielte sich in seiner Zelle auf und es sei nichts Besonderes.« Wie nah Werner Pinzner seinem Ziel, dem gemeinsamen Selbstmord mit Jutta, schon ist, ahnt niemand. Auch nicht der Staatsanwalt Wolfgang Bistry. »Ich habe ihn darüber verständigt. Er hat dann noch mit der Anwältin von Pinzner telefoniert, ihr den Inhalt dieser Nachricht, dieses Abschiedsbriefes, vermittelt und sie gefragt, ob sie damit etwas anfangen könne. Und die Anwältin sagte zu Bistry, das sei alles Unsinn, das sei der größte Schwachsinn aller Zeiten, so etwas denken zu wollen«, so die Erinnerungen Martin Köhnkes. »Im Nachhinein ist es das Ungeheuerlichste in dem Verhalten dieser Anwältin. Sie hat mit diesem Satz das letzte Stückchen Vertrauen erhalten, und sie hat dafür gesorgt, dass am 29. Juli mit diesem letzten Stückchen Vertrauen Jutta Pinzner mit der Waffe ins Präsidium kommen konnte.« Und er fügt hinzu: »Sie, Bistry und ich sind derselbe Examensjahrgang: 1974. Man kennt sich, man hat zusammen in Hauptverhandlungen gesessen. Man hat in Verhandlungspausen zusammen Kaffee getrunken. Sie war meine Nachbarin ...«

Dass es wirklich ein Abschiedsbrief war, erfahren Soko und Staatsanwaltschaft elf Tage später. Ein Selbstmord im Polizeipräsidium? Das übersteigt die Vorstellungen aller Beteiligten. Obwohl Rolf Bauer sagt, damals wie heute:

»Ich wusste immer, wenn irgendwas kommt, dann durch die Anwältin. Und das Problem ist immer, die Anwältin ist durch ihre schwarze Robe, wirklich durch das Gesetz geschützt. Man kann sie nicht einfach durchsuchen. Die rechtliche Grundlage gibt's doch gar nicht. Das haben ja immer viele vergessen. Das hättet ihr machen müssen, ja hätte, hätte … rechtlich war das nicht machbar.«

Mit der Anwaltspost kommt neben einer letzten Drogenration auch Jutta Pinzners finale Botschaft in einem Brief:»Die Gamaskry ist hier – mit fünf Körnern.« Ganovensprache. Es heißt: Ein Revolver mit fünf Patronen. Martin Köhnke:»Werner Pinzner wollte nicht nur allein nicht weiterleben, es war seine Frau von ihm abhängig, willenlos, die auch nicht weiterleben wollte. Er wollte dann auch noch ein letztes Mal der Killer sein – der Shooter.«

Pinzner, der sich als »Killer der Nation« bezeichnet, mindestens fünfmal gemordet hat, immer als gedungener Mörder und immer für Geld, bezichtigt sich vor Polizei und Staatsanwalt dreier weiterer Morde, die die einen für Aufschneiderei halten, andere wieder glauben ihm. Dann plötzlich will Pinzner nicht mehr aussagen. Wochenlang versucht die Soko, auf ihn einzuwirken, ihn bei Laune zu halten. Doch der Killer will nicht mehr und schweigt. Schließlich ist Pinzner wieder zu einer Vernehmung bereit.»Lasst es uns noch einmal versuchen!« An diesen Satz des 40-jährigen Staatsanwalts Wolfgang Bistry erinnert sich der Kriminalbeamte Bauer bis heute. Der Satz fällt in der Runde, als die Soko sich vor den Sommerferien zu einer Art Lagebesprechung zusammenfindet. Es soll die letzte Vernehmung des Sankt-Pauli-Killers sein, so ist es abgemacht.»Ich glaube nicht, dass Wolfgang Bistry Angst vor Werner Pinzner hatte,« meint die Schreibkraft der Soko Gitta Berger, »für Bistry stand einfach im Vordergrund, alles, was möglich ist, aus Werner Pinzner herauszuholen, und ich kann mir einfach nicht vorstellen, dass er Angst hatte vor ihm.« Die Soko will den 39-Jährigen ein letztes Mal zu seinen Hintermännern und weiteren ungeklärten Morden befragen.

Am frühen Morgen des 29. Juli 1986 holen Max van Oosting und ein weiteres Soko-Mitglied Werner Pinzner wie schon so viele Male zuvor erneut in der Untersuchungshaftanstalt Holstenglacis ab.»Es war ein sehr heißer Tag«, erinnert sich van Oosting, »Pinzner trug eine dick gefütterte Jacke. Ich sprach ihn darauf an, und er meinte, ich könne mir wohl nicht vorstellen, wie kalt es einem Untersuchungsgefangenen werden kann.« Van Oosting wird misstrauisch und ordnet sicherheitshalber noch von unterwegs an, die Frauen, Jutta Pinzner und die Anwältin, heute besonders genau zu kontrollieren. Bis zur Dienststelle ist es nicht weit. Doch als van Oosting mit Pinzner im Polizeipräsidium am Berliner Tor eintrifft, warten im Sicherheitstrakt, Zimmer 418, bereits Jutta Pinzner und die Anwältin auf die Vernehmung. Staatsanwalt Bistry war ihnen auf dem Flur begegnet und hatte sie hereingelassen.

Kurz darauf geht Jutta Pinzner zu den Waschräumen, und erstmals im Polizeipräsidium bittet auch Pinzner, er müsse zur Toilette gehen. Als beide schließlich wieder zurück sind, alle ihre Plätze eingenommen haben, soll die Vernehmung endlich beginnen. Alle wissen, wenn jetzt nichts mehr kommt, ist Schluss. Mehr als die Rechtsbelehrung wird die Protokollführerin Gitta Berger an diesem Vormittag aber nicht mehr in ihre Maschine tippen. »Ich kann mich noch dran erinnern, dass Max van Oosting zu Werner Pinzner gesagt hatte: ›Na, nun schießen Sie mal los.‹ Das war aber natürlich in einem ganz anderen Zusammenhang gemeint, er wollte einfach, dass Werner Pinzner jetzt endlich anfängt und noch was aussagt zu den Morden, die er begangen hat«, berichtet Gitta Berger 16 Jahre später:

»In dem Moment ist das so gewesen, dass Werner Pinzner aufgestanden ist und die Waffe in der Hand hielt und dann gesagt hat: ›So, das ist eine Geiselnahme, ihr geht raus und ihr bleibt hier.‹ Es stürmten also Max und Timo wie von der Tarantel gestochen raus, die Tür war auf und im gleichen Moment wieder zu. Die beiden sind draußen gewesen, also, so schnell konnte man das gar nicht realisieren, und ich hab immer nur gedacht, das ist keine echte Waffe, die der da hat, wo soll der die herhaben?«

Die Waffe ist echt, eine Smith & Wesson; die Bilder des Horrors, die sich Gitta Berger eingebrannt haben, sind ebenso real. Einen Augenblick später feuert Werner Pinzner zwei Schüsse ab. Ein Schuss trifft den Staatsanwalt.

»... Werner Pinzner hat geschossen, er hat ihm einfach in den Kopf geschossen. Wolfgang Bistry ist zu Boden gefallen, und ich bin in dem Moment unter meinen Schreibtisch gekrochen ... Ich kann mich auch erinnern, dass er zwischendurch Patronen aus der Hose geholt hat und seinen Revolver nach-

Schauplatz eines unfassbaren Blutbads: In diesem Vernehmungszimmer im Hamburger Polizeipräsidium Berliner Tor erschoss der St. Pauli-Killer den Staatsanwalt, seine eigene Ehefrau und dann sich selbst.

geladen hat. Ich hab immer nur noch gedacht, jetzt hat er so viel, die reichen für dich auch noch ...«

Werner Pinzner greift zum Telefon, spricht mit seiner Tochter und erschießt anschließend Jutta, seine Frau, und dann sich selbst. Gitta Berger: »Und ich weiß nicht, was diese Anwältin in dem Moment gemacht hat. Ich kann mich einfach nicht mehr dran erinnern. Ich weiß nur noch, dass ich sie dann angeschrieen hab', sie möchte doch bitte mithelfen, die Schreibtische wegzuschieben, dass wir endlich aus diesem Raum rauskommen!«

In einem Krankenhaus versuchen Ärzte vergeblich, das Leben des 40-jährigen Staatsanwalts zu retten. Wolfgang Bistry stirbt. Das Blutbad im Hamburger Polizeipräsidium wirkt in der Öffentlichkeit wie ein Schock. Zumal trotz sofortiger Nachrichtensperre schnell durchsickert, dass die Waffe nur von den beiden Frauen in den Vernehmungsraum geschmuggelt worden sein konnte. Thomas Osterkorn:

»Ich war relativ schnell da, stand draußen vorm Zaun, dann landete ein Rettungshubschrauber, dann wurde der Staatsanwalt noch rausgetragen, und dann hörte ich von Leuten, die ich da kannte, die ersten bruchstückhaften Informationen: Pinzner – Waffe – geschossen. Es war das absolute Chaos – unvorstellbar. Allen war natürlich sofort klar, dass aus so einem Riesenerfolg ein Riesenskandal wurde. Also, es war einfach für alle unvorstellbar, wie das passieren konnte und was da passiert ist.«

Innensenator Lange und Justizsenatorin Leithäuser müssen sich den Fragen der aus dem gesamten Bundesgebiet angereisten Pressevertreter stellen.

Auch Pinzners Anwältin geht noch am gleichen Tag vor die Fernsehkamera. Tiefes Bedauern kommt über ihre Lippen – und Vorwürfe angesichts der lasch gehandhabten Sicherheitskontrollen. Kein anderer konnte es so genau wissen wie sie. Denn schon bald steht fest: In ihrer Kleidung versteckt hatte Jutta Pinzner die Waffe ins Präsidium gebracht. Die letzte Tatwaffe des Auftragsmörders – auch sie kommt aus dem Milieu –, beschafft von der Anwältin. Noch einmal ist Pinzner der Sankt-Pauli-Killer, der Vollstrecker, zum ersten Mal in eigenem Auftrag. Rolf Bauer:

»Pinzner war derjenige, der zwar die Tat ausführen wollte, aber er war abhängig von dem, was draußen passiert, dass man ihm zuarbeitet. Und dieses Zuarbeiten hat seine Anwältin gemacht. Nur durch sie ist diese Tat überhaupt möglich gewesen – nur durch sie ist Wolfgang Bistry gestorben. Kein anderer – auch wenn Werner Pinzner den Abzug gedrückt hat – die Tat begangen hat für mich die Rechtsanwältin.«

Trotzdem sich die Behörden mit einer totalen Nachrichtensperre, wie es sie seit der Schleyer-Entführung bundesweit nicht mehr gegeben hatte, zu retten versuchen, geraten Polizei, Staatsanwaltschaft und politische Entscheidungsträger in eine tiefe Krise. In Pinzners Zelle werden neben den Briefen seiner Frau und seinen Tagebucheintragungen – in denen er die Anwältin der Mittäterschaft bezichtigt – Rauschgift, Kokain und Heroin, an seinem Körper frische Einstichstellen gefunden. Der Skandal ist perfekt. Hamburgs Innensenator Rolf Lange muss zurücktreten, ebenso die mit ihren Strafvollzugsreformen als viel zu weich und nachgiebig geltende Justizsenatorin Eva Leithäuser.

Pinzners Anwältin wird der Prozess gemacht. In zweiter Instanz wird die Anwältin wegen Beihilfe zum Mord zu sechseinhalb Jahren Haft verurteilt. Zwei Drittel der Strafe verbringt sie weitgehend in Kliniken und als Freigängerin, der Rest wird zur Bewährung ausgesetzt. Die Anwaltszulassung entzieht ihr die Justiz nur auf Zeit. Über die Anwältin darf aus Gründen ihrer Resozialisierung nichts mehr berichtet werden.

Pinzners Komplizen werden nach über 100 Verhandlungstagen zu lebenslangen Haftstrafen verurteilt und sind bereits wieder in Freiheit. Reinhard »Ringo« K. wird mit zwei mutmaßlichen Komplizen vor Gericht gestellt. Ihnen wird vorgeworfen, die Tatwaffe, mit der Staatsanwalt Bistry erschossen wurde, der Anwältin Pinzners mit der Order zugespielt zu haben, sie ihrem Mandanten als letzten Ausweg zuzustecken. Die Anklagevertretung kann ihm diesen Vorwurf nicht nachweisen: in dubio pro reo – im Zweifel für den Angeklagten.

Danuta Harrich-Zandberg

Jagd auf den »Ausbrecherkönig«

»Macht hoch die Tür, die Tor macht weit«, stimmt der Gefangenenchor der JVA Essen am Abend des 1. Weihnachtstags 1969 an, genau in dem Augenblick, in dem zwei der Knastinsassen ruhigen Blutes mit einem Nachschlüssel die Tore des Gefängnisses öffnen und hinausspazieren. Eine amüsante Geschichte, auch wenn sie nicht ganz stimmt. Aber so steht sie nach den Feiertagen in den Zeitungen. Der zuständige Staatsanwalt hat sich gegenüber der Presse den Scherz erlaubt, die Flucht etwas weihnachtlich auszuschmücken. Schließlich ist es einer der spektakulärsten Ausbrüche aus dem Knast, die Deutschland bis dahin erlebt hat. Die Geflohenen: Alfred Lecki und Helmut Derks. Ein Polizistenmörder und ein Berufsverbrecher. Für Lecki ist es schon die zweite Flucht aus dem Knast.

Nach den beiden selbst ernannten Freigängern wird bundesweit gefahndet. Der damalige Bundesinnenminister Hans-Dietrich Genscher hält Alfred Lecki für einen der gefährlichsten Verbrecher der Zeit und schaltet gar das Bundeskriminalamt ein. Ein einmaliger Vorgang. Als Lecki ein halbes Jahr später in Spanien ausfindig gemacht wird, lässt ihn die deutsche Regierung mit einer Bundeswehrmaschine heimholen. So viel Einsatz ist es ihr wert, den »Polizistenmörder« wieder hinter Gittern zu wissen.

Alfred Lecki: das ist die Geschichte eines Kriminalfalls, bei dem das Verbrechen weniger Aufmerksamkeit erregt als die späteren Ausbrüche des Täters.

Insgesamt gelingt dem zu lebenslanger Freiheitsstrafe Verurteilten vier Mal die Flucht. Einmal schafft er es glatt, 14 Monate unterzutauchen, obwohl die Polizei landesweit jeden Winkel nach ihm absucht. Zwei Mal wird er nicht durch eigene Unaufmerksamkeit, sondern durch den Verrat ehemaliger Knastgenossen wieder geschnappt. So gebührt ihm der Ehrentitel, der deutsche »Ausbrecherkönig« zu sein, wohl zu Recht.

Eine denkwürdige Karriere

Eigentlich hat sich Alfred Lecki sein Leben ganz anders vorgestellt. Er will zwar als junger Mann Berlin verunsichern, aber nicht als Ganove, sondern mit Charme und sportlicher Figur. Ein Typ, der den Frauen imponieren will, etwas großspurig. Der gern auf den Putz haut, auch mal über die Stränge schlägt und mit Polizei und Justiz in Konflikt gerät. Aber zum Schwerverbrecher, zum Mörder hat ihn das Schicksal wohl eher gedrängt.

Alfred Lecki ist 31 Jahre alt, als es passiert. Er hat schon einiges auf dem Kerbholz: Bankeinbrüche, Autodiebstahl, Urkundenfälschung. Aber kein Kapitalverbrechen. Am 1. August 1968 gelingt ihm sein erster Ausbruch aus einem Berliner Gefängnis. Seither ist er auf der Flucht. Und für seine Freiheit scheint er zu allem bereit.

Bottrop, 14. Juli 1969, zwei Uhr nachts. Lecki schläft am Straßenrand im Auto. Plötzlich klopfen zwei Polizisten gegen die Scheibe. Etwas verschlafen zeigt er die Papiere, sie sind gefälscht. Er muss den Kofferraum öffnen. Als ihm klar wird, dass es brenzlig wird, rennt er weg. Die beiden Polizisten verfolgen ihn.

»Einer stand fünf Meter vor mir. Kimme und Korn. Zielte auf meine Brust und seine Waffe machte klick. Ich hatte eigentlich schon abgeschlossen. Und dann kann ich einfach nicht mehr denken. Ich hatte zwei Möglichkeiten in dem Moment, mich zu ergeben, und das habe ich in der Aufregung eben nicht getan. Das heißt, ich war so auf Flucht eingestellt. Der ganze Ablauf der Dinge war auf Flucht gebongt. Und da weiß ich nur noch, dass ich selbst geschossen habe. Dass ich tief gehalten habe und dass der unglücklicherweise durch einen Querschläger so schwer verletzt wurde, dass er dann starb. Und das ist meines Erachtens kein Mord.«

So erinnert sich Alfred Lecki 1986 in einem Gespräch an den folgenschwersten Moment seines Lebens.

Der Revolver des einen Polizisten hat Ladehemmung. Der andere ist noch nicht schussbereit. So schießt Alfred Lecki und kann entkommen. Um den Preis eines Mordes. Es geschieht vielleicht nicht vorsätzlich, aber es zeigt, Lecki ist bewaffnet und bereit zu schießen.

Am nächsten Tag erfährt er durch die Zeitung, dass einer der Polizisten tot, der andere verwundet ist. Aus seiner Sicht ein Akt der Selbstverteidigung. Die Angst, seine Freiheit wieder zu verlieren, habe ihn kopflos werden lassen, so entschuldigt er die Tat später vor Gericht. »Ich fühle mich überhaupt nicht als Polizistenmörder. Überhaupt nicht als Mörder.«

Das Gespräch von 1986 findet statt, nachdem Alfred Lecki zum vierten Mal getürmt ist, diesmal aus dem Krankenhaus – nach schwerer Operation mit Humpelbein und Krücke, trotz 24-stündiger Bewachung durch Gefängnisbeamte. Der getürmte Häftling trifft heimlich einen Journalisten – obwohl er mit der Presse auf Kriegsfuß steht: Er fühlt sich von ihr ungerecht behandelt, zum brutalen Polizistenmörder abgestempelt – da er doch für sich in Anspruch nimmt, nur in Notwehr gehandelt zu haben. Das Gespräch wird im Herbst 1986 im WDR gesendet, aber nicht mit Leckis Stimme. Er besteht darauf, gedoubelt zu werden: Er hat Angst, dass seine Stimme ihn verraten könnte.

Über die Flucht aus der Bonner Uniklinik im September 1986 lacht sich die Presse schief. Zum wievielten Mal schon ist es dem »Ausbrecherkönig« gelungen, das Gefängnispersonal an der Nase herumzuführen, fragen die Polizeireporter. Es ist der vierte Ausbruch. Der damalige nordrhein-westfälische Justizminister Rolf Krumsiek gerät in Erklärungsnot. Ihm fällt im entscheidenden Moment jedoch die richtige Antwort ein. Als ihn während einer Pressekonferenz ein Journalist süffisant fragt: »Herr Minister, kennen Sie zufällig Alfred Lecki?«, gibt der zur Antwort: »Ja, flüchtig ...«, und hat die Lacher auf seiner Seite. Doch Krumsiek »räumt Fehler ein«, wie *Die Welt* am 25. September 1986 schreibt. Leckis Krankenzimmer sei nicht weisungsgemäß bewacht worden. Da sei es nach der Schilderung mehrerer Zeugen »wie im Taubenschlag« zugegangen.

Alfred Lecki hat fast die Hälfte seines Lebens im Knast verbracht. Er wird häufig verlegt, weil man befürchtet, er könnte sich irgendwo zu sehr eingewöhnen, eine Hausmacht aufbauen und wieder ausbrechen. Denn wo immer er einsitzt, ist er der Boss. Er besitzt Autorität, ohne Schläge austeilen zu müssen. Das Gefängnispersonal versucht, ihn nicht zu provozieren, die Mitgefangenen halten respektvolle Distanz. Zudem ist Alfred Lecki in den siebziger Jahren ein Vorzeigegefangener für Anstaltspädagogen und Gefangenbetreuer. Er gilt als besonders klug und vielseitig interessiert. Der Ausbrecherkönig ist ein ausgezeichneter Schachspieler. Als er in der JVA Rheinbach bei Bonn einsitzt, organisiert er Schachturniere gegen Mitarbeiter der Bonner Ministerien – meist gewinnt er.

Lecki spielt ebenso gut Tischtennis, joggt dreimal die Woche 6 km auf dem Gefängnishof, spielt Fuß- und Handball. Vielleicht dies alles auch nur, um fit zu bleiben für die nächste Flucht. Obwohl er verspricht, die Haft in der JVA Rheinbach diesmal »regulär ausbaden« zu wollen. Lecki ist eine Leseratte. Interessiert sich im Knast für Archäologie, für Kunst und viele wissenschaftlich-technische Domänen. Verständlich, dass insbesondere die Gefangenenbetreuer in ihm mehr sehen als nur den »Polizistenmörder«.

Über den Knast und seine Mitgefangenen urteilt Lecki: »Viele von uns verblöden schlichtweg und sacken in die totale Lethargie ab. Sie haben keinen Lebensgeist mehr. Wer denkt, dass Not und Pein zusammenschließt, der ist im Irrtum. Es gibt, bis auf ganz wenige Ausnahmen, keine Kameradschaft. Im Gegenteil, der Verrat und das Zuträgertum wird honoriert und somit gezüchtet.«

Der Ausbrecherkönig weiß, wovon er spricht. Hat er doch, als er diese Zeilen in der Zelle aufschreibt, schon mehr als sieben Jahre Haft abgesessen. Er ist von Knastbrüdern verraten worden, selbst von seinem engsten Komplizen, mit dem er monatelang durch dick und dünn gegangen war.

Ein unbändiger Wille zur Freiheit

Alfred Lecki, das ist die Geschichte eines nicht zu bändigenden Freiheitswillens, aber auch die Story eines Draufgängers und Raubeins. Und da ist die Nacht des 14. Juli 1969 mit den tödlichen Schüssen auf den Polizisten. Für sie wird Lecki am 21. April 1972 »wegen Mordes zu lebenslanger Freiheitsstrafe verurteilt«.

Jede Geschichte hat ihren Anfang – so auch die von Alfred Lecki. Sie hängt eng mit der Entwicklung der Bundesrepublik Deutschland zusammen. Lecki wird am 1. Oktober 1938 in Berlin geboren. Der Vater Stanislaus hat einen Betrieb als Karosseriebauer. Noch heute sind die »Lecki-Anhänger« in Berlin ein Begriff. Die nach dem Krieg zerbombte Stadt erlebt der junge Alfred als großes Abenteuer. Alles ist erlaubt: Organisieren, Klauen, Tauschen. In den Ruinen liegt so vieles, was scheinbar niemandem mehr gehört. »Lecki wächst auf«, so erzählt sein letzter Anwalt Hanns-Ekkehard Plöger »mit Waffen und ohne Unrechtsbewusstsein.«

In der Tat. Als 10-Jähriger klaut der junge Draufgänger mit Freunden zum Spaß aus einem sowjetischen Depot einen Militär-Lkw, ohne erwischt zu werden. Mit dem Ungetüm brausen sie durch die Stadt. Manchmal stibitzt Alfred dem Vater den Autoschlüssel und fährt mit dem Wagen durch Berlin. Autofahren ist seine große Leidenschaft. Er geht beim Vater in die Lehre, wird Karosseriebauer und erwirbt später zusätzlich das Diplom als Buchhalter. Seine Lebensplanung bis dahin ist klar: Er wird im väterlichen Betrieb bleiben, um ihn später zu übernehmen.

Doch Lecki kommt früh mit der Polizei in Konflikt. Als 17-Jähriger verbüßt er eine kurze Jugendstrafe wegen Autodiebstahls. Mehrfach lässt er sich am Steuer ohne Führerschein erwischen. Die Liste kleiner Vorstrafen wegen Körperverletzung, Betrug, Unfallflucht und anderer Verkehrsdelikte geht ins Dutzend und ist beeindruckend. Allerdings betrachtet Lecki seine regelmäßigen Konfrontationen mit Polizei und Justiz eher als Sport – bis zum 17. März 1967, dem Tag, an dem er als Wiederholungstäter und »wegen fahrlässiger gemeingefährlicher Verkehrsgefährdung ... in Tateinheit mit Verkehrsunfallflucht zu zweieinhalb Jahren Gefängnis verurteilt« wird. Außerdem wird ihm »eine Sperre für die Fahrerlaubnis auf Lebenszeit erteilt«.

Nie mehr Auto oder Motorrad fahren zu dürfen, das ist für ihn unvorstellbar:

»Was soll ich denn jetzt plötzlich werden? Friseur oder so was? Ich wusste gar nicht, was für einen Beruf ich ohne Führerschein hätte machen können. Da habe ich meine Sachen gepackt, habe alles verkauft und bin ausgestiegen. Ich musste mir ja auch Geld verschaffen. Natürlich dann mit Waffengewalt. Das war klar. Also wirklich ausgestiegen mit allen Konsequenzen. Die Brücken hinter mir abgebrochen. Mein Plan war, mich mit Geld zu versorgen, das Land zu verlassen.«

Ist dies der Moment, in dem Lecki sich für die kriminelle Karriere entscheidet? Jedenfalls tritt er die Haft nicht an. Er haut ab, über Westdeutschland nach Italien und Jugoslawien. Doch das Geld geht aus. Alfred Lecki muss zurück, neues zu beschaffen – bewaffnet mit einer Beretta und 200 Schuss Munition. Jetzt beginnt sein »Einstieg in die Schwerkriminalität«, wie es in einem der zahlreichen späteren Urteile gegen ihn heißt. Der 29-Jährige raubt Banken aus. Er will mit einer Münchner Gang Luxusautos klauen und ins Ausland verschieben. Lecki fährt auch wieder nach Berlin zurück, wo ihn die Polizei am 23. September 1967 schnappt und in die JVA Berlin-Tegel steckt. Jetzt soll er erst einmal die zweieinhalb Jahre aus der Verurteilung vom März 1967 absitzen.

Im Knast hält es der Ungeduldige nicht aus. Am 1. August 1968 öffnet er die Zellentür mit einem selbst gefertigten Dietrich und spaziert hinaus in die Freiheit. Es ist seine erste Flucht. Lecki macht sich dünne nach Westdeutschland. Überfällt Geschäfte und Banken – stets mit vorgehaltener Pistole: »Der Deutschen Bank ein paar Mark abzunehmen, da hab ich nun überhaupt keine Skrupel.«

Ein Jahr lang füllt Alfred Lecki so die Kasse. Er ist auf der Flucht, ein Einzelgänger. Bis zum 14. Juli 1969, der Nacht in Bottrop, in der er den Polizeibeamten erschießt. Die Nacht, die ihm zum Verhängnis wird. Bisher war Lecki im Kriminaljargon kein großer Hecht. Jetzt wird er landesweit gesucht: der Polizistenmörder.

Lecki versucht später vor Gericht, sich zu entschuldigen: Selbstverteidigung. Doch der zweite, damals leicht verletzte Beamte Manfred

Danielowski schildert mir 33 Jahre später den Vorgang ganz anders: »Lecki lief hinter die Hauswand, blieb dort stehen, drehte sich um, nahm die Schießstellung ein und hat so auf mich gewartet. Also, wenn er gesagt hat, dass er nicht gezielt geschossen hat, dann kann ich sagen, das stimmt nicht. Er hat auf mich gewartet und ganz gezielt die Pistole auf mich gerichtet. Ich konnte mich nur zu Boden werfen.«

So wurde Manfred Danielowski glücklicherweise nur an der Hand getroffen. Lecki gelingt die Flucht. Doch es ist aus. Er wird nie mehr ein normales Leben führen können. Irgendwann werden sie ihn schnappen – das ist Lecki klar. Und dennoch verhält er sich unvorsichtig. Er verkehrt in Kneipen, trinkt zu viel. In einer Bar in Braunschweig legt er sich mit zwei Gästen an, die ihn, wie er später sagt, ausrauben wollten. Er zieht die Pistole. Die herbeigerufene Polizei nimmt ihn fest. Jetzt ist Lecki auch ein Medienstar. Das Fernsehen zeigt, wie ihm vor dem Transport zur JVA Essen im Polizeiwagen selbst an den Füßen Fesseln gelegt werden.

Im Essener Knast lernt der Ausbrecherkönig den Schwerverbrecher Helmut Derks kennen. Mit ihm gelingt Lecki die berühmt-berüchtigte Flucht am 1. Weihnachtstag 1969 unter dem Motto »Macht hoch die Tür ...«.

Jetzt sind die beiden ein Fall für Eduard Zimmermanns Sendung *Aktenzeichen XY -ungelöst*. Gerüchte besagen, sie seien in Bayern und im Raum Stuttgart gesehen worden. Kriminalbeamte erschießen aus Versehen einen Mann, den sie für Alfred Lecki halten – während Lecki und Derks mit ihren Banküberfällen wohl alles in allem eine halbe Million Mark einsammeln. Schließlich flüchten sie nach Spanien: Alicante und Marbella. Die beiden sind jetzt auf Gedeih und Verderb miteinander verbunden.

Sie treten gelegentlich als Paar auf, Herr und Frau Otto, Derks als Frau verkleidet. Lecki kauft sich ein Boot. Wenn das Geld knapp zu werden droht, fahren sie kurz zurück nach Deutschland. Sie überfallen einige Banken – Lecki droht dabei gelegentlich sogar mit einer Maschinenpistole – und sind am nächsten Tag schon wieder am spanischen Strand. Sie verkehren in Nachtbars, gehen großzügig mit Geld um. Wohl zu großzügig. Jedenfalls spricht es sich herum, dass zwei Deutsche mit Geld nur so um sich werfen. Interpol ist hinter den

Seine draufgängerische Art hat ihm nicht immer Glück gebracht:
Der flüchtige Alfred Lecki wird am 1. August 1969 nach einer Rangelei
in einer Braunschweiger Kneipe festgenommen.

beiden her. Die spanische Polizei, vom BKA alarmiert, findet ihre Spur. Polizeikommissar Antonio Pardo Ruiz wird auf Lecki angesetzt. Er entdeckt ihn eines Abends in einer Nachtbar am Rande von Malaga. Mit seinem Kollegen wartet er draußen im Wagen: »Lecki spürt, dass wir ihn verfolgen. Er steigt in seinen Mercedes und rast los. Es ist ein ungleicher Kampf. Er in seinem großzylindrigen Wagen und wir mit einem alten Renault.«

Lecki entkommt seinen Verfolgern. Doch nur wenige Tage später spürt ihn Antonio Pardo Ruiz am Rande von Marbella in einem Appartement auf. Es ist der 4. Juli 1970 frühmorgens. Über ein Dutzend schwer bewaffnete Polizisten werden zur Verstärkung gerufen. Vorsorglich lässt Antonio Pardo Ruiz die Luft aus den Reifen von Leckis schnellem schneeweißem Mercedes mit Düsseldorfer Kennzeichen. Doch als Lecki seine Wohnung verlässt und das Polizeiaufgebot sieht, wehrt er sich nicht. Bei der anschließenden Durchsuchung der großzügigen Dreizimmerwohnung findet Antonio Pardo Ruiz in einer schwarzen Aktentasche 280 000 Mark Bargeld.

»Für mich war der Film abgelaufen«, erinnert sich Alfred Lecki. »Ich hatte ja gerade so gute Papiere. War geldmäßig auch gut versorgt. Ich war auf dem Sprung, Europa zu verlassen. Es hätte keine drei Wochen mehr gedauert. Ich war dabei, alles aufzugeben. Dann hätte ich Europa verlassen. Ja, Lateinamerika.«

Zwei Tage zuvor hat die Polizei bereits Helmut Derks erwischt. Und der verpfeift seinen Kumpan. Lecki ist verbittert: »Wir sind so viele Monate zusammen rumgereist und haben ja auch einiges zusammen gemacht. Und dann verraten zu werden von ihm, das ist keine sehr gute Erinnerung.« Antonio Pardo Ruiz vertraut Lecki etwas an, was ihn tief trifft. Derks habe den Polizisten geraten, »es wäre besser, wenn Lecki ihnen nicht lebend in die Hände falle«.

War Derks vor dem Verrat heimlich in Deutschland, um das dort versteckte Geld aus den gemeinsamen Raubzügen in seinen Besitz zu bringen? Hat er ihn deshalb verraten? Lecki wird es nie erfahren. Helmut Derks begeht einige Jahre später Selbstmord.

Bereits vor der Festnahme an der spanischen Costa de Sol hatte die Springerpresse erfahren, dass Interpol ganz nah an den beiden meistgesuchten deutschen Verbrechern dran war. Die *Bild*-Zeitung schickt ein Reporterteam hinunter, das tagelang auf der ersten Seite berichten darf. »Im spanischen Ferienparadies in Ketten gelegt«, heißt es da. »So täuschten die Supergangster ihre Verfolger: Derks spielte (in Frauenkleidern) Leckis Braut.«

Bild will vor Ort erfahren haben, dass die Polizei bei Derks 100 000 und bei Lecki sogar 750 000 Mark sicherstellen konnte. Und dass »der Räuber und der Polizistenmörder Stammgäste in der exklusiven Paris-Bar in der Playboystadt Marbella waren. Sie waren begeisterte und gute Tänzer, auf die die Frauen nur so flogen.« Das Blatt beschreibt auch Leckis Festnahme: »Der Gangster wurde wie im Mittelalter durch den mondänen Ort abgeführt: in Ketten und mit einer Eisenkugel am Bein.«

Die spanischen Behörden wollen ihn ihrerseits belangen wegen Urkundenfälschung und Fahren ohne Führerschein. Lecki soll 30 falsche

Pässe bei sich gehabt haben. Also wird er in Malaga in ein Gefängnis gesteckt, das aus dem 19. Jahrhundert stammt und seither kaum renoviert worden ist.

Im September 1973, drei Jahre später also, schreibt er in seiner Zelle in Hamburg-Fuhlsbüttel (»Santa Fu«) nieder, unter welchen Bedingungen ihn die Spanier hinter Schloss und Riegel halten:

»Dieser Keller war betoniert und ohne jedes Möbelstück, also völlig leer und ohne Licht. Man nahm mir meine Kleidung ab, so war ich nackend und musste auch so auf dem blanken Beton liegen. ... Die deutsche Kripo hat denen gesagt, ich sei doch so gefährlich, dass ich gesondert eingesperrt werden muss ... Dann bekam ich ein Hemd und eine Hose ... Kein WC, kein Wasser, nichts. Blanker Betonboden. In diesem Boden war an einer Stelle ein Loch, etwa der Durchmesser wie ein Ofenrohr; dies war die Stelle für die Bedürfnisse. Darunter war direkt die Kloake ... Nach einer gewissen Zeit bekam ich ganz lockere Zähne, die Haare fielen büschelweise aus ... Ich habe also vier Monate in spanischen Kellerlöchern unter unmenschlichen Bedingungen dahinvegetiert.«

Was Lecki in seinem Bericht nicht erwähnt, erzählt mir Antonio Pardo Ruiz. Auch in Malaga nutzt Lecki die erstbeste Gelegenheit, um abzuhauen. Es geschieht während einer ärztlichen Untersuchung. »Lecki hängte sich an eine Querstange, die damals an dem Fenster anstelle des Gitters angebracht war, und nahm so viel Schwung, dass er bis zur Umgehungsmauer hinüberspringen konnte. Doch der Wachmann im Aussichtsturm sah ihn und drohte zu schießen. Da ließ Lecki sich runterfallen. Das war schon eine Glanzleistung, diese fünf Meter zu überspringen.« Ein Fluchtversuch, der bis heute unbekannt geblieben ist. Wir stehen an der Stelle im Gefängnishof von Malaga, und ich kann mir kaum vorstellen, dass Lecki diesen Sprung wirklich geschafft haben soll.

Verschärfte Haftbedingungen

Eine Bundeswehrmaschine bringt Lecki vier Monate später zurück nach Deutschland. In den nächsten Jahren soll er erfahren, dass die deutschen Gefängnisse zwar moderner sind, die Haftbedingungen zu dieser Zeit aber den spanischen kaum nachstehen. 39 Monate »Einzelhaft und totale Isolation«, so schildert Lecki in dem »Santa-Fu-Papier« auf 22 Seiten die Knastzeit bis nach der Verurteilung zu lebenslanger Freiheitsstrafe.

Er wechselt zwölf Mal die Haftanstalt. In manchen Zellen sind die Fenster zugemauert, erinnert er sich, es ist teilweise eiskalt. Doch am meisten hat er unter dem Gefängnispersonal zu leiden. So bittet er einmal um Waschzeug, aber auch um Papier und Kuli, weil er seinem Anwalt einen Brief schreiben will. Der hat längst den Überblick über Leckis ständig wechselnde Aufenthaltsorte verloren. Tagelang wird die Bitte ignoriert, bis sich Lecki gegenüber dem Gefangenenwärter die ironische Frage erlaubt, ob er denn hier in Sibirien gelandet sei.

»Denn falls ich noch in Deutschland bin, ist es mein Recht, an meinen Anwalt schreiben zu können. Da meinte der plötzlich garstig: ›Sie haben hier überhaupt kein Recht!‹ ... Ich habe mich gefragt, wann ich für das Irrenhaus reif bin. Man fängt an, am Tage zu spinnen. Morgens wird man wach und denkt, dass man nachts mit einem Gorilla gekämpft hat, so zerschlagen fühlen sich die Knochen an. ... Jahrelange Isolation macht jeden Menschen mit der Zeit verrückt. ... Wenn man immer alleine ist, kostet es unmenschliche Energie, sich aufzuraffen und was zu lernen oder sonst irgendetwas zu tun. Man sackt immer mehr ab durch dieses Lebendig-Begrabensein. Wie im Schließfach einbetoniert bei lebendigem Leib ... Selbstmord will ich auch nicht machen. Verrückt will ich auch nicht werden. Was nun? Ich habe Teile meiner Sprache verloren, habe angefangen zu stottern. Ich bekam Gedächtnisschwund. Krankheiten. Magengeschwüre.«

Leckis Bericht aus der Zelle ist für mich ein wichtiges Dokument. Es kommt selten genug vor, dass ein »Lebenslänglicher« seine Geschichte und seine Knasterfahrungen zu Papier bringt. Man kann Leckis Story nur glaubwürdig erzählen, wenn man auf diesen Bericht und das erwähnte WDR-Interview zurückgreift. Alle Zitate in dieser Darstellung stammen aus den beiden Texten.

Leckis Knastbericht fällt in die Zeit der kontroversen Debatte um eine Strafrechtsreform. Die Kritiker des alten martialischen Strafvollzugs werden auf den Ausbrecherkönig aufmerksam. Es soll künftig menschenwürdiger zugehen im Knast. Doch bis Lecki davon wird profitieren können, vergehen noch Jahre.

Bei unserem Dreh in der JVA Werl treffen wir mehrere Justizbeamten, die Lecki noch bewacht haben. Sie geben zu:

»Das Haftfenster war noch einmal extra gesichert. Abends wurde eine extra Stahlplatte von außen an das Fenster angebracht, dass er also absolut keine Möglichkeit hatte, hier aus der JVA Werl zu entweichen. Er wurde auch, wenn er die Zelle verlassen durfte, immer mit wenigstens zwei Bediensteten begleitet, sodass er keinen Schritt alleine machen konnte ... Es waren ziemlich heftige Bedingungen, unter denen er hier gelebt hat – gegenüber anderen Gefangenen ... Er hatte einen gewissen Rang unter den Gefangenen. Er hatte einen Namen. Er gehörte zum damaligen Hochadel der deutschen Kriminalität.«

Vor der Zellentür und selbst draußen unter dem Zellenfenster ist ständig Wachpersonal postiert. Der enorme Aufwand an Kontrollen hat wohl nicht nur damit zu tun, dass Lecki schon zweimal ausgebrochen ist. Einen Polizisten im Dienst getötet zu haben wiegt in den Augen der Justiz vermutlich besonders schwer.

Dennoch, so erinnert sich ein Beamter, entwickelt Lecki einen Fluchtplan. Es wäre die erste Geiselnahme im Vollzug gewesen. Jemand sollte ihm von außen eine Pistole reinschmuggeln. Lecki wollte einen Beamten als Geisel nehmen, mit ihm den Knast verlassen und mit dessen Auto fliehen. Der Plan fliegt auf, die Bewachung wird noch strenger. Auch dieser Fluchtplan war bisher nicht bekannt.

Die dritte Flucht

Während des Prozesses sitzt Lecki in Essen. Die Verhandlungen dauern nur drei Tage. Der Täter ist geständig. Er habe nicht töten wollen, so seine Entschuldigung, er sei kopflos geworden, aus Angst, die Freiheit zu verlieren. Das Urteil räumt ihm ein: »Wenn es ihm auch nicht unbedingt auf ihren (der Polizeibeamten) Tod ankam, so war ihm deren weiteres Schicksal jedoch gleichgültig.« Lebenslange Freiheitsstrafe plus 15 Jahre für die übrigen Straftaten, Banküberfälle und Autodiebstähle. Lecki soll die Haft in Essen absitzen. Doch nach dem gescheiterten Fluchtplan wird er in Rheinbach bei Bonn eingeliefert. Hier bleibt er – mit zwei Unterbrechungen – bis 1984.

Im Zuge der allgemeinen Strafrechtsreform lockern sich nach 1974 die Haftbedingungen. Lecki scheint sich damit abgefunden zu haben, dass er nicht mehr aus dem Knast herauskommt. Doch er weigert sich zu resignieren. Gefangenbetreuer, die nach der Strafrechtsreform jetzt mehr für die Inhaftierten tun dürfen, erkennen schnell, dass Lecki nicht der gemeine Schwerverbrecher ist, zu dem ihn das Strafmaß und die Isolierhaft abgestempelt haben.

Einer seiner freiwilligen Betreuer, Wolf Schmoll – er ist von Beruf Archäologe –, begeistert ihn für seine Wissenschaft. Zwischen den beiden entsteht eine Freundschaft, soweit die Knastmauern dies ermöglichen. Da ist auch der katholische Anstaltsgeistliche Pater Herbert Heuel, zu dem Lecki Vertrauen fasst, obwohl er nun wirklich wenig mit Religion am Hut hat. Pater Heuel gesteht mir, dass er jedes Mal, wenn er im Zellentrakt der JVA Rheinbach war, sich in die Haut der Inhaftierten versetzte und dachte: »Wie kämst du hier raus?« In der JVA Rheinbach formiert sich eine Gruppe ehrenamtlicher Betreuer, die sich um Lecki und andere Lebenslängliche kümmern.

Es beginnt die schon erwähnte sportliche Phase. Sie reicht von der physischen Ertüchtigung bis zum geistigen Sport, dem Schach. Wolf Schmoll ist überzeugt, dass Lecki »resozialisierbar« ist, dass er eine Chance verdient, rauszukommen, ohne rückfällig zu werden. Lecki, der gut aussehende, sportliche Typ aus der Zeit der spanischen Eskapaden ist nicht wiederzuerkennen. Der Knast hat ihn gesundheitlich ruiniert. Er hat kaum noch Haare auf dem Kopf. Er ist herzkrank. 1982 hat er seinen ersten Herzinfarkt, der zu spät erkannt wird. Er leidet unter Kopfschmerzen, sieht schlecht. Der über eins achtzig große Mann scheint geschrumpft zu sein. Dennoch: Er gewinnt dem Leben neuen Sinn ab. Die Betreuer sind sein rettender Strohhalm.

Eine wichtige Rolle spielt auch Leckis Familie. Alfred hängt sehr an ihr. Auch am Vater Stanislaus, obwohl der ihn als Junge schwer rangenommen hat. Seine beiden Schwestern stehen all die Jahre zu ihm. Helga besucht Lecki im Knast. Das bedeutet ihm viel. Die Familie. Lecki hat nie den Gedanken aufgegeben, den väterlichen Betrieb mitzuführen oder gar zu übernehmen, wenn er endlich raus darf. Lebenslänglich heißt ja nicht ein Leben lang. Doch dann stirbt der Vater im Februar 1981; Helga muss den Betrieb führen.

Ich habe während der Dreharbeiten viel mit der Schwester telefoniert. Sie glaubt, dass ihrem Bruder viel Unrecht angetan wurde. Alfred sei kein Mörder gewesen, er habe den Polizisten nicht erschießen wollen. Die Erinnerung an den Bruder ist in ihr so lebendig, dass sie meint, ein Interview nicht verkraften zu können. Sie gibt aber auch zu, dass Teile der Familie den Schlussstrich endgültig gezogen haben und mit dem »Polizistenmörder« und »Ausbrecherkönig« nicht mehr in Verbindung gebracht werden wollen.

In Rheinbach kursiert das Gerücht, Lecki könnte Ende 1985 auf freien Fuß kommen. Das ist doch überschaubar, denkt er. Er hätte dann 15 Jahre abgesessen. Er wäre dann 47 Jahre alt, da kann man doch noch einmal neu anfangen. Zur Vorbereitung auf die Freiheit soll Lecki ausgeführt werden. Das Datum wird von der Gefängnisleitung ohne Absprache mit den Betreuern festgelegt: der 4. Oktober 1983. Doch an diesem Datum sind Wolf Schmoll und seine Frau in der Türkei zu einer archäologischen Tagung. Ein etwas unbedarfter Sozialarbeiter begleitet also Alfred Lecki an diesem denkwürdigen Tag. Sie besuchen zuerst das Akademische Kunstmuseum in Bonn, von dem Wolf Schmoll Lecki so viel erzählt hat. Gehen dann zum Alten Friedhof, zum Grab einer angeblichen Tante Leckis (später kursiert das Gerücht, er hätte hier einem Abfalleimer eine Pistole entnommen, die jemand für ihn hinterlegt hatte). Dann ab in die Innenstadt: In der Cafeteria des Kaufhauses Hertie haben Lecki und sein Bewacher Lust auf Kaffee und Kuchen. Der Sozialarbeiter reiht sich in die Schlange vor der Selbstbedienungstheke ein, Lecki will währenddessen in dem überfüllten Raum Plätze suchen.

Da überkommt es ihn: Lecki türmt. Er rennt nicht einfach los, sondern verlässt ganz ruhig das Kaufhaus. Das sei völlig spontan passiert, erzählt Alfred Lecki später, er habe sich dabei selbst beobachtet wie in einem Film:

»Da sagt man sich: ›Na klar, Mensch, du kannst ja vielleicht noch mal ein paar Monate leben. Ein wenig die Freiheit genießen. Und dann kannst du immer noch den Löffel abgeben.‹ Und eigenartigerweise, beziehungsweise ganz verständlich, keine zehn Stunden war ich da in Freiheit, da waren die Herzschmerzen weg, es war aus, zack! Keine Beschwerden mehr, aus. Mir ging's besser. Keine Magengeschwüre mehr. Körperlich hat sich alles gebessert.«

Es ist seine dritte Flucht. Später erzählt er, es sei eine Frage der Gano-venehre gewesen, die Chance zur Flucht zu nutzen. Man hätte ihn sonst im Knast ausgelacht. In Rheinbach ist die Hölle los. Wie konnte das passieren? Wie konnte man Alfred Lecki mit diesem Sozialarbeiter allein ausgehen lassen? Wolf Schmoll versichert mir, wenn er hätte dabei sein können, wäre das nie passiert: »Er hatte ganz feste, steinerne Moralvorstellungen. Das hätte er mir nie angetan.«

Doch nun ist Lecki wieder getürmt. Die Presse kürt ihn endgültig und fast bewundernd zum »Ausbrecherkönig«. Der Mann ist wie vom Erdboden verschwunden. *Aktenzeichen XY – ungelöst* und das ZDF helfen bei der Jagd auf Lecki. Vergeblich.

In der JVA Rheinbach werden Verantwortliche gesucht. Der Gefängnisdirektor muss sich gegen schlimme Anschuldigungen wehren. Die Zeitungen berichten von Wildwest-Verhältnissen im Knast. »Der Fall Lecki wird zum Justizskandal«, schreibt die *Welt*. Unhaltbare Gerüchte kursieren. Lecki sei in Rheinbach eine Art »Mafia-König« gewesen. Er habe mit Rauschgift und Tabletten gehandelt. Im Knast sei Schnaps gebrannt worden. Der Handel mit falschen Ausweisen blühe. Falsche Fünfmarkstücke würden geprägt.

Lecki schafft es, 14 Monate lang unterzutauchen: in einem Dorf an der Mosel. Dort besuchen ihn einige seiner ehemaligen Betreuer. Auch eine Frau, die später wegen Mithilfe und Verschleierung vor Gericht gestellt wird. Lecki fährt Motorrad, natürlich ohne Führerschein. Er baut einen Unfall und verletzt sich schwer am rechten Bein. Der Ausbrecherkönig lässt sich unter falschem Namen im Krankenhaus behandeln. Als er spürt, dass er vom Krankenhauspersonal erkannt worden ist, türmt er mit der klaffenden Wunde. Er braucht jedoch medizinische Hilfe. Pater Heuel besorgt sie ihm, obwohl ihm klar ist, dass er sich dabei am Rande der Legalität bewegt. Der Geistliche erzählt mir, dass der Arzt, den er überredet, Lecki zu behandeln, »richtig Schiss gehabt« hätte.

Von der Mosel zieht Lecki nach Köln in die Dasselstraße. Jedes Mal, wenn er die Wohnung verlässt, beseitigt er alle Fingerabdrücke. Er bleibt allein. Seit dem Verrat durch Helmut Derks vertraut der Einzelgänger keinem mehr aus dem Milieu. Alfred Lecki ist in Freiheit, doch gehetzt, in ständiger Angst. Er geht noch auf Krücken, ist aber

*In zwanzig Jahren Knast gelang es ihm viermal, auszubrechen; zuletzt mit
Hinkebein und Krücke. Jedes Mal spielte er mit der Polizei Katz und Maus.
Das Fahndungsfoto zeigt den noch jungen Alfred Lecki.*

mit dem Fahrrad unterwegs. Besucht die Spielhallen um die Friesen-
straße – und wird wieder von einem früheren Knastkumpan verpfif-
fen. Auf Lecki sind 13 000 Mark Finderlohn ausgeschrieben. Da hört
die Ganovenehre auf.

Die Polizei entdeckt den Flüchtigen in einer Kinohalle am Hohen-
zollernring. Er betrachtet ausgiebig, so schreibt am nächsten Tag der
Kölner Stadtanzeiger, die Filmplakate von »Auf der Suche nach dem
grünen Diamanten« und »Frankenstein Junior«. Dann überquert er
den Ring, setzt sich aufs Rad und fährt in die schmale Seitengasse

Am Klapperhof. Dort empfangen ihn zwei Polizisten. Alfred Lecki hat einen Ausweis mit einem Foto, das nun gar nicht zu ihm passt – und einen schweren Revolver in der Manteltasche. Michael Ziegler, einer der beiden Polizisten, die ihn festnehmen, gesteht mir, dass er »richtig Pudding in den Knien hatte«, als ihm durch den Kopf schießt, dass da Alfred Lecki vor ihm steht. Die Beamten wollen anfangs nicht wahrhaben, dass dieser alte, humpelnde, etwas heruntergekommene Mann mit dem Rad der berüchtigte »Polizistenmörder« sein soll.

Der Traum von der Freiheit ist wieder aus. »Ich bin nicht haftgewohnt. Andere finden sich damit ab, aber ich kann hinter Gittern nicht leben.« So entschuldigt sich Lecki für diese erneute Flucht. Ein entwaffnendes Eingeständnis, ebenso ehrlich wie charakteristisch für diesen Mann, der sein Leben verhunzte, nur weil er es im Knast nicht aushielt und keine Geduld hatte, eine erste kurze Strafe in der Zelle auszuharren.

Aber die Behörden mögen nun mal keine Ausbrecher. Und schon gar nicht solche, die bei der Flucht das Gefängnispersonal der Lächerlichkeit preisgeben. Gerade auf diesem Gebiet war Alfred Lecki ein Meister geworden. Nun ist natürlich die Chance auf vorzeitige Entlassung, die ihm für 1985 in Aussicht gestellt war, verloren.

Rational lässt sich deshalb nur schwer erklären, warum der Ausbrecherkönig getürmt ist, obwohl er Aussicht auf vorzeitige Haftentlassung hatte. Er konnte nicht so naiv sein, zu glauben, »die kriegen mich nicht«.

Wieder beginnt die Zeit der häufigen Verlegung von Knast zu Knast, damit er nur ja nirgendwo Kontakte knüpfen, neue Fluchtpläne schmieden kann. Er ist in Köln und Düsseldorf, bis er zurück nach Rheinbach muss.

Die Justiz vermutet, dass Lecki auf der Flucht illegale Hilfe erhielt. Sie klagt Regina S. an, eine seiner engsten Gefangenbetreuerinnen, ihn getroffen und unterstützt zu haben. Staranwalt Bossi verteidigt sie und erreicht einen Freispruch. Ein wichtiges Urteil im Interesse der Gefangenenbetreuung. Der Flüchtige brauchte medizinische und psychische Hilfe. Es war ein Akt der Menschlichkeit, sie ihm zu gewähren.

Regina S. verteidigt Lecki auch gegen den Vorwurf, seine Betreuerinnen und Betreuer als Komplizen missbraucht zu haben: »Das hätte er bestimmt nie gemacht. Er hat nie etwas von uns verlangt, wovon er gedacht hatte, es könnte lästig für uns sein, aufwändig sein, Zeit oder Geld kosten. Er hat sich immer bemüht, zurückhaltend zu sein, dezent und auch ritterlich.«

Der Ausbrecherkönig – ein Medienstar

Die Beinverletzung, die er sich bei seinem Motorradunfall 1984 zugezogen hat, ist immer noch nicht ausgeheilt. Die Wunde eitert, es besteht Gefahr auf Blutvergiftung. Lecki hat große Angst, dass ihm das rechte Bein amputiert werden muss. In Rheinbach nimmt man – so behauptet er – seine Klagen über Schmerzen nicht ernst.

Ein Hubschrauber bringt ihn am 25. August 1986 aus der JVA Rheinbach in die chirurgische Abteilung der Uni-Klinik Bonn. Dort wird neben einem offenen Bruch des rechten Unterschenkels eine Knochenmarkentzündung festgestellt. Die Operation führt Professor Klaus Jäger durch, damals Leiter der chirurgischen Abteilung. Fluchtgefahr besteht nicht. Lecki ist wochenlang ans Bett gebunden. Dennoch wird er am Krankenbett im Acht-Stunden-Rhythmus rund um die Uhr von drei Gefängniswärtern aus Rheinbach bewacht. Sie haben Order, ständig Sichtkontakt zu ihm zu halten und ihm, wenn er das Krankenzimmer aus zwingenden Gründen (beispielsweise bei einem Toilettenbesuch) verlassen muss, Fußfesseln anzulegen. Aber Lecki und die Beamten kennen sich seit Jahren. Da hat man doch etwas Vertrauen. Hinzu kommt, dass die Krankenschwestern von dem sympathischen und immer gut gelaunten Patienten nur so schwärmen. Eine von ihnen erzählt mir, er sei »wie ein Kavalier« gewesen. »Er war nett, charmant, er war zuvorkommend. Wir haben alle nicht geglaubt, dass Lecki so ein Vorleben hat.«

Lecki und seine Bewacher spielen häufig Karten, oder sie schauen fern. Manchmal geht ein Bewacher auf den Gang raus, um zu rauchen. Lecki nutzt die Gelegenheit, um Gehversuche zu machen – noch immer mit der offenen Wunde am Bein. Am 21. September 1986 läuft ein *Tatort* im Ersten. Den wollen sich Lecki und sein Bewacher anschauen. Vorher raucht der Beamte noch eine Zigarette auf dem Gang. »Mindestens sieben Minuten« habe dies gedauert, so heißt es später im Gerichtsurteil. Lecki steht auf, holt eine Wäscheleine aus dem Schrank und die Handschellen, die der Beamte eigentlich ständig bei sich tragen sollte. Er legt sich wieder hin. Dann schauen beide den Krimi. Der Beamte schläft in seinem Sessel ein. Lecki legt ihm die Handschellen an und bindet ihn mit der Wäscheleine am Sessel fest, ohne dass der gute Mann aufwacht.

Ob Lecki »das Beruhigungsmittel Valiquid in den Tee des Beamten getan und dadurch dessen Einnicken herbeigeführt oder beschleunigt hat, konnte nicht festgestellt werden«, hält das Gerichtsurteil fest. Als der Beamte aufwacht, ist er völlig verdutzt. Lecki rät ihm, nicht zu schreien, er nimmt die Pistole an sich und verschwindet über die Balkontür, humpelnd, auf Krücken. Er hat dem Beamten auch den Wagenschlüssel abgenommen und ist in kürzester Zeit über alle Berge.

20 Minuten später gelingt es dem gefesselten Beamten, eine Krankenschwester auf sich aufmerksam zu machen. Sie schildert mir die Szene: »Es war gruselig, weil, da lief gerade der Tatort und diese Musik. Dann die offene Balkontür mit der wehenden Gardine. Der gefesselte Beamte. Das war schon richtig gruselig.« In der Tat gelingt Lecki mit dieser vierten Flucht ein wahrhaft filmreifer Coup.

Der Chirurg staunt: »Die Operation hat er ja offensichtlich blendend überstanden. Er hat danach zwei Wochen rührungslos im Bett gelegen. Um dann zu fliehen, was ich für eine große Kreislaufleistung halte. So schnell kam nach diesem Eingriff noch nie ein Patient auf die Beine.«

Für die Presse ist es ein gefundenes Fressen. »Jetzt spielt er mit der Polizei Katz und Maus«, schreibt der *Kölner Express*. Und Lecki setzt dem noch eines obendrauf: Noch am Abend der Flucht zerlegt er die Pistole seines Bewachers und verschickt ein Paket an den *Kölner Stadtanzeiger*. Mit dabei die kurzen Zeilen:

Anbei Teile der Pistole der JVA Rheinbach. Die anderen Teile werden an eine Illustrierte geschickt.

1. Ich hatte keine Waffe in der Uni-Klinik.
2. Der Wachmann wurde durch Schlaftropfen im Tee schläfrig.
3. Er wurde gefesselt und nicht verletzt.

Die halbe Flasche mit Schlaftropfen ließ ich auf dem Tisch stehen.

Mit freundlichen Grüßen
Lecki

Der Brief wird im *Kölner Express* groß abgedruckt. Lecki hat die Öffentlichkeit auf seiner Seite. So eine Flucht, verdammt! Die zeigt doch, dass dieser Mann die Schnauze voll hat von Raub und Überfall, dass er nicht mehr rumballern, sondern nur noch etwas Freiheit atmen will. Während dieser neuen »Auszeit« vom Knast trifft Lecki den Journalisten für das bereits erwähnte WDR-Gespräch. Ihm erzählt der Ausbrecherkönig, warum er einfach wieder raus musste.

»Es war einfach die Kraft des Verzweifelten, die mich hat laufen lassen. Ja, und ich habe doch etliche Wochen gebraucht, um einigermaßen wieder auf die Beine zu kommen. Und da kann man denn froh sein, wenn man Menschen kennt, die sich sagen, tja, was wollen die von dem denn eigentlich noch, ja? Die haben den 17 Jahre gezwiebelt. Der ist ja mehr tot als alles andere. Und die dann einfach sagen: ›Na gut, wir sehen das als unsere Pflicht an, als Christen oder eben aus reiner Menschenfreundlichkeit‹, und die sagen: ›Mensch! Wir helfen dem mal ein paar Takte.‹ Und da bin ich halt für jeden Tag dankbar, nicht? Sozusagen, als Toter auf Urlaub.«

Es ist ein Dank an seine Familie und an jene, die ihm helfen unterzutauchen. Vier Monate schafft es Alfred Lecki. Seine Schwester mietet ein Haus auf Sylt. Dort will er Weihnachten verbringen.

Natürlich gerät die JVA Rheinbach erneut in die Schusslinie. Diesmal wird gar der Gefängnisdirektor versetzt. Es stellt sich heraus, dass die Beamten, die zur Bewachung Leckis abgestellt waren, die strikten Anweisungen nicht befolgten. Im Krankenzimmer sei es überaus locker zugegangen. Jedermann konnte reinspazieren, ohne groß kontrolliert zu werden. Auf diese Weise sei auch die Wäscheleine eingeschleust worden.

In Bonn wird bei der Polizei eine Sonderkommission eingerichtet. Eine landesweite Fahndung beginnt. Jeder, mit dem Lecki jemals im Laufe seines Lebens Kontakt hatte, wird befragt. Doch die Bonner Kripo findet keine Spur.

Ich frage mich, warum die Behörden diesen riesigen Aufwand betreiben, um einen schwer kranken Mann einzufangen. Er hat vor 17 Jahren einen Polizisten getötet, dies vor Gericht bereut. Er hat sich entschuldigt. Lecki hat 17 Jahre dafür gesessen. Der Mann ist knapp 50 Jahre alt, sieht aber aus wie 70. Hält die Polizei ihn noch immer für so gefährlich? Kann es sein, dass Lecki ein Verbrechen begangen hat, das schwerer wiegt als alles andere – nämlich auszubrechen? Weil das gegen die Berufsehre der Gefängnisbeamten und der Polizei schlechthin verstößt?

Die Kripo weiß, wie eng Lecki mit seiner Familie verbunden ist. Die lebt in Berlin. Dort werden die Telefone abgehört, auch ein Gespräch mit seiner Nichte. Zwei Stunden später stürmt die Polizei das Haus auf Sylt. Lecki nimmt es mit Fassung. Er ist unbewaffnet und landet in der JVA-Klinik Fröndenberg, das Bein ist ja nicht ausgeheilt. Seinem ehemaligen Betreuer Wolf Schmoll gesteht der Ausbrecherkönig, dass er fast froh sei, wieder im Knast zu sein. Die Familie scheint ihm mit ihrer Fürsorglichkeit auf die Nerven gegangen zu sein. Lecki kommt nach Werl, wo er schon einmal Anfang der siebziger Jahre gesessen hat. Er will ein Buch über das Berlin seiner Kindheit schreiben und auch eines über das bewegte Leben des Vaters. Jetzt ist ihm klar geworden, dass es mit dem Ausbrechen ein für allemal aus ist. Der Ausbrecherkönig hat nicht mehr die Kraft, der Knast hat gesiegt. Sein Stolz, sein Freiheitswille, sein Draufgängertum – vorbei. Ich treffe bei den Dreharbeiten in der JVA Werl Bernhard T., der Lecki noch von Anfang der siebziger Jahre her kennt: »Wir haben uns begrüßt. Aber über irgendwelche Sachen haben wir nicht gesprochen. Hat auch seinen Grund. Natürlich erkennt man nach so einer langen Zeit so einen Mann nicht mehr wieder, wie er früher war. Er war, als er 94 entlassen wurde, schon ein bisschen fertig, also viel fertig.«

Es wird noch einmal acht Jahre dauern, bis die Justiz befindet, dass Lecki nun endlich genug gesessen hat. Der Knast hat es ihm heimgezahlt. Wer ausbricht und wieder geschnappt wird, muss doppelt büßen. Jetzt ist er auch raus aus den Schlagzeilen. Nur einmal noch wird sich die Presse an ihn erinnern. Am Tag seines Todes.

Endlich in Freiheit?

1994, nach 26 Jahren Haft, kehrt Alfred Lecki nach Berlin zurück. Er weiß, wie viel die Schwester Helga all die Jahre für ihn getan hat, und versucht, in dem von ihr geführten Familienbetrieb mitzuarbeiten. Doch es misslingt. Der früher so stolze Mann fühlt sich bevormundet. Selbst Zuneigung und Nähe verträgt er nur noch schwer. Die Verbindung zur Familie lässt nach. Alfred Lecki zieht sich in einen entfernten Stadtteil in die Schwedterstraße zurück. Dort treffe ich den Hausmeister. Der erinnert sich, dass Lecki zwei schwere Motorräder besaß, eines blau, das andere schwarz. Damit sei er durch Berlin kutschiert, »aber ganz schön Tempo!«, Und natürlich ohne Führerschein! Er erzählt dem Hausmeister, er sei schon über 70. Und der glaubt es. Denn jünger sieht Alfred Lecki nicht aus. Er hat jetzt zu allem Übel auch noch Altersdiabetes.

Auch in der Freiheit bleiben die ehemaligen Gefangenenbetreuer seine Vertrauten. Lecki ist ein dankbarer Mensch. Er vergisst nicht, wie sehr sie ihm geholfen haben, im Knast zu überleben. Wolf Schmoll hält Kontakt zu ihm. Lecki besucht ihn sogar in Bonn. Er weigert sich aber, in die Wohnung Schmolls hochzukommen. »Das gehörte zu seiner Diskretion«, erzählt Wolf Schmoll. Doch nach und nach bricht der Kontakt zu Lecki ab. Freunde hat er hier keine mehr – abgesehen von einem Mann im Rollstuhl, den er bei der Wohlfahrt kennen lernt. Lecki will sich um ihn kümmern, ihn sogar in seinem Testament berücksichtigen. Doch daraus wird nichts. Jemand übt Druck aus.

Sein Anwalt Hanns-Ekkehard Plöger, zu dem Lecki noch Kontakt hielt, erzählt mir, dass Lecki ihn nicht in der Kanzlei treffen wollte. Er glaubt, da seien Wanzen eingebaut. Unsinnig, insistiert der Anwalt, abgesehen davon, dass Lecki doch nichts mehr zu verbergen habe. Doch der alte Mann ist misstrauisch gegen alles und jeden.

Alfred Lecki hat wieder Pläne. Nach Mexiko auswandern. Das Buch über seine Kindheit und Jugend schreiben, von dem er seit Jahren spricht. Doch irgendwie entgleitet ihm alles. Er streift durch die Stadt, in der er eigentlich sein Leben hatte verbringen wollen, auf der Suche nach den Spuren seiner verpfuschten Existenz.

Lecki hat sich wie kaum ein anderer gegen die Resignation und das Eingesperrt-Sein gewehrt. Er wollte der Haft immer etwas abgewinnen. Sport, Schach, Lesen und Studieren. Er hat mitgeholfen, einen humaneren Strafvollzug durchzusetzen. Und als der Ausbrecherkönig sie endlich gewonnen hat, die Freiheit, weiß er nicht mehr, was damit tun. Er ist einfach zu kaputt und zu müde und zu krank. Wie der Zellengenosse aus Werl sagte: »viel fertig«.

17. September 2000

Alfred Lecki sorgt für eine letzte Schlagzeile. Er ist noch keine 62 Jahre alt. Nach einem Fahrradunfall auf einem verkehrsreichen Platz schafft er es nicht mehr, die lebensnotwendige Herztablette zu nehmen und die Insulinspritze zu setzen – er stirbt. Spielende Kinder finden seine Leiche. Der einsame Tod des Ausbrecherkönigs. Aber immerhin: Alfred Lecki stirbt in Freiheit.

In der Wochenendausgabe der *Süddeutschen Zeitung* vom 28. Februar 1987 widmet Dieter Höss in der Rubrik »Leute von heute« Alfred Lecki ein kleines Gedicht – eine seltene Ehre. Mit ihm findet die Geschichte dieses »großen Kriminalfalls« ein würdiges Ende:

> Lembke hat sein Schweinderlraten,
> Boris hat sein Wimbledon,
> Tatort seine Gräueltaten,
> Bonn seinen Bericht aus Bonn.

Alle sind in aller Munde,
sonnen sich im Medienglanz.
Wer im Knast sitzt, hat im Grunde
wenig solche Resonanz.

Vielen dort mag das entsprechen,
Lecki nicht. Ihn drängt es schlicht,
hin und wieder auszubrechen,
dass man wieder von ihm spricht.

Lecki lässt sich das nicht nehmen,
selbst mit einem Hinkebein,
kauft sich *Bild*, schaut *Tagesthemen*,
happy, im Gespräch zu sein.

Freut sich, wenn Millionen fragen,
wie er's immer noch mal schafft.
Humpelt (das sei nachgetragen)
dann gefasst zurück in Haft.

Michael Gramberg

Giftpaket nach Rügen

Am 5. Januar 1955 holt Anna Denczyk, Arbeiterin im Fischwerk von Saßnitz auf Rügen, ein Paket von der Post. Es hat die Größe eines Schuhkartons, und auf dem Packpapier steht als Absender nur »Der Weihnachtsmann aus Jüterbog«. Der Absender ist aufgestempelt, es sieht so aus, als wäre dafür ein Kinderdruckkasten verwendet worden. Die junge Frau wundert sich ein wenig über die Post aus ihrer Heimat, denn erst am Vortag kam sie von ihrem Weihnachtsbesuch bei der Familie in einem Dorf nahe bei Jüterbog zurück. Geschenke hätte man Anna Denczyk dort auch geben können, außerdem ist Weihnachten ja schon eine Weile vorbei.

In der Wohnbaracke des Fischwerks öffnet Anna Denczyk zusammen mit ihrer Zimmergenossin und Freundin Eva das Paket. Die jungen Frauen finden Lavendel-Wasser, Pralinen, Äpfel, Nüsse und zwei mit Zuckerguss zusammengeklebte Lebkuchen – ein hübsches Geschenk in der DDR der Jahres 1955, in der die Lebensmittelkarten noch immer nicht abgeschafft sind.

Nach der Spätschicht des folgenden Tages probieren die Freundinnen von dem Lebkuchen. Das Backwerk schmeckt eigenartig streng, doch ein gewisser Ammoniakgeschmack vom Hirschhornsalz als Treibmittel kommt ja schon mal vor. Sie essen weiter, aber dann wird beiden Frauen schlecht, Speiseröhre und Magen brennen. Eva, eine ausgebildete Krankenschwester, greift zu Magentropfen, doch die helfen nicht. Mit heftigem Durchfall und krampfhaftem Erbrechen werden Anna Denczyk und ihre Freundin in der betriebseigenen Krankenstation aufgenommen.

Dem Dienst habenden Arzt kommt der Verdacht, dass es sich hier um keine gewöhnliche Lebensmittelvergiftung handelt, er alarmiert die Volkspolizei, die Reste des Lebkuchens und das Verpackungsmaterial werden sichergestellt. Eine Untersuchung ergibt, dass der Lebkuchenzuckerguss mit Arsen versetzt wurde. Es handelt sich also eindeutig um einen Anschlag, wahrscheinlich um versuchten Mord, und die Betriebszeitung »Das Fischkombinat – Organ der Betriebsparteiorganisation« benennt auch gleich einen Schuldigen:

»Unsere Erkundigung nach dem Befinden der Kolleginnen ergab, dass ihr Zustand als sehr ernst zu bezeichnen ist. Also ist hier ganz offensichtlich vom Klassengegner ein Giftmordversuch an zwei Mitarbeitern des Kombinats erfolgt.

Was zeigt dies? Es zeigt, dass die Kräfte in Westdeutschland, welche einen neuen Krieg vorbereiten, vermittels ihrer Helfershelfer in unserer Republik uns von der Durchführung unseres friedlichen Aufbauwerkes und der Erringung eines besseren Lebens abhalten wollen.«

Die Staatsicherheit schaltet sich ein, die Stasi-Dienststelle auf Rügen fordert von der Volkspolizei die bisher gesammelten Unterlagen und Beweismittel an. Anna Denczyk hat jedoch einen ganz anderen Verdacht als die Sicherheitsorgane. Kaum ist die junge Frau vernehmungsfähig, verweist sie darauf, dass schon 1953 ihr kleiner Bruder Ernst unter rätselhaften Umständen plötzlich gestorben ist, und sie hat einen konkreten Verdacht, wer hinter beiden Taten steckt: Anna Denczyk hält Otto Bergemann, ihren ehemaligen Nachbarn auf dem Volkseigenen Gut Kaltenhausen, für den Täter. Als Motiv gibt sie verschmähte Liebe an, der 52-jährige Landarbeiter und Familienvater verfolge sie schon seit Jahren mit seinen Anträgen. Die Polizei solle sich mal in Kaltenhausen umsehen.

Chronik eines Albtraums

Das VEG (Volkseigenes Gut) Kaltenhausen liegt beim Örtchen Kloster Zinna, dessen Einwohner hartnäckig darauf bestehen, dass ihr Flecken kein Dorf sei, und tatsächlich unterscheidet sich Kloster Zinna von den umliegenden Bauerndörfern. Während der Regierungszeit

In Kloster Zinna legen die Einwohner sehr viel Wert darauf, dass man ihre Ortschaft nicht als Dorf bezeichnet. Tatsächlich vermittelt die dichte Bebauung der wenigen Straßen dem Besucher kleinstädtisches Flair. Im Hintergrund ist der Klostergiebel zu sehen.

Friedrichs II. als Webersiedlung neben den Überresten eines gotischen Zisterzienserklosters errichtet, besteht der Ort auch heute noch aus kaum mehr als zwei mal drei Straßen im Karree, in ein paar Minuten hat man Kloster Zinna durchwandert. Doch die eng aneinander gebauten Weberhäuser vermitteln kleinstädtische Atmosphäre, und ein großer Teil der »Klosteraner« arbeitet seit jeher als Handwerker oder Industriearbeiter im nahen Jüterbog. Die Felder in der Umgebung wurden vom Gut Kaltenhausen bewirtschaftet, das durch einen Bach getrennt hinter dem Kloster liegt, und die Gutsarbeiter in ihren einfachen Unterkünften an der Straße nach Luckenwalde gehörten nie so recht zu den eingesessenen Einwohnern des Orts. Das änderte sich auch nur langsam, als nach dem Krieg das Gut »volkseigen« wurde und in das Gutshaus die Dorfschule einzog.

Neben einigen Landarbeiterfamilien, die schon vor dem Krieg in Kaltenhauen lebten, hatten vor allem Flüchtlinge aus den ländlichen Gebieten des Ostens Arbeit und Unterkunft in Kaltenhausen gefunden, und die Lebensverhältnisse waren bis in die sechziger Jahre denkbar primitiv. In den Eineinhalbzimmerwohnungen lebten vielköpfige Familien. Hinter den Häusern standen Plumpsklos, und Wasser kam von der Pumpe vor dem Haus. Allerdings verfügte jede Familie über ein großes Gartenstück zur Eigenverpflegung, und in den Schuppen über den Hof konnten Geflügel und sogar Schweine gezogen werden. Geld bekamen die Gutsarbeiter nur wenig, doch in den mageren Jahren nach dem Krieg wurde das ausgeglichen durch die Möglichkeit, sich selbst zu versorgen.

Hier wuchs Anna Denzcyk in einer Eineinhalbzimmerwohnung mit den Eltern und fünf Geschwistern auf. Tür an Tür lebte die Familie Bergemann: Familienvater Otto Bergemann mit seiner Frau, einem Sohn, einer Tochter sowie deren unehelichen Kindern. Otto Bergemann wurde in einer Arbeitersiedlung im nahen Jüterbog geboren. Er hatte keinen Beruf gelernt und schlug sich als Hilfsarbeiter in Kiesgruben, Gießereien und der Landwirtschaft durch, bis er schließlich auf dem Gut Kaltenhausen unterkam. 1930 heiratete Bergemann, da war seine Tochter schon fünf Jahre alt, 1932 wurde sein Sohn geboren. Ehemalige Nachbarn beschreiben die Frau als »geistig zurückgeblieben«, ähnlich wird die Tochter dargestellt, und auch die zwei unehelichen Kinder der Tochter werden später in Heimen und Sonderschulen untergebracht.

In einer anderen Umgebung hätte diese Familie vielleicht als Problemfall gegolten, doch auf dem volkseigenen Gut gehören die Bergemanns einfach dazu. Otto Bergemann gilt als ruhiger, zurückgezogen lebender Nachbar. Er ist nicht ganz gesund, aus dem Krieg hat er eine Herzkrankheit mitgebracht, manchmal, besonders nachts, aber auch auf dem Feld, bekommt er krampfartige Herzanfälle. Das Reden ist Bergemanns Sache nicht, aber einige der damals jungen Frauen erzählen heute, dass er bei der Arbeit auf dem Feld schon mal schlüpfrige Andeutungen machte. Die große Leidenschaft des gedrungenen Mannes mit den grob geschnitzten Gesichtszügen und dem breiten, freundlichen Mund ist sein Garten, in dem er erfolgreich Obst und Tomaten zieht.

Bergemanns Frau und die Tochter arbeiten je nach Bedarf als Landarbeiterinnen mit, der Sohn, ein hübscher, etwas schüchterner junger Mann, hat Arbeit in einer Fabrik gefunden und ist in der Nachbarschaft sehr beliebt. Das Verhältnis zwischen den Tür an Tür lebenden Bergemanns und Denczyks ist gut. Als sowjetische Offiziere unmittelbar nach dem Krieg die Wohnung der Denczyks beschlagnahmten, nahmen die Bergemanns in ihren ohnehin schon überfüllten anderthalb Zimmern auch noch die Nachbarn auf. Die Kinder der Familien wuchsen miteinander heran, die Jugendlichen verbrachten ihre Freizeit gemeinsam.

Bergemann sucht verstärkt den Kontakt zur 1933 geborenen Nachbarstochter Anna Denczyk, je älter sie wird. Anna ist zu einem hübschen Mädchen herangewachsen, nur die sehr starke Brille stört ein wenig. Bergemann beteiligt die Nachbarstochter an der Arbeit in seinem Garten, sie bekommt auch etwas dafür, und natürlich hat ein Kind in der Siedlung einem Nachbarn zu helfen, wenn er Hilfe braucht.

Dann, im Mai 1951 – Anna ist siebzehn Jahre alt –, kommt es zu einem folgenschweren Vorfall. Anna kehrt gerade von einem Plakatklebeeinsatz der FDJ zurück, da lockt Bergemann sie in seinen Schuppen. Über das, was dort geschah, kann Anna Denczyk bis heute nicht sprechen. Sie gebraucht nur das distanzierte Wort, Otto Bergemann hätte »Geschlechtsverkehr« mit ihr gehabt. Bergemann wird Jahre später in der polizeilichen Vernehmung den »Geschlechtsverkehr« schildern, und im Protokolldeutsch kann man lesen, Anna habe »nach seinem Beginn auf eine baldige Beendigung desselben gedrängt«. Die gesamte Situation lässt vermuten, dass es eine Vergewaltigung war.

Doch vorerst erfährt niemand davon. In dieser Zeit wird bei Vergewaltigungen meist eine »Mitschuld« der Frau angenommen, Anna hat wenig Ahnung von sexuellen Dingen, und sie schämt sich. »So schlau, wie die Jugend heute ist, das waren wir damals nicht«, sagt Anna Denczyk heute. Sie hält den peinlichen Vorfall geheim, doch vergessen kann sie nicht, denn Bergemann lässt sie nicht in Ruhe. Der 30 Jahre ältere Mann sucht ständig den Kontakt, macht ihr Geschenke und wirbt um sie wie ein verliebter Gleichaltriger, obwohl sie ihn beharrlich abweist. In der engen Nachbarschaft und der kleinen Welt des Gutshofs kann Anna Denczyk dem Nachbarn kaum aus dem Weg gehen.

Am 22. März 1953 unterbricht ein tragischer Todesfall den Alltag auf dem volkseigenen Gut. Annas Eltern haben noch einen Nachzögling, den vierjährigen Ernst. Das Kind stromert wie fast jeden Tag zwischen den Häusern herum, begleitet von seinem zwölfjährigen Bruder Siegfried. Die Türen der einzelnen Wohnungen sind offen, die Kinder sind es gewohnt, bei den Familien ein und aus zu gehen. Sie schauen auch bei den Bergemanns herein, und Otto Bergemann lässt sie Bonbons aus einer Tüte nehmen – auch das kommt öfter vor. Doch am Nachmittag klagt Ernst über Bauchschmerzen, er muss sich erbrechen, als der Arzt kommt, ist Ernst schon tot. In der Nacht erkrankt ein weiteres Kind aus der Siedlung mit ähnlichen Symptomen und wird ins Kreiskrankenhaus Luckenwalde eingeliefert. Die Mutter des Jungen gibt an, sie hätte beobachtet, wie die Kinder am Brunnen mit Medizinfläschchen gespielt hätten. Das wäre eine Erklärung. Der Umgang mit Tierarzneien und Schädlingsbekämpfungsmitteln zu dieser Zeit ist eher lax auf dem Gut.

Der Fall wird routinemäßig untersucht, an der Pumpe wird eine Wasserprobe entnommen, und bei der Obduktion findet der Pathologe im Darm ein weißes Material, das Tablettenreste sein könnten. Zur toxikologischen Untersuchung werden Gewebeproben nach Halle geschickt, das Ergebnis kommt im Mai zurück: Ernst Denczyk ist an einer Arsenvergiftung gestorben. Das schließt nicht aus, dass es sich um einen Unfall handelt, denn Arsen ist Bestandteil vieler Pflanzenschutzmittel, die damals in der Landwirtschaft gebraucht wurden – und die Polizei hat in nächster Zeit genug anderes zu tun, denn die ganze DDR ist in Unruhe, am 17. Juni 1953 bricht ein Volksaufstand los.

Die Akte Ernst Denczyk wird geschlossen, niemand macht sich die Mühe, den Eltern des Kindes mitzuteilen, woran ihr Sohn gestorben ist.

In Kaltenhausen geht das Leben weiter, und Anna leidet weiter unter Bergemanns Annäherungsversuchen. Im Dezember 1953 feiern sie und ihre Zwillingsschwester Martha Geburtstag. Otto Bergemann liegt krank im Bett, deshalb schickt er ausgerechnet seine Frau mit einem Geschenk für Anna in die Nachbarwohnung. Anna platzt der Kragen. Sie bringt die Geschenke – Söckchen, einen Kamm und einen Spiegel – zurück und erklärt laut, Bergemann solle diese lieber seiner Frau und seiner Tochter geben. Das ist ein Eklat. Die Geschichte geht bei den Kaltenhausenern um, und Otto Bergemann fühlt sich gedemütigt. Als Vergeltung erzählt er herum, dass er Sex mit Anna Denczyk gehabt habe. Die Situation wird immer unangenehmer für das Mädchen, bis ihre ältere Schwester Elli eine Möglichkeit anbietet, dem Gut zu entfliehen. Elli arbeitet im Fischkombinat auf Rügen. Arbeiterinnen aus der ganzen DDR werden für das neue Fischwerk nach Saßnitz geholt, also ist da auch noch Platz für Anna.

Ende Februar 1954 zieht Anna Denczyk nach Saßnitz auf Rügen. Im Vergleich zum kleinen Jüterbog bietet die Stadt am Meer mit ihrem internationalen Fährhafen eine Unmenge neuer Eindrücke. Die Wohnheimbaracken des Fischkombinats sind nicht gerade komfortabel, aber mit den überfüllten Landarbeiterhäusern auf dem Kaltenhausener Gut können sie durchaus mithalten, und dass die Fischwerkerinnen auch am Wochenende den Fischgeruch nicht aus den Haaren bekommen, stört Anna Denczyk nicht. Doch Otto Bergemann hat noch nicht aufgegeben. Er schickt Briefe. Der 51-jährige Landarbeiter mit der eher mangelhaften Volksschulbildung schreibt sogar Gedichte wie ein Pennäler. Anna antwortet nicht.

Bei ihren Besuchen in Kaltenhausen weicht sie dem Kontakt mit Bergemann möglichst aus und wehrt seine erneuten Annäherungsversuche ab. Aber auch das gehört zum engen Leben auf dem Gut: Man vermeidet den offenen Konflikt. Als sich Anna nach ihrem Weihnachtsbesuch im Winter 1954/1955 zur Abreise fertig macht, kommt Otto Bergemann als Nachbar über den Flur und verabschiedet sich. Von diesem Abschied bleibt Anna Denczyk ein Satz in Erinnerung, den sie im Augenblick nicht beachtet, den sie später aber als Beweis für die Mordabsichten ansieht. Bergemann soll zu ihr gesagt haben:»Wir sehen uns ja nicht wieder.« Anna fährt wieder nach Rügen. Auf dem Postamt in Saßnitz liegt schon das Paket mit den vergifteten Lebkuchen.

Lähmender Stillstand

Es dauert Tage, bis Anna nach der Vergiftung außer Gefahr ist. Beide Frauen werden ihr Leben lang unter den gesundheitlichen Folgen leiden. Sobald sie dazu in der Lage ist, erzählt Anna Denczyk den Ermittlern der Volkspolizei von den Belästigungen durch Bergemann und seinen Abschiedsworten. Für sie ist klar, dass der Nachbar schon ihren kleinen Bruder vergiftet hat.

Auch bei den Familien in Kaltenhausen spricht sich der Verdacht herum, und Otto Bergemann reagiert. Er schreibt einen Brief, diesmal im amtlichen Ton und »mit gesellschaftlichem Gruß«, in dem er Anna Denczyk auffordert, ihn nicht weiter zu verleumden. Er droht sogar mit der Jüterboger Polizei, sollte Anna nicht Abbitte leisten.

Bald darauf fahren Anna und ihre Freundin nach Kaltenhausen, um sich zu erholen, doch auf dem Gut ist die direkte Auseinandersetzung ist nicht mehr zu vermeiden. Anna Denczyk sagt dem Nachbarn auf den Kopf zu, dass er sie vergiftet habe, Otto Bergemann streitet alles ab und droht wieder mit seinen guten Beziehungen zur Polizei in Jüterbog, dort habe er schon vorgesprochen. Die Freundinnen fahren nun ihrerseits nach Jüterbog zur Polizei, doch dort hat man anscheinend keine Ahnung von der ganzen Geschichte. Die Polizisten lassen sich den Fall erzählen, nehmen ein Protokoll auf und wollen sich mit den Kollegen in Verbindung setzen. Anna Denczyk fährt nach Hause. Danach hört sie lange nichts von der Polizei.

Ein eigenartiger bürokratischer Nebel liegt über dem amtlichen Geschehen der nächsten Jahre. Schreiben zwischen den Behörden sind erhalten, insgesamt sind fünf Dienststellen beteiligt, nämlich die Polizei auf Rügen, in Jüterbog und in Potsdam sowie die Staatssicherheit auf Rügen und in Potsdam. Anscheinend glaubt jeder, dass jemand anders für den Fall zuständig sei. Die Stasi in Rügen hat das, was von dem Giftpaket noch übrig war, irgendwann zur Stasi nach Potsdam geschickt. Damit verliert sich die Spur dieser wichtigen Beweismittel, sie werden nie wieder auftauchen. Akten werden hin und her geschickt, gehen verloren, und schließlich ruht der gesamte Fall in irgendeiner Ablage.

Dass dieses amtliche Fehlverhalten nur durch Inkompetenz und Schlamperei verursacht wurde, scheint kaum glaublich. Der Verdacht drängt sich auf, dass hier jemand manipuliert hat. Ohnehin ist unklar, was die Staatssicherheit in dem Fall zu suchen hatte, warum sie Beweismittel an sich zog, die dann verschwanden.

Bergemann war 1951 in die SED eingetreten, bald darauf wurde er aber schon wieder ausgeschlossen, da bekannt wurde, dass er amerikanische Carepakete angenommen hatte. Doch schließlich nahm man ihn erneut als Mitglied an. Zu mehr als zum Delegierten der Kreiskonferenz hat er es jedoch nie gebracht. Bei der Bundesbeauftragten für die Unterlagen der Staatssicherheit liegen keinerlei Hinweise vor, dass er Kontakt zur Staatssicherheit gehabt haben könnte, und schon gar nicht ist es wahrscheinlich, dass der Landarbeiter so wichtig für die Stasi gewesen sein könnte, dass man ihn vor einem Mordverdacht geschützt hätte. Auch der weitere Ablauf der Geschichte lässt nicht erkennen, dass irgendeine Instanz der DDR ein Interesse daran gehabt hätte, Otto Bergemanns Verurteilung und Hinrichtung zu verhindern.

Aber vorerst geht viel Zeit ins Land. Die Familien leben weiter Tür an Tür in Kaltenhausen, nur haben die jungen Frauen der Familie Denczyk jetzt Angst vor dem Nachbarn. Sie lassen ihre Kinder nicht allein, wenn Otto Bergemann in der Nähe sein könnte, und Annas Zwillingsschwester weigert sich, auf dem Feld zusammen mit Bergemann zu arbeiten. Der Brigadier, ein entfernter Verwandter, sorgt ohne großes Aufsehen dafür, dass die beiden nicht zusammenkommen. Anna Denczyk lebt und arbeitet weiter in Saßnitz, immer wieder ist die junge Frau zu Krankenhausaufenthalten gezwungen.

Der Apparat setzt sich in Bewegung

Als Anna wieder zu Besuch nach Kaltenhausen kommt, fassen sie und ihre resolute Schwester sich ein Herz. Sie fahren zur Staatsanwaltschaft in die Bezirksstadt Potsdam, lassen sich nicht abwimmeln und tragen erneut ihre Geschichte vor. Jetzt setzt sich auf einmal der Apparat in Bewegung. Bezirksstaatsanwalt Weber schreibt einen ungehaltenen Brief an die Mordkommission in Potsdam und verlangt Auskunft, warum sich in den Ermittlungen seit über zwei Jahren nichts getan hat.

Die Potsdamer Kriminalisten haben nun den alten Fall am Hals – und sie stehen unter großem Druck. Ihnen werden die Versäumnisse der vergangenen Jahre zur Last gelegt, ausgerechnet von ihnen verlangt man endlich Ergebnisse.

Mit dieser kaum noch lösbaren Aufgabe muss sich eine Mordkommission herumschlagen, die gut und erfolgreich zusammenarbeitet. Die Männer haben einen Ruf zu verlieren. Kommissionsleiter Helmut Herold gilt als findiger und fintenreicher Kriminalist, seine Spezialität sind Vernehmungen, der junge Fred Köhler, der ursprünglich eher wegen seiner sportlichen Leistungen bei der Polizei eingestellt wurde, wird als Kriminaltechniker in der Volkspolizei Karriere machen, und der dritte, Roland Braumann, mag vielleicht ein etwas schlichtes Gemüt sein, doch er ist ein unermüdliche Arbeiter.

Die Männer versuchen erst einmal, die bisherige Arbeit zu rekonstruieren, und stellen eine lange Liste der Schriftstücke und Beweismittel zusammen, die in unterschiedlichen Dienststellen zu suchen sind. Fred Köhler schaut sich in Kaltenhausen um. Weil er davon ausgeht, dass die Gutsarbeiter gegenüber einem Volkspolizisten nicht besonders auskunftsfreudig wären, tritt er inkognito auf. Köhler fährt in Kaltenhausen mit einem Auto vor, an dem ein Schild der DEFA, der Filmgesellschaft der DDR, befestigt ist. Er gibt vor, für einen Dokumentarfilm über die Landwirtschaft zu recherchieren. Köhler findet die ärmliche Kaltenhausener Landarbeitersiedlung mit den vielen Menschen und den vielen Kindern auf engem Raum nicht sehr ansprechend. Unter dem Vorwand, im Film auch einzelne Personen des Guts vorstellen zu wollen, sucht er Kontakt zu den Bewohnern, doch die Leute sind eher verschlossen und abweisend gegenüber dem fremden Städter, aber immerhin bekommt der Volkspolizist einen ersten Eindruck von Otto Bergemann. Der scheue, schweigsame Mann mit der untersetzten Gestalt und der geduckten Körperhaltung ist Fred Köhler denkbar unsympathisch, so einem traut er alles zu.

Am 9. April 1958 ergeht gegen Otto Bergemann Haftbefehl. Er stützt sich nur auf die Tatsache, dass es eine intime Beziehung zwischen Bergemann und Anna Denczyk gegeben habe, und auf die Aussage, der Beschuldigte habe der Frau angekündigt, sie nicht mehr wiederzusehen. Am 10. April um sechs Uhr in der Frühe rollen die Autos der Volkspolizei in den Hof des Volkseigenen Guts. Die Arbeit in den Ställen hat bereits begonnen. Otto Bergemann, zuständig für das Jungvieh, ist im Stall. Er lässt sich widerstandslos festnehmen, seine Wohnung, sein Keller und sein Schuppen werden durchsucht.

Der schweigsame Mann mit der untersetzten Statur wirkte auf die Ermittler schnell verdächtig: Otto Bergmann (Mitte) hier auf einer Demonstration zum 1. Mai.

Dort findet Unterleutnant Köhler zwei Papiertüten mit weißem und grauem Pulver.

Die Polizisten quartieren sich im Büro der Gutsverwaltung ein. Nacheinander werden dort die Kaltenhausener vernommen. Bergemann wird nach Potsdam gebracht, sofort beginnen die Verhöre. Otto Bergemann bestreitet alle Vorwürfe. Der einfache Landarbeiter leistet den geschickten Vernehmern hartnäckigen Widerstand. Er räumt die Konflikte mit Anna Denczyk ein, mehr nicht. Als die Polizisten ihn fragen, ob in seiner Familie ein Kinderdruckkasten vorhanden wäre – schließlich wurde der Absender des Giftpakets damals wahrscheinlich mit den Gummilettern aus einem Spielzeugkasten auf das Packpapier gestempelt – erinnert sich Bergemann sogar, dass er so etwas mal für seinen Enkel gekauft hätte. Er wisse aber nicht, wo der Druckkasten geblieben sei. Der Häftling scheint seiner Sache recht sicher. Er fragt, ob er nicht eine Grußadresse an den Kreisdelegiertentag der SED schicken könne, an dem er ja leider nicht teilnehmen könne.

Eine unerwartete Wende

Tatsächlich stehen die Anschuldigungen gegen Bergemann auf äußerst schwachen Beinen. In den Tüten, die man in Bergemanns Schuppen gefunden hat, ist nur ordinärer Stickstoffdünger und ein Pflanzenschutzmittel, das kein Arsen enthält. Auf der Post in Jüterbog kann sich nach so langer Zeit sogar noch eine Angestellte vage an ein verspätetes Weihnachtspaket mit dem Weihnachtsmann als Absender erinnern, sie weiß aber nicht mehr, wer das Paket aufgegeben hat, und der Kinderstempelkasten ist auch nicht aufzufinden. Viel hätte er ohnehin nicht mehr genützt, denn das Verpackungsmaterial, mit dem man die Lettern hätte vergleichen können, ist ja auf dem Dienstweg verschlampt worden. Dennoch macht sich ein Polizist auf den Weg zu dem Heim, in dem Bergemanns geistesschwacher Enkel untergebracht ist, und versucht, dem verstörten Kind zu entlocken, wo der Druckkasten versteckt sein könnte. Prompt erzählt der Junge etwas von einem Versteck in einem Loch im Keller. Die Polizisten fahren noch einmal zu Bergemanns Haus, sie durchwühlen erneut den Keller. In der Hoffnung, einzelne Lettern zu finden, sieben sie sogar die nackte Erde des Kellerbodens durch, doch alle Suche bleibt ergebnislos. Die Ermittler stecken in einer verfahrenen Situation. Sie haben nichts in der Hand und sind letztlich auf ein Geständnis angewiesen.

Otto Bergemann wird verhört, vom Morgen bis zum Abend, unterbrochen durch eine Mittagspause. Nach drei Tagen markiert ein kleiner Strich im Protokoll vom 12. April 1958 die Wende. Der Sprachstil des Protokolls verändert sich plötzlich, und zu lesen ist:

»Ich widerrufe meine bisherigen Aussagen, ich habe mich entschlossen, ein volles Geständnis abzulegen. Der ergebnislose Versuch, mein im Jahre 1952 mit der Anna Denczyk begonnenes Verhältnis fortzusetzen, brachte mich allmählich in einen Zorn gegen meine frühere Geliebte. Böse wurde ich besonders dann auf sie, als sie mir im Dezember 1953 das ihr übergebene Geburtstagsgeschenk am nächsten Tage zurückbrachte. Da dieser Vorfall auch im Dorfe bekannt wurde, fühlte ich mich in meiner Mannesehre verletzt und beschloss, der Anna zu einer gegebenen Zeit einen Denkzettel zu verpassen. Vorerst sah ich jedoch davon ab, weil ich immer noch glaubte, dass es zwischen uns beiden noch einmal gut werden könnte.«

Dann kommt die eigentlich überraschende Wende des Falls. Im Protokoll heißt es:

»Ich will gleich weiter schildern, wie es dazu kommen konnte, dass ich vorsätzlich anderen Menschen nach dem Leben trachten konnte. Ich bin während des Krieges und durch die Kriegsereignisse auf Befehl meiner Vorgesetzten verroht, sodass ein Menschenleben für mich nach dem Kriege nicht mehr die Rolle spielte wie zuvor in meinem Leben.«

Bergemann gesteht, dass er im März oder April 1943 in Rownow freiwillig an der Erschießung von Juden teilgenommen habe, als er dort in einem Landesschützenbattaillon eingesetzt war. Er beschreibt, wie die Munition ausgegeben wurde, wie die nackten Menschen zu den schon ausgehobenen Gruben geführt wurden und wie er so lange schloss, bis ihm von dem Blutgeruch schlecht wurde und er nicht mehr weitermachen konnte.

Damit hat der Fall Bergemann eine völlig andere Dimension angenommen. Die Vernehmung wird abgebrochen, die Kriminalpolizisten müssen die vorgesetzten Dienststellen informieren und Instruktionen für das weitere Vorgehen einholen.

Beim nächsten Verhör einige Tage später gesteht Otto Bergemann noch mehr: Als er eine Baracke mit russischen Kriegsgefangenen bewachte, sei es darin sehr unruhig gewesen, daraufhin habe ihm ein Vorgesetzter gesagt, er solle doch einfach mal in die Holzbaracke hineinschießen. Deshalb habe er mit dem Maschinengewehr auf den dichtbelegten Bau aus Brettern gefeuert. Er wisse aber nicht, wie viele Gefangene er dabei getroffen habe.

Bei aller Geständnisfreude streitet Otto Bergemann jedoch entschieden ab, 1953 Ernst Denczyk vergiftet zu haben. Er räumt nur ein, dass er damals im Küchenschrank arsenhaltiges Schädlingsbekämpfungsmittel aufbewahrt habe und dass er nicht ausschließen kann, dass die spielenden Kinder irgendwie an die Chemikalie herangekommen seien.

Doch das interessiert die Polizisten kaum noch. Die Vergiftungen in der Familie Denczyk sind zur Nebensache geworden – wie auch Anna feststellen muss, als sie zu einer Zeugenaussage und einer Gegenüberstellung extra nach Potsdam fährt. Man lässt sie lange warten und erklärt ihr schließlich, sie werde nicht mehr benötigt.

Ungeheure Geständnisse

Was bringt einen Mann dazu, plötzlich Verbrechen zu gestehen, von denen niemand wusste, die auch gar nicht Gegenstand des Verfahrens sind? Woher kam die plötzliche Gesprächigkeit des Beschuldigten Otto Bergemann? Von den beteiligten Kriminalpolizisten lebt nur noch Fred Köhler. Er erklärt das überraschende Geständnis mit der Zermürbung durch die geschickte Vernehmung und damit, dass solche Verbrechen auf einem Täter lasten und ihn irgendwann zur Offenbarung drängen.

Es gibt noch eine andere Erklärung. In politischen Prozessen in der DDR der fünfziger Jahre ist immer wieder zu beobachten, wie die Angeklagten haarsträubende Geständnisse ablegen. Sie bezichtigen sich und andere der wildesten vollbrachten oder auch nur geplanten Verbrechen, die sie oft gar nicht begangen haben können. Am Ende solcher Geständnisse vor Gericht findet sich immer die Bekundung des Abscheus vor den eigenen Taten, die Beteuerung von Reue und Einsicht und die Bitte um eine angemessene Strafe.

Das Schema ist bekannt seit den Moskauer Schauprozessen der dreißiger Jahre, die Methode wurde im Lauf von zwanzig Jahren verfeinert und überall im Herrschaftsbereich der Sowjetunion angewandt. Die Prozesse stützten sich fast ausschließlich auf die Geständnisse der Angeklagten, weitere Zeugen oder Beweismittel spielten, wenn überhaupt, nur eine Nebenrolle. Erzeugt wurden die Geständnisse nach einer erprobten psychologischen Methode, direkte körperliche Folter war dabei eher eine Ausnahme. Die Gefangenen wurden zermürbt durch Schlafentzug und lang andauernde Verhöre, bei denen immer wieder dieselben Fragen gestellt werden. Vor allem aber wurde dem Gefangenen vermittelt, dass er völlig rechtlos sei, dass er keinerlei Chance mehr habe und dass es nur eine einzige Möglichkeit gebe, irgendwie davonzukommen: das böse Spiel mitzuspielen, alles zu gestehen, was verlangt wird, und entsprechend auch in der Gerichtsverhandlung diese Geständnisse zu bestätigen. Die Chance war oft genug nur vorgetäuscht, der Angeklagte redete sich vor Gericht um Kopf und Kragen, er spielte den überführten Übeltäter für die Propaganda und hoffte vergebens, dass ihn diese Mitarbeit vor dem Fallbeil oder dem Absitzen einer langjährigen Zuchthausstrafe bewahren würde.

Dass Bergemann mit ähnlichen Methoden zu seinem Geständnis bewegt wurde, ist nachträglich nicht zu beweisen. Die Beteiligten sind bis auf einen Polizisten nicht mehr am Leben, und der steht zur offiziellen Version von damals. Sicher ist, dass der herzkranke ältere Mann langen, zermürbenden Verhören unterworfen wurde. Das Protokoll des Verhörs liefert nur die Ergebnisse. Allerdings könnte die Einleitung des Geständnisses der Kriegsverbrechen ein Hinweis auf das Motiv der überraschenden Geständnisbereitschaft sein. Bergemann erklärt da, dass er durch den Krieg und seine Vorgesetzten im Krieg so verroht worden sei, dass er zu dem Giftanschlag auf Anna Denczyk in der Lage gewesen sei. Möglicherweise ist der Landarbeiter selbst auf die unselige Idee gekommen, sich mit dieser Schuldzuweisung entlasten zu wollen. Auszuschließen ist aber auch nicht, dass ihm suggeriert wurde, der Verweis auf die Verrohung im Kriege und ein Verschieben der Schuld auf den Faschismus könnte ihm nützen.

Der Erfolgsdruck ist nun von der Mordkommission genommen, die jahrelangen Versäumnisse in der Ermittlungsarbeit scheinen ausgeglichen. Interne Vermerke halten fest, dass es noch immer keinen Beweis für den Mord an Ernst Denczyk gebe, aber die weiteren Ermittlungen konzentrieren sich auf den schon gestandenen Massenmord. Man hat den Täter ja so oder so.

Die schwierige Suche nach Kriegskameraden von Otto Bergemann beginnt. Tatsächlich finden sich zwei, die, laut Vernehmungsprotokoll der Polizei vom 21. Mai 1958, das Geständnis von Otto Bergemann bestätigen. In Rownow seien damals Freiwillige für das Erschießen von Juden gesucht worden, Bergemann hätte sich gemeldet, sei mit den Freiwilligen abgezogen und später auch zurückgekommen. Beide Zeugen geben übereinstimmend an, dies sei im Herbst

1941 gewesen, immerhin fast anderthalb Jahre vor dem Zeitpunkt, den Otto Bergemann genannt hat.

Die Staatsanwaltschaft in Potsdam scheint sich zunächst für einen Mittelweg zwischen diesen beiden Zeitangaben entschieden zu haben. In allen ihren Schriftstücken bis zum November 1958 wird als Tatzeit das Jahr 1942 ohne irgendeine Datumsangabe genannt. Offensichtlich macht sich niemand die Mühe, nachzusehen, ob das Massaker überhaupt stattgefunden hat, an dem Bergemann teilgenommen haben soll. Denn Bergemanns Zeitangabe in seinem Geständnis – März oder April 1943 – kann nicht stimmen. Aus diesem Zeitraum ist kein Massenmord bekannt, auf den die Beschreibung zutreffen könnte. Tatsächlich wurden jedoch vom 6. bis 8. November 1941 in Rownow Morde an rund 16 000 Juden verübt, die Menschen wurden ungefähr so getötet, wie Bergemann es beschrieben hat. Außerdem war seine Einheit tatsächlich zu diesem Zeitpunkt in der Gegend stationiert. Die Aussage der beiden Belastungszeugen deckt sich also mit den historischen Ereignissen.

Die Anklage

Ohne Ergebnis bleibt die Suche nach Beweisen für den Mord an Ernst Denczyk. Am 13. Januar 1959 schreibt deshalb der Staatsanwalt in einer Bitte um Fristverlängerung für den Beginn des Prozesses, Bergemann habe den Tod des Kindes durch Nachlässigkeit verschuldet. Offensichtlich akzeptiert die Anklage zu diesem Zeitpunkt Bergemanns Erklärung, er hätte möglicherweise leichtsinnig Gift verwahrt, an dem der Junge gestorben sein könnte.

Ganz anders liest sich das jedoch 17 Tage später in der Anklageschrift. Bergemann hätte schon im März 1952 vorgehabt, Anna Denczyk zu vergiften, und das Gift hätte er schon in seinem Schuppen aufbewahrt. Wörtlich heißt es weiter.

»Da dem Beschuldigten aber nicht bekannt war, wie es wirkte und welches Quantum notwendig war, um einen Menschen damit umzubringen, kam ihm der teuflische Gedanke, es vorher an Kindern auszuprobieren. Zu diesem Zwecke streute er am Sonntagmorgen, dem 22.3.1953, etwa so viel Kalkarsenpulver, wie man mit drei Fingern erfassen kann, auf einige Bonbons und gab den sich zu Besuch weilenden Nachbarkindern [...] je einen davon.«

Die anderen Kinder seien mit dem Leben davongekommen, weil Ernst das oberste Bonbon mit dem meisten Arsen genommen habe.

Zum Zeitpunkt der Tat warb Bergemann noch intensiv um Anna Denczyk, das offene Zerwürfnis mit ihr kam erst neun Monate später, und das Giftpaket wurde erst ein weiteres Jahr später abgeschickt. Dass der Landarbeiter schon damals die Vergiftung der Umworbenen plante und zu diesem Zwecke schon mal nur zum Test ihren Bruder umbrachte, ist eine gewagte Konstruktion, vor allem da die Anklageschrift keinerlei Beweismittel für diese spekulative Schilderung des Ablaufs angibt. Aber es sieht bei den anderen Anklagepunkten nicht besser aus. Die Anklageschrift nennt als Beweismittel ein Gutachten des gerichtsmedizinischen Instituts in Halle, das besagt, dass Ernst Denczyk an einer Arsenvergiftung gestorben ist, ein gerichtsmedizinisches Gutachten der Vergiftungsfolgen bei Anna Denczyk und ein psychiatrisches Gutachten zu Bergemann. Als Zeugen sind die beiden Kriegskameraden von Bergemann genannt, die bestätigen sollen, dass er an den Erschießungen teilgenommen hat. Am Ende steht nur noch ein Punkt auf der Liste: »Einlassungen des Angeklagten«. Sieht man von den beiden Zeugen ab, ruht die Beweisführung auf den Geständnissen von Otto Bergemann.

Und damit hapert es. Otto Bergemann benimmt sich nicht wie ein reuiger Täter, der froh ist, sein Gewissen erleichtert zu heben. Kaum sind die Vernehmungen so weit abgeschlossen, dass der Fall geklärt scheint und Bergemann einen Anwalt sprechen darf, widerruft der Häftling seine Geständnisse. Dem Anwalt erzählt er, er habe nur gestanden, um endlich seine Ruhe zu haben. Bei den Judenerschießungen sei er nie dabei gewesen, sondern habe nur weitergegeben, was er damals von anderen Soldaten gehört habe.

Auch bei seiner psychiatrischen Untersuchung erzählt Bergemann, dass er unter dem Druck der Vernehmung ein falsches Geständnis abgelegt habe. Im Gutachten, das schließlich dem Gericht vorgelegt wird, ist davon jedoch nicht die Rede. Der Psychiater bescheinigt dem Gefangenen Verschlagenheit und Unaufrichtigkeit, moralische Unterwertigkeit und völlige Gemütskälte. Für seine im höchsten Grade gesellschaftsgefährlichen und äußerst verwerflichen Verbrechen sei er voll verantwortlich.

Bergemann wird vor Prozessbeginn noch mehrmals vernommen. Er knickt ein und bestätigt seine Geständnisse, dann widerruft er erneut und knickt wieder ein. Sein Anwalt scheint Bergemanns Widerrufen zu glauben und beginnt, was für einen Verteidiger in der DDR ungewöhnlich ist, seinerseits zu recherchieren und ehemalige Kriegskameraden von Bergemann zu suchen.

Die Staatsanwälte müssen Fristverlängerung beantragen, denn der Beschuldigte macht immer noch Probleme. Man setzt einen Spitzel zu Bergemann in die Zelle. Der stellt fest, dass Bergemann »immer in guter Stimmung ist, sich oft albern-lustig benimmt und viel singt«. Bergemann sei offensichtlich überzeugt, dass man ihm nichts beweisen könne.

Kurz vor dem Prozess wird Bergemann wieder vom Staatsanwalt verhört und widerruft seine Geständnisse. Er habe die Unwahrheit gesagt oder sei von den Vernehmenden falsch verstanden worden. Als der Staatsanwalt fragt, warum er das nicht bei der Staatsanwaltschaft richtiggestellt hätte, antwortet Bergemann nicht. Er zuckt zum Ärger des Anklägers nur mit den Schultern.

Was Bergemann nicht weiß: Sein Schicksal ist zum Zeitpunkt dieser letzten Vernehmung schon seit zehn Tagen entschieden. Er wird sterben.

In Fällen, bei denen die Todesstrafe verhängt werden könnte, muss die Staatsanwaltschaft den Strafantrag, den sie stellen will, noch vor Prozeßbeginn dem Politbüro der SED vorlegen. Das mächtigste Gremium der DDR nimmt diesen Vorschlag zur Kenntnis oder ändert ihn ab. Doch diesmal läuft der Vorgang nicht, wie er sollte, die Ankläger sind sich nicht einig. Die Potsdamer Staatsanwaltschaft will den Tod des Angeklagten beantragen, der Generalstaatsanwalt in Berlin hält lebenslänglich für angemessen. Schließlich legt man einfach beide Anträge dem Politbüro vor. Zum Tagesordnungspunkt 11 der Politbürositzung vom 19. Mai 1959 steht im Protokoll: »Der Vorschlag des

Bezirksstaatsanwalts in Potsdam wird zustimmend zur Kenntnis genommen.«

Während der gesamten Geschichte der DDR ist das rechtskräftige Urteil nie von einer Willensbekundung des Politbüros abgewichen. Das Urteil ist also gefällt, der Rest ist juristisches Ritual. Nur ein Wunder oder ein überraschender Linienschwenk des Politbüros kann Otto Bergemann noch retten.

Der Prozess

Am 9. Juni 1959 beginnt die Gerichtsverhandlung vor dem Bezirksgericht in Potsdam. Ein Teil der Kaltenhausener ist auf einem Lastwagen des Guts nach Potsdam gefahren, um sich den Prozess anzusehen. Anna Denczyk liegt wieder im Krankenhaus, nicht einmal als Zeugin nimmt sie teil.

Der Vorsitzende Richter Hermann Wohlgethan ist bekannt dafür, dass er bevorzugt in politischen Verfahren eingesetzt wird und dort dafür sorgt, dass die Linie und die Anweisungen der Partei eingehalten werden. Im Verfahren gegen Otto Bergemann kommt es jedoch schon am ersten Prozesstag zu einer ungeplanten Unterbrechung. Der Angeklagte zieht erneut seine Geständnisse zurück – und dann geschieht etwas sehr Seltenes im Justizwesen der DDR: Bergemanns Anwalt legt sein Mandat nieder, er könne eine weitere Verteidigung nicht mit seinem Gewissen vereinbaren. Anwalt Rudolph Klügel verweist dabei auf die Unterschiede in den Einlassungen seines Mandanten. Was den Verteidiger letztlich zu diesem ungewöhnlichen Schritt bewogen hat, ist heute nicht mehr herauszufinden. Klügel ist schon lange tot, und die letzten Unterlagen seiner Kanzlei wurden nach der Wende weggeworfen. Das Verfahren muss unterbrochen werden, über Nacht wird ein neuer Pflichtverteidiger gesucht und gefunden.

Folgt man dem Urteilstext und dem getippten Protokoll, dann läuft von da an alles glatt. Die Geständnisse in den vorhergehenden Vernehmungen werden vom Angeklagten bestätigt und von den Aussagen der beiden Zeugen untermauert.

Im Archiv der Birthler-Behörde liegen aber auch die handschriftlichen Notizen des Protokollanten, und das liest sich plötzlich ganz anders. Bergemann bestreitet zunächst alles, er wehrt sich, so gut er kann, wobei ihm der Richter immer wieder seine früheren Geständnisse vorhält. Danach werden die Zeugen aufgerufen, zwei Kriegskameraden von Otto Bergemann.

Der erste Zeuge erklärt laut Mitschrift: »Von Judenerschießungen weiß ich nichts, der UvD [Unteroffizier vom Dienst] rief einmal Freiwillige raus, warum, weiß ich nicht. Sie erzählten mir nachher, sie gehen Menschenfresser erschießen. Geglaubt habe ich das damals nicht. Wieviele mitgingen, weiß ich nicht.«

Daraufhin wird dem Zeugen das Protokoll seiner polizeilichen Vernehmung vorgelesen, bei der er ausgesagt haben soll, dass Bergemann sich zur Teilnahme an der Erschießung gemeldet habe. Damit konfrontiert, erklärt der Zeuge: »Es stimmt, was ich in der Vernehmung aussagte. Als die weg waren, war Bergemann nicht da, dann wird er wohl mitgewesen sein.«

Bergemann mischt sich ein und hält dem Zeugen vor, er sei damals doch sogar neben ihm gestanden und hätte ihn gefragt, warum er sich nicht gemeldet habe.

Danach wird der zweite Zeuge aufgerufen. Der erklärt: »Wir kamen von der Wache, und da hieß es: ›Freiwillige vor zum Sonderkommando‹. Da traten vier vor, unter ihnen Bergemann. Ob da Juden erschossen wurden, weiß ich nicht.«

Wie zuvor wird auch diesem Zeugen seine frühere Aussage vorgehalten, worauf er sich zu der Aussage entschließt: »Bergemann ist mit vorgetreten, und ich weiß, dass er zu dem Erschießungskommando gehörte und abmarschierte. Dass sämtliche Insassen des Lagers erschossen wurden, weiß ich.«

Als Bergemann Tonbandabschriften seines Geständnisses vorgelegt werden, bekommt er einen Herzanfall. Offensichtlich resigniert er nun. Bergemann sagt nur: »Wenn es da steht, dann wird es wohl so gewesen sein.« Einmal reagiert er noch, als ein Zeuge aufgerufen wird, der nicht in der Anklageschrift steht: der Spitzel, den man ihm in die Zelle gesetzt hatte. Als angeblichen Beweis für die Verschlagenheit des Angeklagten erzählt der Mann, Bergemann hätte ihm gesagt, man könne ihn nicht verurteilen, weil es keine Beweise gebe. Der Landarbeiter auf der Anklagebank hat dafür nur noch Verachtung übrig: »Da steh' ich doch drüber.«

Am 11. Juni 1959 ergeht das Urteil. Das Gericht sieht es als erwiesen an, dass Otto Bergemann in Rownow 30 bis 40 Juden erschossen hat, dass er in eine Baracke voller Kriegsgefangener hineinschoss – was als versuchter Mord zu werten sei –, dass er den vierjährigen Ernst Denczyk vergiftete, um die Wirkung des Giftes auszuprobieren, und dass er versuchte, Anna Denczyk zu ermorden. Otto Bergemann wird wegen vollendeten und versuchten Mordes zum Tode verurteilt.

Offene Fragen

Kriminalität war in der DDR ein Thema, über das öffentlich möglichst wenig geredet wurde. Nach der Theorie war das Verbrechen einer sozialistischen Gesellschaft wesensfremd. Über das Urteil gegen Otto Bergemann wird nur in einem Artikel der Lokalzeitung berichtet. Üblich war es allerdings, im unmittelbaren Umfeld des Täters eine öffentliche »Auswertung« zu machen, um die direkt betroffenen Menschen zu informieren, was tatsächlich geschehen ist und wie es ausging.

Auch in Kloster Zinna wird so eine Auswertung veranstaltet. Die Bevölkerung wird in den Saal der Gaststätte »Linde« eingeladen, auf dem Podium sitzen Vertreter von Polizei und Staatsanwaltschaft und erzählen, wie sie einen Mörder zur Strecke brachten. Es wird auch ein Tonband mit Ausschnitten aus Bergemanns Geständnissen abgespielt. Einigen Zuhörern fällt auf, dass dem einsilbig reagierenden Angeklagten die Antworten regelrecht in den Mund gelegt werden, andere sind empört über das, was der Mann da anscheinend gesteht. Als verkündet wird, dass Otto Bergemann zum Tode verurteilt wurde, kommt Beifall auf, der viele Zuhörer jedoch peinlich berührt.

Bergemann lebt zu diesem Zeitpunkt noch. Routinemäßig werden Revision und Gnadengesuch verworfen. Der Verurteilte erkrankt und wird für einige Zeit in ein Gefängniskrankenhaus verlegt. Schließlich kommt der Tag der Hinrichtung. Im Leipziger Gefängnis, der zentralen Hinrichtungsstätte der DDR, liest am 15. Januar 1960 ein Staatsanwalt dem Todeskandidaten noch einmal das Urteil vor, anschließend wird er unter das Fallbeil gelegt. Laut Protokoll dauert es nur drei Sekunden, bis Bergemanns Kopf abgeschnitten ist. Die Familie muss sogar für die Beerdigung bezahlen, es ist jedoch nicht bekannt, wo Bergemanns Überreste liegen.

In Kaltenhausen leben die beteiligten Familien noch viele Jahre nebeneinander. Heute ist das Gut eine Ruine, die ehemaligen Arbeiterhäuser wurden verkauft und renoviert, wo früher drei Parteien unterkommen mussten, wohnt heute eine Familie.

Die alten Klosteraner kennen die Geschichte des Otto Bergemann natürlich, noch immer sind die Meinungen geteilt. Recht offen reden die über den Fall, die Otto Bergemann als unsympathischen Wüstling schildern, als einen gefährlichen Verbrecher, der nur das bekommen habe, was er verdiente. Andere sind vorsichtiger. Sie tasten den Fremden ab, der nach so langer Zeit etwas über die alte Geschichte erfahren will. Und dann beschreiben sie Otto Bergemann als ein netten, ruhigen Nachbarn, über den man aus eigener Erfahrung nichts Schlechtes sagen kann. Zwischen den Worten schwingt die Botschaft mit, dass da wohl jemandem Unrecht getan wurde.

Weder Bergemanns Schuld noch seine Unschuld können heute bewiesen werden. Sicher ist jedoch: Die Beteiligung an den Erschießungen in Rownow wurde vor Gericht nicht schlüssig nachgewiesen, denn die zurückgezogenen Geständnisse und die zwei Zeugen, die allenfalls belegen, dass Bergemann sich möglicherweise irgendwann zu einem Kommando gemeldet hat – die reichen dafür nicht aus. Bei dem Vorwurf, auf russische Kriegsgefangene geschossen zu haben, hat die Anklage außer dem Rückgriff auf Bergemanns Geständnis eine Beweisführung gar nicht erst versucht. Der angebliche Giftmord an dem kleinen Ernst Denczyk ist nicht nur unbewiesen, Ablauf und Motiv sind – so, wie sie in dem Urteil dargestellt werden – völlig unplausibel. Glaubhaft ist nur, dass Otto Bergemann das Giftpaket an Anna Denczyk abgeschickt hat, obwohl die Beweisführung auch zu diesem Vorwurf recht lückenhaft war. Es bleibt also – legt man die Kriterien eines fairen und rechtsstaatlichen Verfahrens an – allenfalls der Vorwurf eines versuchten Mordes übrig. Doch Otto Bergemann musste sterben.

Gerald Endres

Der rätselhafte Kindermord

Jennifer, Jakob, Julia, Peggy, Ulrike, Adeline – Kinder, die uns in den letzten beiden Jahren aus dem Fernseher entgegenlächelten. Wach, frech und neugierig auf das Leben. Kinder, die ermordet wurden. Namen, die sich einprägten, weil Verbrechen an Kindern zu den abscheulichsten und aufrüttelndsten Straftaten gehören. Und doch – wir haben uns daran gewöhnt: An verzweifelte Aufrufe von Eltern in den Medien, an großangelegte Suchaktionen, an grausige Leichenfunde. Die Wiederholung stumpft ab. Aber als 1964 mitten im aufstrebenden Wirtschaftswunderland Deutschland ein Kind spurlos verschwindet, ist die Nation wie elektrisiert. Das Interesse der Bevölkerung und der Medien ist beispiellos. Täglich gibt es neue Schlagzeilen. Die Familie wird von der Presse belagert und verfolgt. Ihr Leid wird von skrupellosen Trittbrettfahrern ausgenutzt und durch die Propagandamühle des Kalten Kriegs gedreht. Ein Martyrium. Und der Schmerz dauert an. Bis heute, fast 40 Jahre nach dem Verbrechen, lehnen die Eltern jeden Kontakt zu Presse und Öffentlichkeit ab.

Aus Respekt vor ihrem Schmerz und um sie zu schützen soll hier – wie auch in der ARD-Dokumentation – auf jede Namensnennung verzichtet werden. Auch wenn der Fall Zeitgeschichte geschrieben hat und der Name synonym für die erste große Kindesentführung der Nachkriegszeit steht, bei uns heißt das Kind Tommy. Was anfängt wie ein amerikanischer Kriminalroman, ist deutsche Kriminalgeschichte: der Fall Tommy.

Ein Kind verschwindet

Am Abend des 13. Februar 1964, einem milden Wintertag, um viertel vor acht kommt ein besorgter Vater zum Wiesbadener Polizeirevier. Der aufgeregte Mann will eine Vermisstenanzeige aufgeben. Sein Sohn Tommy ist nicht vom Spielen nach Hause gekommen. Eine Nachbarin hat ihn gegen 17 Uhr zum letzten Mal gesehen. Vor dem Haus seiner Eltern auf der belebten Wilhelmstraße. Noch nie ist Tommy später als erlaubt zurückgekommen. Seine Mutter ist krank vor Sorge. Kann etwas passiert sein? Hier in Wiesbaden, der vornehm verschlafenen Kurstadt?

Als Tommy auch am nächsten Tag nicht auftaucht, ist die Polizei in Alarmbereitschaft. Kripochef von Seidlitz unterzeichnet persönlich die Suchmeldung, die im Radio und in der Fernsehsendung *hessenschau* ausgestrahlt wird. Gewiss, es verschwinden auch in der jungen Nachkriegsrepublik immer wieder Kinder. Aber eine Suchmeldung in dem neuen Medium Fernsehen, das gab es bisher noch nicht. Tommy wird als »1,20 m groß, von kräftiger Figur, mit dunkelblondem, vollem, nach vorn gekämmtem Haar« beschrieben. Auch die fehlenden zwei Backenzähne links oben und unten werden erwähnt. Man will nichts falsch machen.

Die Aufrufe bleiben erfolglos. Mal soll Tommy vor einem Geschäft in Wiesbaden, mal am Frankfurter Hauptbahnhof gesehen worden sein, aber alle Spuren enden im Nichts.

Die Wiesbadener Polizei steht vor einer ungewohnten Herausforderung. Ging es doch in der Kurstadt bisher eher beschaulich zu. Die bösen Machenschaften spielen sich in Frankfurt ab, und der Polizeichef bezeichnet seine Männer schon mal jovial als »gut bezahlte Spaziergänger«. Aber jetzt ist ein Kind verschwunden; ein Verbrechen nicht auszuschließen. Und ausgerechnet in der Wilhelmstraße, Wiesbadens Flanierboulevard, dem Aushängeschild der Kurstadt. Die Prachtstraße – ein möglicher Tatort?

Eilig wird Verstärkung angefordert. Bereitschaftspolizei, Unterstützung von der Bundeswehr. Hundertschaften durchkämmen Wälder, Trümmergrundstücke, Schrebergärten, Abwässerkanäle, Bahnanlagen. Die größte Suchaktion der Nachkriegsgeschichte. Auch der gepflegte Kurpark wird nicht geschont. Der kleine Weiher, der sonst Kurgäste zu einer Ruderbootpartie einlädt, wird vollständig leergepumpt. Man befürchtet, dass Tommy vielleicht in der Dunkelheit ertrunken sein könnte. Doch die gigantische Suchmaschinerie fördert außer allerlei Gerümpel und verrotteten Wehrmachtsmänteln nichts zutage. Tommy bleibt verschwunden. Wie vom Erdboden verschluckt.

1964 ist ein Fernsehapparat noch längst keine Selbstverständlichkeit. Tommys Bild wird also nicht ohne weiteres flächendeckend verbreitet. Um nichts unversucht zu lassen, nimmt die Familie das Angebot eines Wiesbadener Kaufhauses an. Am 17. Februar wird im Schaufenster eine Puppe ausgestellt, die ungefähr Tommys Größe hat. Die Wiesbadener drängen sich vor der Scheibe. Hier ist nicht die neueste Wintermode, sondern eine menschliche Tragödie ausgestellt und ohnmächtige Hilflosigkeit. Die steife Schaufensterpuppe hält ein Schild in den Händen: »Vermisst« steht darauf und eine Personenbeschreibung. Die verzweifelte Mutter hat noch mal alle Kleidungsstücke besorgt, die ihr Junge anhatte, als sie ihn zum letzten Mal gesehen hat: braune Cordhose, blauer Rollkragenpullover, grüner Nickipulli und braune Lederschuhe. Diese Schuhe werden noch eine verhängnisvolle Rolle spielen.

Agenda eines Verbrechens

Am 18. Februar, 5 Tage nach Tommys Verschwinden, bekommen die Eltern einen auffällig beklebten Brief. Name und Adresse sind aus dem Telefonbuch ausgeschnitten worden. In der Aufregung achtet niemand darauf, dass die Familie im Wiesbadener Telefonbuch nur mit ihrer Geschäftsadresse, dem Antiquitätengeschäft in der Wagemannstraße 37, eingetragen ist, nicht aber mit ihrer Privatadresse in der Wilhelmstraße 17. In dem Brief liegt nur ein Schlüssel. Klein und gezackt, mit einer Nummer. Offenbar ein Schließfachschlüssel. Für ein Fach mit der Nummer 320. Aber wo kann das sein? Der Wiesbadener Bahnhof scheidet aus. So viele Fächer gibt es hier gar nicht.

Also muss es der Frankfurter Hauptbahnhof sein. Und hatte nicht eine Frau angegeben, den Jungen dort gesehen zu haben? Die Eltern sind zu aufgeregt und schicken ihre zwei erwachsenen Söhne, Tommys Stiefbrüder, nach Frankfurt. Der Schlüssel zum Schließfach 320 passt. Die Brüder finden darin einen braunen Kinderschuh: Tommys Schuh. Daneben liegt ein Zettel. Wieder mit ausgeschnittenen Buchstaben beklebt. Erpresser fordern 15 000 DM – und natürlich: keine Polizei. »Folgen Sie den Anweisungen, sonst sehen Sie Ihren Sohn nicht wieder.«

Kidnapping, das war bisher nur ein Fremdwort aus dem fernen Amerika. Dort mochte so etwas möglich sein. Aber hier, mitten in Deutschland? Die hilflosen Eltern alarmieren die Wiesbadener Polizei. Sofort wird eine Sonderkommision gebildet: die Soko »Tommy«. 30 Mann arbeiten mit, fast alle Familienväter. Leiter ist Kriminalhauptkommissar Karl-Josef Rosenbaum. Auch für ihn wird dieser Fall schicksalhaft sein.

Rosenbaum lässt die Wohnung in der Wilhelmstraße 17 noch am selben Abend telefonisch überwachen. Was wie eine Aktion aus einem Agentenfilm klingt, ist allerdings wenig wirkungsvoll. »Das war doch nur ein altersschwaches Tonband«, erinnert sich Kriminalmeister Rudi Gebel, »das wir da zur Verfügung hatten. Das konnte nur sehr verzerrt Stimmen wiedergeben.« Immerhin, die Familie hat das Gefühl, es wird etwas getan. Die Post versucht eine Fangschaltung zu legen, damit ein Anruf zurückverfolgt werden kann. Ein Polizeiwagen steht abfahrtbereit auf dem Hof. Jederzeit zum Einsatz bereit.

In der Nacht um zehn nach zwei dann der erste von vielen anonymen Anrufen. Eine jugendlich-fistelige Stimme fragt, ob der Brief angekommen sei. Beim nächsten Anruf um 14.58 Uhr folgt die Frage, ob das Geld bereit sei. Aber nie dauert ein Gespräch lange genug, um es zurückverfolgen zu können. Die Geldsumme macht die Ermittler misstrauisch: 15 000 DM sind auch in den sechziger Jahren kein wirklich großer Betrag. Wie kommt jemand ausgerechnet auf eine solche Summe? Ist das nicht zu wenig für eine Entführung?

19. Februar, 18:30 Uhr. Das Haus in der Wilhelmstraße 17 wird überwacht. In der Wohnung halten sich ständig Polizisten auf. Da kommt wieder ein anonymer Anruf, diesmal mit dem Hinweis auf ei-

Das Elternhaus des entführten Jungen. Ausgerechnet in der Wilhelmstraße, dem Flanierboulevard der vornehm verschlafenen Kurstadt Wiesbaden, wurde ein Kind entführt und ermordet. Die Nachricht, dass hier ein so abscheuliches Verbrechen begangen wird, elektrisierte die Nation.

nen Brief, der auf der Kellertreppe abgelegt worden sei. Und wirklich: Auf einem Karton mit leeren Bierflaschen am Kellerabgang liegt ein weißer Umschlag. Darin ein mit Druckbuchstaben beschriebener Zettel. Der Vater soll sofort und allein zu einer Telefonzelle am Wiesbadener Hauptbahnhof fahren. Dort angekommen, findet der aufgeregte Mann aber nur einen Zettel mit einem weiteren Hinweis. Jetzt soll er zu einer Telefonzelle am Marktplatz kommen. Noch dreimal geht das so. Eine zermürbende Schnitzeljagd von Zelle zu Zelle; eine Hetzjagd durch ganz Wiesbaden. Am Telefonhäuschen bei den Kurhaus-Colonaden verliert sich die Spur. Kein weiterer Zettel. Kein Hinweis. Keine Hoffnung. Kein gutes Zeichen. Normalerweise haben es Erpresser eilig, an ihr Geld zu kommen. Was bedeuten diese Spielchen?

»Wir waren einfach ratlos.« Man merkt Rudi Gebel auch heute noch an, wie sehr dieser Fall alle Beteiligten bewegt hat. »Abwarten und hoffen, mehr konnten wir nicht tun.« Doch mit jedem Tag, der vergeht, schwindet die Hoffnung. Denn je länger eine Entführung dauert, umso unwahrscheinlicher ist es, dass das Opfer lebend zurückkommt. Und dann, am 21. Februar, platzt die Bombe: Die von der Polizei verhängte Nachrichtensperre, die die Erpresser in Sicherheit wiegen sollte, wird gebrochen. Die *Frankfurter Allgemeine Zeitung* vermutet erstmals eine Entführung. Am Nachmittag titelt dann die *Frankfurter Rundschau* in einer Extraausgabe: »Bub seit 8 Tagen in den Händen von Entführern«. Jetzt gibt es kein Halten mehr. Die gesamte Presse stürzt sich auf den spektakulären Kidnappingfall. Die Wilhelmstraße befindet sich im Belagerungszustand. Das Café und Hotel Blum wird von der *Bild*-Zeitung kurzerhand in eine Redaktionszentrale verwandelt. Andere Zeitungen richten sich rund um die Wilhelmstraße provisorische Büros ein. Fotografen versuchen, aus gegenüberliegenden Wohnungen einen guten Blick auf das Haus Nr. 17 zu erwischen. Für Bilder des kleinen Tommy werden bisher in Deutschland absolut undenkbar hohe Summen gezahlt: 1000 DM pro Bild. Mit 15 Fotos von Tommy wäre das Lösegeld bereitgestellt. Günter Leicher ist zu der Zeit Chefreporter des *Wiesbadener Tagblatt*s. »Jeden Tag gab es eine Pressekonferenz, aber nie konnten wir über neue Erkenntnisse berichten. Die Stimmung wurde mit jedem Tag aufgeheizter.«

Jetzt wird der Fall Tommy zur nationalen Tragödie. Die Kinder in Bayern schließen ihn in ihr Schulgebet ein. Der *Stern* textet unter einem Bild des Jungen im Karnevals-Clownskostüm: »Millionen Deutsche bangen um diesen kleinen Mann«. »Wen auch immer man in diesen Tagen auf der Straße trifft, die erste Frage ist: Was gibt's Neues im Entführungsfall?« Günter Leicher hat in seinem Repporterleben niemals wieder eine solche Massenhysterie erlebt.

Tommy bleibt verschwunden. Die Ermittlungen stocken. Oberstaatsanwalt Walter Dorbritz erhöht die Belohnung von 2000 auf 12000 DM, später wird sie noch einmal auf 50000 DM erhöht werden. In Bussen und Bahnen hängen Plakate mit Hinweisen und den Belohnungssummen.

Am 21. Februar überprüft die Kripo routinemäßig alle Bewohner in Tommys Elternhaus. Schwerpunktmäßig werden sie zum Abend des 19. Februar befragt, dem Zeitpunkt der Schnitzeljagd von einer Telefonzelle zur nächsten. Nach einem Alibi für den Zeitpunkt von Tommys Verschwinden am 13. Februar ab 17 Uhr wird niemand gefragt. Als die Eltern die Polizei später auf einen Hausbewohner aufmerksam machen, der ihnen plötzlich aus dem Weg gehe und sich merkwürdig verhalte, beruhigt man sie mit dem Hinweis auf die routinemäßige Überprüfung.

Am 22. Februar werden das Hessische und das Bundeskriminalamt eingeschaltet. Am Sonntag, dem 23. Februar, dann eine Art Kapitulation: Die Staatsanwaltschaft verspricht den Entführern sechs Stunden Vorsprung, wenn sie das Kind lebend freigeben. Aus heutiger Sicht ein unfassbarer Vorgang. Die Ermittlungsorgane haben buchstäblich nichts mehr in den Händen und greifen nach jedem Strohhalm. Doch die Probe aufs Exempel bleibt dem Rechtsstaat erspart. Das Angebot hat keine Konsequenzen.

Am 25. Februar will die *Abendpost* Bewegung in den Fall bringen. »An die Entführer« prangt es in großen Lettern auf der Titelseite, und weiter: »Sie fordern 15 000 DM Lösegeld. Ein Familienvater, der nicht genannt werden will, bietet Ihnen diese Summe im Tausch.« Außerdem sichert die *Abendpost*-Redaktion zu, keine Informationen an die Polizei weiterzugeben. Die Zeitung will Tommy also »freikaufen«. 15 000 DM für das Kind und eine gute Story

Prompt melden sich zwei Männer. Am Hauptbahnhof, auf der Herrentoilette, übergibt ein Reporter das Geld gegen einen Schlüssel. In einem abgelegenen Haus, Berliner Straße 21 in Wiesbaden, soll sich Tommy aufhalten. Als die *Abendpost*-Reporter zwar das Haus, aber nicht den Jungen finden, wird ihnen klar, dass sie hereingelegt wurden. Jetzt alarmieren sie doch die Wiesbadener Kripo. Die kommt mit Suchhunden, aber die düpierten Journalisten nehmen selbst Witterung auf. Die Spur führt in eine Bar. Im »Piccolo« sitzen zwei junge Männer, die bündelweise Hundertmarkscheine bei sich haben und die anderen Gäste freihalten.

Ein 18-Jähriger und sein Kumpan werden noch in der Nacht festgenommen. Doch die beiden Kleinkriminellen sind nicht die Einzigen, die die Verzweiflung der Familie für sich nutzen. Eine lange Liste kommt im Laufe der Ermittlungen zusammen. Zu den fast 40 dingfest gemachten Betrügern gehört der minderjährige Sohn eines Osnabrücker Kriminalbeamten ebenso wie ein vierzigjähriger Handwerksmeister. Schaden: keiner – so steht es in den Akten. Doch nur in finanzieller Hinsicht. Die Qualen der Eltern, immer wieder durch Trittbrettfahrer um ein Fünkchen Hoffnung betrogen zu werden, können nicht abgeschätzt werden.

Mittlerweile ist die Belohnung auf 50 000 DM erhöht worden. Die Kirchen schalten sich ein. Geistliche beider Konfessionen halten sich bereit, um Tommy in Empfang nehmen zu können, das ausgesetzte Lösegeld zu vermitteln und Stillschweigen zu bewahren. Aber niemand meldet sich, um auf das Angebot einzugehen. Das Kind bleibt verschwunden. Und je rätselhafter der Fall wird, desto wilder wuchern die Spekulationen.

Unter dem Druck, endlich Ergebnisse vorweisen zu können, erinnert sich Soko-Leiter Rosenbaum plötzlich an einen vor fünf Jahren erschienenen amerikanischen Kriminalroman, *Kidnapper in Manhattan* von Thomas Walsh. In der Geschichte spielen die Erpresser den Eltern einen Schlüssel zu, der zu einem Schließfach in New Yorks Central Station passt. Dort haben sie Mütze und Schultasche des Jungen deponiert. »Vielleicht ist ja dieses Buch die Vorlage für Tommys Entführung?«, mutmaßte auch Reporter Günter Leicher in einem Artikel im *Wiesbadener Tagblatt*. Aber die Überlegung führt nur in die nächste Sackgasse. Außer dem Schließfach gibt es keine Übereinstimmung zwischen Fiktion und Realität.

Mittlerweile ist das Medieninteresse am Fall Tommy nicht mehr auf Deutschland beschränkt. Beobachter aus Amerika sehen schon Parallelen zur mysteriösen Entführung des Lindbergh-Babys. Doch alle Theorien und Vermutungen verpuffen. Die Aktenberge bei der Wiesbadener Kripo werden immer höher. Hunderte von Spuren werden verfolgt und enden im Nirgendwo …

Agenten am Werk?

Schließlich steht die Familie selbst im Blickpunkt der Fahnder. 1959, kurz vor dem Mauerbau, waren sie von Bautzen nach Wiesbaden gekommen. »Drüben« hatten sie ein Antiquitätengeschäft gehabt und auch in Wiesbaden gleich wieder ein Geschäft eröffnet. Die Antiquitäten hatten sie mitgebracht. Arme Republikflüchtlinge aus dem Osten kamen doch meist nur mit einem Köfferchen in den Westen. Tommys Familie dagegen hatte ihr ganzes Vermögen mitgebracht. Das war ungewöhnlich. Handelte es sich etwa um eingeschleuste Agenten? War Tommy vielleicht wieder zurück in die Zone gebracht worden? Eine Entführung mit politischem Hintergrund? »Wir mussten doch in alle Richtungen ermitteln, sonst hätten wir etwas versäumt oder übersehen«, erklärt Kriminalmeister Rudi Gebel heute die Arbeit der Soko »Tommy«. Aber wie mag sich die Familie gefühlt haben, in all ihrem Leid nun auch noch selbst Verdächtigungen ausgesetzt zu sein?

Das Martyrium ernährt viele Schreiber. Besonders *Quick* und *Stern* überschlagen sich mit immer neuen Storys. Die Familie muss vor den zudringlichen Journalisten geschützt werden – das Haus Wilhelmstraße 17 ist Sperrzone für die Presse. Da trifft der *Bild*-Reporter Peter-Michael von Maydell zufällig einen Bekannten aus seiner Jugendzeit. Der 23-Jährige ist erst vor kurzem in die Wilhelmstraße Nr. 17 gezogen. Er wohnt zur Untermiete bei einer älteren Dame im Stockwerk über Tommys Eltern. Oma Krause nennt er sie. Er kennt den Jungen, hat öfter mit ihm gespielt, wenn der Oma Krause besuchte.

Bereitwillig dient er sich den Presseleuten um seinen früheren Freund von Maydell als Helfer, als Scout an. »Das war für uns sehr interessant«, erinnert sich von Maydell. »Wir Journalisten hatten ja sonst überhaupt keinen Kontakt ins Opferhaus.« Aber auch der Pressehelfer zieht Vorteile aus der Situation. Er frühstückt mit den Journalisten im Hotel Blum, erfährt immer den neuesten Ermittlungsstand und schwingt selbst große Reden. Dass Tommy gar nicht so lieb gewesen sei, wie man es jetzt darstelle. Ein quengeliges Kind sei er, über den habe man sich schon mal richtig ärgern können. Und wer weiß. Vielleicht sei ja alles ein Unfall, und die Entführung nur vorgetäuscht. Abstruses Gerede, das die Journalisten nicht ernst nehmen. Im Übrigen vertrauen sie diesem

23-Jährigen, der ihnen immer wieder nützlich sein kann. Dass er der Hausbewohner ist, auf dessen merkwürdiges Verhalten Tommys Eltern die Polizei aufmerksam gemacht hatten, wissen sie nicht.

Der Fall Tommy und der Kalte Krieg

Ganz Deutschland schaut den Ermittlungsbehörden auf die Finger. Genüsslich zitiert die Presse Volkes Stimme: Die Wiesbadener Kripo – nicht schnell, nicht clever, nicht effektiv genug. Und oft genug sind die Journalisten den Polizisten einen Schritt voraus. »Die waren einfach besser ausgestattet und hatten auch die schnelleren Autos.« Leo Schuster, der der Soko als Polizeilehrling zugeteilt ist, erinnert sich noch ganz genau an die Verhältnisse. Wenn er Hinweisgeber vernehmen will, bekommt er mehr als einmal die Antwort: »Da war doch gestern schon jemand da.« Jemand von der Presse.

Journalisten, die skrupellos ihrer Story hinterherjagen und dabei die Arbeit der Polizei behindern, sind genau der richtige Stoff für die Intentionen der DDR-Buch-und Filmreihe *Kriminalfälle ohne Beispiele*. Die republikflüchtige Familie, die im kapitalistischen Westen ihr Glück versucht und ihr Kind verliert, passt perfekt ins Programm. Schließlich sind wir 1964 mitten im Kalten Krieg.

»Man wollte doch abschreckende Beispiele für die ›Verderbtheit des Klassenfeindes‹«, kommentiert der damalige Regisseur Hubert Hoelzke. Also wird der Fall Tommy aufwändig verfilmt. In Ostberlin findet sich eine Straße mit Häusern, die an bürgerliche Großbauten erinnern. Grau und schmucklos zwar, aber »wir haben eine Kulisse mit Bar davor gebaut, und so ging das als Wilhelmstraße durch«. Nun noch ein paar DDR-eigene Westautos ins Bild stellen, und schon kann's losgehen. Doch ganz ohne Originalaufnahmen funktioniert es nicht. Und so dürfen Regisseur Hubert Hoelzke und ein Kameramann 1967 für Außenaufnahmen nach Wiesbaden reisen. Heimlich. Niemand erfährt davon, dass ein DDR-Team in Wiesbaden Filmaufnahmen macht. Hoelzke, ein kleiner Mann mit Bart, unauffällig, verschmitzt, stellt klar: »Man hatte Interesse, westliche Fälle zu zeigen, um den schlimmen Kapitalismus bloßzustellen. Gedreht haben wir auf Raubritterart. Kein Aufbau, keine Drehgenehmigung, die Kamera wird nur aufgestellt, und ›schwupp‹ waren wir wieder weg.« 1968 läuft der ungelöste *Fall Tommy* im Weihnachtsprogramm des DDR-Fernsehens. Zweiteilig und zur besten Sendezeit.

Fragwürdige Helfer

In Wiesbaden gibt es immer noch nicht die Spur eines Fahndungserfolges. Wahrsager, Hellseher und Pendelleser melden sich bei der Familie des Vermissten und bei der Polizei. Bei Rudi Gebel kann man heute noch die Hilflosigkeit spüren, wenn er sich erinnert: »Wir waren auf jedes bisschen Hilfe angewiesen und froh, dass wir überhaupt irgendwas hatten.« Auch wenn es in Ermangelung einer heißen Spur oder eines konkreten Verdachts nur ein Strohhalm ist. Die teilweise abstrusen Hinweise und Visionen sind alle ordentlich abgelegt; sie füllen drei dicke Ordner.

Auch viele Mitbürger fühlen sich aufgerufen zu helfen – oder zu denunzieren. Die Gelegenheit ist günstig, dem unliebsamen Nachbarn mal die Polizei auf den Hals zu hetzen oder grundsätzlich verdächtige Elemente anzuzeigen: einen »Neger mit Auto« beispielsweise. Andere beschreiben genau das Versteck, in dem der kleine Tommy gefangen gehalten werde, und zeichnen sogar ein Bild der Umgebung mit hilfreichen Wegweisern: »Auf der Weide vor dem Keller stehen neun fette Kühe«, kann man nachlesen. Jedem noch so abwegigen Hinweis geht die Soko Tommy nach und übersieht dabei augenfällige Zusammenhänge.

Die Polizei und die Pannen

Für seinen ersten Brief hat der Erpresser die Anschrift Wilhelmstraße 17 aus dem Telefonbuch ausgeschnitten. Doch woher kannte er diese Anschrift? Die Familie ist nur mit der Geschäftsadresse ihres Antiquitätengeschäfts in der Wagemannstraße 37 eingetragen. Im gesamten Wiesbadener Telefonbuch findet sich nur ein einziger Eintrag mit der Adresse Wilhelmstrasse 17: Flory, Peter. Der Täter muss also ganz genau gewusst haben, bei welchem Namen er die Adresse ausschneiden kann, und mit den Verhältnissen im Haus Wilhelmstraße 17 absolut vertraut gewesen sein. Genau dafür spricht auch der zweite Erpresserbrief, den Tommys Vater auf der Kellertreppe fand. Wie kam er dahin? Das Haus war streng bewacht und abgesperrt. Nur die Bewohner hatten noch Zugang. Hatte also einer von ihnen den Brief dort deponiert? Genügend Verdachtsmomente, um alle Hausbewohner nochmals gründlich unter die Lupe zu nehmen. Doch nichts passiert.

7. März 1964. Der Tonbandmitschnitt der Täterstimme wird veröffentlicht, ist aber von so unzureichender Qualität, dass sich niemand meldet, der die stark verzerrte Stimme wiedererkennen könnte. Umso erstaunlicher, dass eben diese Tonbandaufnahme drei Jahre später doch eine Schlüsselrolle spielen wird.

Am 18. März 1964 meldet der Hessische Rundfunk in den Nachrichten: »Auch nach sechs Wochen gibt es noch keinen Fahndungserfolg im Entführungsfall des kleinen Tommy. Die Polizei verfolgte bisher 162 Haupt- und 370 Nebenspuren. Gestern nun wurden die systematischen Suchaktionen offiziell eingestellt. Aus Polizeikreisen heißt es resigniert: Nur noch ein Zufall kann dieses Rätsel lösen.«

Die Soko »Tommy« wird aufgelöst. Polizeichef von Seidlitz und Oberstaatsanwalt Dobritz, während der Ermittlungen im Rampenlicht, gefielen sich als Leiter der ständigen Pressekonferenzen. Als klar wird, dass sie sich nicht im Glanz eines Fahndungserfolgs werden sonnen können, muss ein Bauernopfer her: Kriminalhauptkommissar Rosenbaum wird zur Sitte versetzt. Eine klare Degradierung. Der Fall Tommy hat ihm die Karriere verpfuscht.

Drei Jahre und drei Monate

Lebt Tommy noch? Wo ist er? Mit diesen quälenden Fragen wird die Familie drei Mal Weihnachten feiern, drei Mal den Geburtstag des Kin-

des erleben. Drei qualvolle Jahre. Doch die Eltern hoffen weiter. Der
Rest der Republik ist inzwischen zur Tagesordnung übergegangen.

Ludwig Ehrhardt ist noch Wirtschaftskanzler, mit einer Pille können Frauen verhüten, in Vietnam zeichnet sich ein Krieg ab; das Radio
spielt Protestsongs, und Bilder von Twiggy, der teuersten Bohnen-
stange, gehen um die Welt.

Anfang 1966 ist der Fall Tommy aus dem öffentlichen Bewusstsein
verschwunden. Kaum jemand spricht noch davon. Bis eine sensationelle Wende eintritt: Drei Jahre und drei Monate nach Tommys Verschwinden flattert Heinz van Nouhuys, dem Chefredakteur der
Quick, ein merkwürdiger Brief auf den Schreibtisch. Er beginnt mit
dem Satz: »An der Entführung von Tommy vor drei Jahren war ich
beteiligt ...« Der Absender – er nennt sich nur M. – verspricht Informationen zu Tommys Aufenthaltsort gegen Zahlung von 15 000 DM.

Die Redaktionskonferenz ist eher skeptisch und tippt auf das Werk
eines Spinners. Doch Nouhuys will keine Chance ungenutzt lassen,
vielleicht das Geheimnis um das Verschwinden des Jungen zu lüften.
»Vielleicht etwas überpenibel von mir«, schmunzelt er heute, »aber
ich hatte es mir zum Prinzip gemacht, jeder Sache nachzugehen.«

»Wir werden ja noch früh genug sehen, ob es eine Finte ist,« erklärt
Nouhuys der Redaktionskonferenz. Als Vollblutjournalist wägt er In-
formantenschutz gegen die Möglichkeit ab, nach Jahren vielleicht einen grausamen Kriminalfall aufklären zu können. Schließlich entscheidet er sich für eine verdeckte Zusammenarbeit mit der Polizei.
Taktisch klug schickt er einen Reporter nach Wiesbaden, der ein hoher
Reserveoffizier der Bundeswehr ist: Carl-Heinz Mühmel. Fast 2 Meter
groß, fast 2 Zentner schwer, eine imposante Erscheinung, seriös und
besonnen. »Das ist der Mann für die richtige Augenhöhe mit einem
Kripokommissar«, vermutet Nouhuys, und soll Recht behalten.

»M« – die 573. Spur

Nach anfänglicher Skepsis ist die Wiesbadener Polizei zu einer verdeckten Zusammenarbeit bereit. Mühmel arbeitet nun mit Bezirks-

kommissar Herbert Rohde zusammen, Nachfolger von Kriminalhauptkommissar Rosenbaum, dem glücklosen Soko-Leiter von 1964.
Der ehemalige Major und der Polizist sind ein gutes Team. Behut-
sam und vertrauensvoll wollen sie sich auf M. und seine Forderungen
einlassen. Von M. kommen genaue Anweisungen: Um zu zeigen, dass
er es ernst meint, soll der *Quick*-Reporter eine Anzeige im Wiesbadener Kurier aufgeben. »7-Zimmer-Villa zu mieten gesucht ...« Die Anzeige erscheint am 2. Mai. Doch M. reagiert nicht. Mühmel wohnt im
Park-Hotel, in der Nähe der Wilhelmstraße. Er wartet auf ein Zeichen. Mehrere Tage vergehen, doch nichts passiert. Polizei und Reporter sind ratlos. War alles doch vergebens? Hat M. irgendetwas bemerkt? Am 4. Mai bricht Mühmel die Aktion ab. Er verlässt das
Park-Hotel und will zurück nach München. In der *Quick*-Redaktion
geht zur gleichen Zeit ein Eilbrief aus Wiesbaden ein. Das Hotel hat
den Brief nachgeschickt. Ein Zeichen von M. Jetzt ist wieder Bewegung in der Sache. Sofort macht sich der Reporter wieder auf den
Weg nach Wiesbaden, und im Hotel wartet schon das nächste Schreiben. Als Zeichen für die Bereitschaft zur Zahlung der 15 000 DM soll
Mühmel an seinem Auto das Standlicht brennen lassen. Er schafft es
gerade noch rechtzeitig, der Forderung nachzukommen. Wieder vergehen zwei Tage. Dann meldet sich M. Als Beweis für seine Mittäterschaft will er den zweiten Schuh des entführten Kindes im Wald deponieren, an der Carl-Hoffmann-Hütte auf dem Wiesbadener Neroberg.
Rohde will auf Nummer sicher gehen und schickt den Kriminalbeamten Rudi Gebel als Reporterdouble zur Holzhütte im Wald. Rudi Gebel erkennt sofort den Baum, den M. als Ablageort für sein Beweisstück ausgewählt hat. Aus einem Loch in einer Astgabel blitzt eine
Plastiktüte hervor. »Man konnte mit ausgestrecktem Arm in das Astloch greifen.« Die Situation ist Rudi Gebel auch noch nach fast 40
Jahren sehr präsent. Mit angehaltenem Atem ergreift der Polizist die
Tüte und findet keinen Schuh, aber einen Strumpf, einen grau-rot-ka-
rierten Kinderstrumpf. »Das Muster habe ich natürlich sofort wiedererkannt.« Und er kennt diesen Geruch: Verwesungsgeruch. Die kriminaltechnische Untersuchung bestätigt die schlimme Befürchtung: An
der Wolle haftet Leichengewebe. Mit diesem Kinderstrumpf erlischt
für die Eltern das letzte Fünkchen Hoffnung. Tommy ist tot. Als Be-

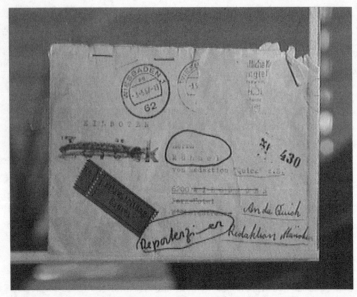

Mehr als drei Jahre nach dem Verschwinden des Jungen kommt wieder
Bewegung in die Ermittlungen. Mit diesem Brief führte der Täter
Journalisten und Polizei in einem nervenaufreibenden Katz-und-Maus-Spiel
zu neuen Beweisstücken – und verriet sich zuletzt selbst.

weis für seine Authentizität muss der Täter dem toten Kind diesen
Strumpf ausgezogen haben. »Das war seine Eintrittskarte in die weiteren Verhandlungen«, resümiert Rudi Gebel.

Es folgen leidig vertraute Katz-und-Maus-Spiele, die sich über Tage
hinziehen. Immer wieder schickt M. den Reporter an verschiedene
Orte, wo er Hinweiszettel deponiert. Wenn Mühmel oder ein Polizei-
double dort ankommen, finden sie nur einen weiteren Hinweis. So
geht es von Parkbank über Papierkorb zur öffentlichen Herrentoilette. Schließlich fordert M., das Geld in einem Päckchen in einem
kleinen Park am Fuße des Nerobergs zu deponieren. Wie in einem
schlechten Kriminalroman: Der Ort muss unauffällig überwacht werden, und so werden die Polizisten als Autofahrer, Spaziergänger oder,
wie Leo Schuster mit einer Kollegin, als Liebespärchen auf der Park-

bank getarnt. Aber die Polizistenliebespärchen warten vergeblich auf ihren großen Einsatz. Wo immer das Geld auch hinterlegt wird, nie kommt jemand, um es abzuholen. Hat der Täter wieder einen Rückzieher gemacht? Hat er die Tarnung der Polizei durchschaut? Sollte jetzt, so kurz vor einer möglichen Aufklärung, alles umsonst gewesen sein? Doch schließlich kommt den Beamten Kommissar Zufall zu Hilfe. Routinemäßig werden alle Fahrzeuge rund um die vom Täter benannten Orte überprüft. Ein dunkelblauer VW taucht immer wieder auf. Der Halter wird ermittelt. Er hatte den Wagen verliehen. An einen ehemaligen Bewohner der Wilhelmstraße 17. Jetzt ist die Spur richtig heiß. Es ist der junge Mann, der sich den Journalisten so eifrig als Helfer andiente, der Nachbar, auf den Tommys Eltern die Polizei von Anfang an hingewiesen hatten. Bei einer Durchsuchung findet man die Schreibmaschine, Modell Erika, auf der die Erpresserbriefe getippt wurden. Am 24. Mai 1967 wird der Haftbefehl ausgestellt. Der mutmaßliche Mörder, ein 26-jähriger Arztsohn, sitzt jetzt hinter Gittern. Aber wo ist Tommys Leiche?

Rohde und seine Mannschaft sind weiter ratlos, wieder wird die Bevölkerung zur Mithilfe aufgerufen. Schließlich meldet sich Rechtsanwalt Gero Sautermeier. Er bewohnt in der Wilhelmstraße 58 die Räume, in denen der Vater des Festgenommenen als Facharzt praktizierte. Der Familie gehören noch Kellerräume im Haus. Ist das der entscheidende Hinweis? Es ist der 30. Mai 1967. Mit gemischten Gefühlen und großer Aufregung gehen vier Polizeibeamte in den Keller. Leo Schuster ist einer von ihnen. Enttäuscht schaut er sich um, der Keller ist einfach mit Gerümpel vollgestellt. Frische Spuren sind nicht zu entdecken. Trotzdem machen sich die vier an die Arbeit und durchsuchen jeden Zentimeter. Als sie zu einem Lichtschacht kommen, der mit einer Schuttschicht bedeckt ist, schrillen die inneren Alarmglocken. Leo Schuster riecht zum ersten Mal diesen Geruch, der sich umso stärker verbreitet, je hektischer Schuster die Schuttschicht ausgräbt. Und dann die grausige Gewissheit: Auf dem Grund des Lichtschachts liegt Tommys Leiche. Eingepackt in zwei große Plastiktüten und eingewickelt in einen alten Teppich. Trotz des Schocks und des Geruchs ist Leo Schuster erleichtert: »Gott sei Dank, wir sind am Ziel. Wir haben einen Erfolg.«

Später am Abend wird ihn seine Frau wegen des unerträglichen Geruchs erst in die Wohnung lassen, als er seine Kleidung vor der Tür ausgezogen hat. Aber jetzt kommt erst einmal Polizeipräsident Enders und gratuliert seinen erschöpften Beamten mit einem Cognac zum lang ersehnten Fahndungserfolg.

Die Nachricht ist eine Sensation. Als die kleine Kinderleiche in einer Blechwanne herausgetragen wird, hat sich schon eine Menschenmenge versammelt: Reporter, Fotografen und Schaulustige.

Weniger die Fahndung als der Täter selbst und der Zufall hatten zum Erfolg geführt. Hätte er sich nicht als »M.« an die *Quick* gewandt und damit die ganze Aktion ausgelöst, würde er vielleicht heute noch unerkannt in Wiesbaden leben ... Hier wird der Täter auch weiterhin M. heißen. Da er noch lebt und es ablehnt, an der Dokumentation mitzuwirken, darf sein richtiger Name nicht veröffentlicht werden: Täterschutz.

In der Wilhelmstraße, nur wenige hundert Meter vom Elternhaus entfernt, war Tommys Leiche all die Jahre in einem Keller unter Bauschutt begraben. Tommy hat den 13. Februar 1964 nicht überlebt. Als die Eltern die Vermisstenanzeige aufgeben, ist ihr Junge schon tot. Die Prachtstraße hat die ganze Zeit ihr furchtbares Geheimnis bewahrt.

Was geschah im Keller?

In endlosen Verhören versucht die Polizei Tommys letzte Stunden zu rekonstruieren. Der Täter trifft den Jungen um 17.20 Uhr vor dem Haus seiner Eltern. Die beiden kennen sich und gehen gemeinsam zur Wilhelmstraße 58. Dort will der Täter eine Fotoschale aus dem Keller holen. Der Junge folgt ihm in den Keller. Und dann? Schweigen. Ratlosigkeit. Er habe das Kind nicht töten wollen, und er wisse nicht, was über ihn gekommen sei. Immer wieder dieser eine Punkt: »Ja, der Junge war mit mir im Keller. Nein, ich weiß nicht, wie er dann zu Tode gekommen ist.«

Die Leiche wird sofort im Gerichtsmedizinischen Institut in Mainz von Professor Franz Peterson, einem erfahrenen Pathologen, obdu-

ziert. Die Obduktion ergibt: Tommy ist keines natürlichen Todes gestorben. Höchstwahrscheinlich ist er gewaltsam erstickt worden,
möglicherweise stranguliert mit dem Kabel, das die Leiche des Kindes
noch um den Hals hat, fünffach verknotet. Das Kabel gehört zu einem Kühlschrank, der im Keller steht – ein ganz normales Elektroka-
bel. Doch jetzt hat es die Spurenordnungsziffer 99a und gibt Rätsel
auf – wie so vieles in diesem Fall. Können Täter und Opfer »Herr und
Hund« gespielt haben – mit tödlichem Ausgang? Gewalteinwirkung
und Schläge kann Professor Peterson weitgehend ausschließen. Die
Leiche des Jungen zeigt keine Anzeichen von Abwehrreaktion, keine
Spuren sexueller Übergriffe. Allerdings sind die obersten drei Knöpfe
der braunen Cordhose aufgeknöpft. Was ist im Keller Wilhelmstraße
58 passiert? Warum musste Tommy sterben?

Der Täter macht dazu keine Angaben. Er erzählt aber bereitwillig,
dass er den Keller am 13. Februar 1964 gegen 18 Uhr wieder verlassen hat. Dass er in den folgenden Tagen als Nachbar hautnah miterlebt, wie die verzweifelten Eltern ihren Jungen suchen. Wie er erst drei
Tage später wieder in den Keller zurückkehrt, weil ihm einfällt, dass
die Leiche Geruch verbreiten könnte. Wie er zwei große Plastiktüten
aus einem Kaufhaus besorgt, die Leiche darin verschnürt, dann in einen Teppich einrollt und im Lichtschacht unter Bauschutt vergräbt,
mit bloßen Händen. Vorher zieht er dem toten Kind die Schuhe aus.
Als Beweismittel für eine Entführung, das sei ihm spontan eingefallen.
Aber um Geld sei es ihm nie gegangen. Er habe nur von der Tat ablen-
ken wollen. Den einen braunen Schuh deponiert er im Schließfach
320. Drei Jahre später will er den anderen dann als Beweis bei der
Schutzhütte hinterlegen. Weil er den Schuh aber nicht mehr finden
kann, geht er im Mai 1967 nochmals in den Keller und gräbt die teilweise mumifizierte Leiche wieder aus. Er zieht ihr den Strumpf aus,
den Rudi Gebel später im Astloch findet.

Warum startete M. diese ganze Aktion, die letztlich zu seiner Verhaftung führte? Er konnte sich doch sicher fühlen; die Polizei wäre
ihm nicht mehr auf die Schliche gekommen. Hätte er sich nicht an die
Quick gewandt, wäre er wohl heute noch frei.

Die Antwort ist erschreckend banal. Am 27. April liest er einen
Zeitungsartikel, in dem über verbesserte Verfahren zur Stimmerken-

nung berichtet wird. »M.« war in Sorge, dass das mitgeschnittene Telefongespräch vom Februar 1964 ihn vielleicht doch verraten könnte. Mit den 15 000 DM wollte er sich ins Ausland absetzen. Hätte er um die schlechte Ausstattung der Wiesbadener Polizei gewusst, wäre ihm sicher nicht bange gewesen.

Doch weil die bis dahin so glücklose Wiesbadener Polizei mit der *Quick* kooperierte, wurde M. durch die Spur 573 überführt. Fast könnte man an eine späte Wiedergutmachung der Presse glauben, die mit ihren skrupellose Methoden so viel Leid über die Opferfamilie gebracht haben.

Der Täter

Warum wird ein 23-jähriger Arztsohn zum Kindesmörder? Auch während seiner Untersuchungshaft, die fast ein Jahr dauert, wird er keine neuen Erkenntnisse zur Tat und ihren Hintergründen beisteuern.

Ein Sohn aus gutem Hause. Der Vater ist ein angesehener Wiesbadener Arzt; die Mutter 32 Jahre jünger. Gegen ihren Mann und die drei Söhne kann sie sich nie richtig durchsetzen. Der Junge vergöttert seinen Vater, verbringt eine unbeschwerte Kindheit. Der Abstieg beginnt, als der Vater stirbt. Da ist der Sohn 14 und unfähig zu begreifen, dass der über alles geliebte Vater nicht mehr da ist. Doch die Katastrophe kündigt sich schon ein Jahr vorher an. Der damals 13-Jährige wird im Schwimmbad ohnmächtig. Ein Fremder rettet ihm in letzter Minute das Leben. Die Familie ist ihm zu Dank verpflichtet. Mit eben diesem Retter beginnt die Mutter ein Verhältnis. Der Junge fühlt sich schuldig. Erst recht, als der idealisierte Vater ein Jahr später stirbt und der mittlerweile verhasste Retter sein Stiefvater wird.

Abrupt lassen seine schulischen Leistungen nach. Auf einer Privatschule in Berlin soll er das Abitur machen, wohnt dort bei Bekannten der Familie. Aber er findet keinen Anschluss, nicht bei Freunden, nicht in der Schule. Nach einem Jahr kommt er nach Wiesbaden zurück, ohne Abitur. Die Mutter fragt nicht nach. Der Sohn lässt sich sein Erbe auszahlen – 20 000 DM, die er in einem Jahr verjubelt: Sportwagen, Barbesuche. Dolce Vita in Wiesbaden.

Als Playboy etikettiert ihn später die Presse. Das liest sich gut, trifft aber nur die halbe Wahrheit. Tatsächlich fehlt es ihm an Antrieb und Erfolg. Ständig ist er in Geldnot. Seine Anläufe, beruflich Fuß zu fassen, enden mit Strafverfahren. Nachdem er den Journalisten in Wiesbaden so nützlich war, bekommt er auf Empfehlung seines Jugendfreundes Peter-Michael von Maydell ein Volontariat bei der *Zeitung* in Stuttgart. Er wird entlassen, weil er eine wertvolle Kamera klaut. Er habe sie nicht stehlen wollen, erklärt er später, aber sie hätte in einem unverschlossenen Schrank gelegen, und es schien so einfach ... Immer geht er den Weg des geringsten Widerstandes, fälscht Aufträge bei seiner kurzen Arbeitsphase als Vertreter – Provisionsbetrug. Der verwöhnte Junge mit dem runden Kindergesicht und der unnatürlich hohen Stimme ist frühzeitig und nachhaltig aus der Kurve geflogen, hat nie etwas richtig auf die Reihe gekriegt. Ausgerechnet der täuscht kaltblütig eine Entführung vor, denkt sich die grausame Hetzjagd von Telefonzelle zu Telefonzelle aus, hält die Polizei mit Katz-und-Maus-Spielen wochenlang in Atem; dient sich als Pressehelfer an, damit er immer auf dem neuesten Stand der Ermittlungen ist. Peter-Michael von Maydell, der *Bild*-Journalist, der M. zu seinen Kollegen brachte, ist heute noch fassungslos. »Das wahrhaft Verbrecherische geschah ja nach der eigentlichen Tat. Diese Entführung, diese Schnitzeljagden; alles, was der Familie nach der Tat noch angetan wurde. Wir dachten doch, dass wir es mit einem besonders kaltblütigen Profi-Gangster zu tun hatten, der alle hinters Licht führt. Deshalb war ich ja so entsetzt, als ich erfuhr, der war der Mörder. Wie konnte M. Tür an Tür mit den Opfern leben und sich nicht vorstellen, was er ihnen angetan hat?«

Diese Fragen werden Gegenstand einer psychologischen Untersuchung sein; für die Bevölkerung spielen sie keine Rolle. Zu Beginn seiner Untersuchungshaft ist das Gerichtsgefängnis in der Wiesbadener Albrechtstraße von Menschen umlagert. Sie klettern auf die Mauervorsprünge und rufen: »Gebt ihn heraus!« Keine Frage, was dann passieren würde.

Der Prozess

17. Juli 1968. Die mit Spannung erwartete Prozesseröffnung im Fall
Tommy. Jeder möchte dabei sein. Im Kampf um die besten Plätze
kommt es zu Rangeleien zwischen den Zuschauern. Die Wachtmeister
haben alle Hände voll zu tun, um die Fotografen vom Schwurgerichtssaal fernzuhalten. Ton- und Bildaufnahmen von der Verhandlung sind nicht erlaubt. Die Stimmung ist aufgeheizt. M. wird durch
einen verdeckten Gang ins Gericht gebracht. Volkes Stimme hat sich
schon lange Luft gemacht. Körbeweise gehen Briefe und Postkarten
ein. »Hängt ihn auf«, schreibt »eine Mutter«.

Auch der Verteidiger Horst Rolf Bauer bekommt Drohbriefe – und
lässt das auch die Öffentlichkeit wissen. Gerhard Mauz, der als *Spiegel*-Reporter den Prozess gewohnt scharfsinnig und sensibel beobachtet, kontert, man solle doch bitte schön »nicht übers Berufsrisiko jam-
mern, sondern lieber seinen Beruf ordentlich ausüben«. Im Laufe des
Prozesses wird er die Verteidigung als schwach bewerten. Mauz sieht
in dem Fall und dem Angeklagten ein Drama von Shakespearschem
Ausmaß. Damit steht er weitgehend allein.

Der bestellte Sachverständige Prof. Dr. Dr. Helmut Ehrhardt soll
die Zurechnungsfähigkeit des Angeklagten beurteilen. Er stellt weder
Hirnschäden noch organisch bedingte Bewusstseinsstörungen, noch
krankhafte Triebhaftigkeit fest. Zwar attestiert Ehrhardt dem Angeklagten eine charakterliche Verwahrlosung. Diese will er aber eher als
persönliche Schuld denn als Krankheit verstanden wissen. Was Ehrhardt damit meint, verdeutlicht er in einem privaten Gespräch, dessen
Zeuge auch Gerhard Mauz ist.

Im *Spiegel* berichtet der über Ehrhardts Auslassungen: »Der Täter wäre wohl nicht dieser Weichling geworden, wenn man ihn, sagen wir: im Dritten Reich in die Pimpfenmangel genommen hätte.
Der Professor bat, diese Äußerung nicht misszuverstehen. Möglicherweise hat er im Fall des Täters sogar Recht gehabt. Denn hätte
es der Täter in einer dieser Schulen zur Manneszucht zu etwas gebracht, so wäre er vielleicht zum Kommandanten von Auschwitz
geworden ...«

Beeindruckt ist der Gerichtsreporter von einer jungen Psychologin: Renate Göltz erstellt im Auftrag des Professors Ehrhardt das psychologische Gutachten und beweist fachliche Unabhängigkeit und Kompetenz, indem sie die widersprüchliche Persönlichkeit des Täters beleuchtet. »Der war einerseits wie ein Kind, noch nicht mal in der Pubertät«, fasst sie ihre damaligen Eindrücke nochmals zusammen, »andererseits aber auch alt; wie ein Opa.« Er ist überdurchschnittlich intelligent, aber lebenuntüchtig; mit geradezu infantilem Liebesanspruch an andere, aber unfähig, Mitgefühl zu empfinden. Den Tod des Vaters hat er, so die Psychologin, immer noch nicht akzeptiert. Sie attestiert eindeutig psychopathische und neurotische Persönlichkeitsstörungen. Konsequenzen hat das keine. »Neurosen haben wir alle«, kommentiert Günther Fuhr, der beisitzende Richter, auch heute. »Das ist kein Grund, an der Zurechnungsfähigkeit eines Täters zu zweifeln. Das Schwurgericht jedenfalls hat da keine Zweifel gehabt.«

Doch der Tathergang bleibt auch nach der gerichtsmedizinischen Untersuchung ein Rätsel, weil sich M. auf seine Erinnerungslücke beruft. Ein Vorsatz, eine unbedingte Tötungsabsicht ist dem Angeklagten nicht nachzuweisen. Das aber bedeutet, dass er nur wegen Totschlags verurteilt werden kann.

Am 24. Juli unterbricht der vorsitzende Richter, Amtsgerichtsrat Werner Hartmann, den Prozess. Ein grippaler Infekt, so die offizielle Begründung. Aber Hartmann braucht Zeit, um die einzige Möglichkeit zu prüfen, doch noch eine Verurteilung wegen Mordes erwirken zu können: Mord aus Heimtücke. Bei dem Mordmerkmal Heimtücke kann die Frage nach dem Motiv vernachlässigt werden. Hier genügt die Ausnutzung der Arg- und Wehrlosigkeit des Opfers. Und die ist bei einem Kind per se gegeben.

In der Urteilsbegründung am 8. August 1968 geht Richter Hartmann mit keinem Wort auf ein mögliches Motiv ein. Das Rätsel der unfassbaren Tat wird nicht gelöst. »Juristisch allerdings«, so Beisitzer Günther Fuhr, »juristisch ist das nicht rätselhaft.« Und so kommt es zum Urteilsspruch: Lebenslänglich wegen Mordes.

Lebenslänglich

»Das Urteil wurde mit schmetterndem Beifall und Jubelschreien aus dem Publikum aufgenommen. Das hielt man für unumgänglich staatserhaltend, bürgerschützend und so weiter und so fort«, erinnert sich Gerhard Mauz. Lebenslänglich bedeutet 1968 tatsächlich noch Zuchthaus bis zum Lebensende. Für Staatsanwalt Klaus Kynast ist das noch zu wenig. Er bedauert öffentlich, dass es keine Todesstrafe mehr gibt. Die Jungsozialisten verleihen ihm dafür das »Goldene Hackebeil«. Der *Spiegel* bringt eine Kurzmeldung mit Fotos. Darauf sieht man vier sehr entschlossen dreinschauende Männer mit langen Haaren und Vollbart; daneben das Foto des glatzköpfigen Staatsanwalts, auf dessen Wange deutlich ein Schmiss zu erkennen ist. Kampfzone '68.

Der nächste Skandal ist nicht weit. Als der Gefangene M. der Strafvollzugsanstalt Butzbach das Angebot eines Verlags annehmen und seine Memoiren veröffentlichen will, bricht ein Sturm der Empörung los. Der deutsche Presserat interveniert; die Gefängnisleitung hält die entsprechende Korrespondenz zurück, die Lebensbeichte wird nie geschrieben.

1977, der Wiesbadener Arztsohn sitzt seit neun Jahren ein, räumt die Strafrechtsreform auch lebenslänglich Verurteilten eine Chance auf Freilassung ein. Für M. ändert das auch in den nächsten Jahren nichts. Als Kindermörder steht er in der Knasthierarchie auf unterster Stufe. Er ist isoliert, scheint aber nicht darunter zu leiden. Der Mann, der draußen keinen Halt und keine Perspektive fand, wird hier zum Mustergefangenen. Zwei Ausbildungen durchläuft er: Schreiner und Schuster. Ansonsten lebt er sehr zurückgezogen. Über die Tat will er nicht reden.

Als er 1983, nach 15 Jahren, zum ersten Mal Hafturlaub bekommen soll, interveniert die Wiesbadener Staatsanwaltschaft scharf. In einem zweiseitigen Schreiben bittet der Leiter inständig, den Gefangenen nicht in die Region Wiesbaden zu beurlauben, weil die Bevölkerung das nicht verkraften könne. Der Fall sei immer noch sehr präsent, auch wenn er schon so viele Jahre zurückliege. Im März 1985, nach genau 21 Jahren, heißt es schließlich lapidar in den Nachrichten:

»Der wegen der Ermordung des damals siebenjährigen Tommy im August 1968 verurteilte Täter ist nach 17 Jahren Haft wieder in Freiheit. Das Oberlandesgericht Frankfurt hat eine Beschwerde der Wiesbadener Staatsanwaltschaft gegen die Entlassung des heute 44-Jährigen aufgehoben.«

Tommys Eltern leben heute nicht mehr in Wiesbaden. Für sie gibt es keine Verjährung, und die Erinnerung begleitet sie. Lebenslang.

Christel Schmidt

Ein Mord und keine Leiche

Die Lerchesflur in Saarbrücken gilt als der höchste Berg der Stadt, denn man ist schnell oben, braucht aber manchmal Jahre, um wieder herunterzukommen. Am Lerchesflurweg liegt die Justizvollzugsanstalt. Mauern, Stacheldraht, schwedische Gardinen – seit 1994 auf unabsehbare Zeit der Aufenthaltsort von Hugo P. Lacour. Das »P.« steht für Pierre. Hugo Lacour ist ein Franzose, der nur Deutsch spricht. In Saarbrücken ist er geboren und aufgewachsen, schon als Jugendlicher der Polizei ins Visier geraten. Das Schwurgericht Saarbrücken hat ihn für schuldig befunden, 1985 aus Habgier den Kaufmann Heinz Weirich ermordet zu haben. Das Urteil fiel erst zwölf Jahre nach der Tat: Ende eines ebenso komplizierten wie langwierigen Verfahrens, dessen Ergebnis Hugo Lacour bis heute nicht hinnehmen will. Er beteuert seine Unschuld und beschäftigt noch immer Anwälte, schreibt politische und kirchliche Amtsträger um Unterstützung an. Das saarländische Justizministerium hat sein Gnadengesuch abgelehnt. Nun erstrebt Hugo Lacour die Wiederaufnahme seines Falles. Heinz Weirich blieb in all den Jahren verschwunden; seine Leiche wurde bis heute nicht gefunden.

2001, nachdem er mich gebeten hatte, ihn in der JVA zu besuchen, lernte ich Hugo Lacour persönlich kennen. Die Einladung kam, während ich an meinem ersten »Kriminalfall« arbeitete, einer Dokumentation über den Soldatenmord von Lebach 1969, dessen Planer und Initiator noch immer in Haft ist – ebenfalls in der Lerchesflur. Ihn hatte ich in einem Brief mit Telefonnummer und Adresse um ein Interview gebeten; er schrieb eine Absage, gab aber offenbar meine

Telefonnummer an Hugo Lacour weiter, der mich eines Abends anrief. Ich war gerade beim Kochen, als das Telefon klingelte. »Hugo Lacour«, meldete er sich und sagte: Er sei unschuldig verurteilt, und er brauche Unterstützung für sein Gnadengesuch. Ob ich ihn nicht einmal besuchen wolle. Später, als er mir in Briefen seinen Fall schilderte und meine Fragen beantwortete, erkannte ich gelegentlich die Diktion des Lebach-Täters wieder, der gerne Philosophen und andere bedeutende Autoren zitiert.

Der Fall Hugo Lacour: Ein Mordfall ohne Leiche, der seit 1985 den saarländischen und manchmal auch den überregionalen Blätterwald rauschen lässt. Ein Mann wurde zu »lebenslänglich« verurteilt, obwohl das Gericht ihm weder die Art noch die Zeit noch den Ort des Mordes an dem Kaufmann Heinz Weirich nachgewiesen hat. Keine Leiche, kein Tatort, keine Spurensicherung, keine kriminaltechnischen Erkenntnisse.

Ein abgeschlossener Fall

Für Staatsanwaltschaft und Justiz ist der Fall abgeschlossen, das Urteil seit 1999 rechtskräftig, weshalb kein Richter oder Staatsanwalt mehr vor der Kamera aussagen will. Einsicht in die Verfahrensakte verweigerte die Staatsanwaltschaft mit Hinweis auf das 8. Buch der Strafprozessordnung, Paragrafen 474–476. Historisches Interesse mit dem Ziel, einen Aspekt deutscher Geschichte darzustellen, sei darin als Rechtfertigungsgrund für eine Akteneinsicht nicht vorgesehen.

Es sprach aber immerhin ein ehemaliger Ermittler des Landeskriminalamts fast drei Stunden mit mir. Er hatte dabei noch jedes gegen Lacour verwendete Detail präsent und den von ihm verfassten 140 Seiten starken Ermittlungsbericht aus dem Jahre 1986 vor sich liegen: »Den habe ich aus dem Müllsack geholt, das sollte in den nächsten Tagen alles entsorgt werden«, sagte der Beamte, aber lesen durfte ich den Bericht nicht beziehungsweise nur mit Genehmigung der Staatsanwaltschaft, die jedoch nicht erteilt wurde. Der Beamte wollte auch dann nicht vor die Kamera, wenn seine Vorgesetzten es zuließen, denn er fürchtete einen Racheakt. Seine Familie sei schon mehrfach aus dem Milieu bedroht worden.

Auch die saarländische Justizministerin Ingeborg Spoerhase-Eisel lehnte meine Bitte um ein Interview ab. »Mein Respekt vor der dritten Gewalt« schrieb sie, »veranlasst mich, das Urteil nicht nochmals zu würdigen.« Hugo Lacour sollte ebenfalls nicht vor die Kamera treten, schrieb die Ministerin:

»Ich habe Bedenken, Straftätern während des Strafvollzugs ein öffentliches Forum zur Bewertung ihres Urteils zur Verfügung zu stellen, da dies den Zielen des Strafvollzuges in der Regel zuwiderlaufen muss. (...) Je weniger sich ein Gefangener auf die Auseinandersetzung mit seiner Tat einlässt und je mehr er das Urteil, das für die Justizvollzugsanstalt verbindlich ist, ablehnt, desto schwieriger ist es, diesen Gesetzesauftrag zu erfüllen. Der Auftritt eines Gefangenen im Fernsehen, bei dem es um seine Tat und um seine Verurteilung geht, kann dazu führen, dass sich ihm die Einsicht in die eigene Problematik verschließt und dass sich seine ablehnende Haltung so verfestigt, dass er für vollzugliche Angebote und Bemühungen nicht mehr erreichbar ist.«

Ohne Kamera und Mikrophon konnte ich mit Hugo Lacour mehrmals zu den regulären Besuchszeiten in der JVA sprechen. Es waren dann meistens Familienangehörige dabei – der Sohn oder der Neffe, manchmal beide. Jedes Mal das gleiche Eingangsritual: Tasche, Telefon, Schlüssel und sonstiges an der Pforte in einen Schrank schließen, Personalausweis abgeben, Uhr, Gürtel, Schuhe an der Sicherheitsschleuse ausziehen, bis nichts Metallisches mehr piepen kann. Nach dem Check darf ich die Uhr, den Gürtel und die Schuhe wieder anziehen. Eine Vollzugsbeamtin führt mich in den Besucherraum. Rechts und links gläserne Trennscheiben, hinter denen Vollzugsbeamte sitzen. Den Raum teilt ein Tisch mit Trennelement. Durch eine Tür dahinter kommt Hugo Lacour herein: klein, kompakt, in blauer Anstaltskluft, Muskelpakete an den Armen, das Haar weiß geworden und stoppelkurz geschnitten, rote Bäckchen, ebenso weißes wie breites Lächeln, leuchtend blaue Augen. Er begrüßt mich mit Handschlag, leutselig und offen, ein richtiger Saarländer eben. Schwer nachzuvollziehen, dass dieser Mann Leute krankenhausreif schlagen und, nach Überzeugung des Gerichts, einen raffiniert ausgeklügelten Mordplan in die Tat umsetzen konnte. Aber dieser Mann ist auch nicht mehr ganz der von 1985, als Heinz Weirich verschwand. Schon damals hatte Lacour einen Großteil seines Lebens hinter Gittern verbracht. Nun, bei meinem ersten Besuch 2001, saß er bereits wieder sieben Jahre – reichlich Zeit zum Nachdenken.

Wie er denn seine Unschuld beweisen würde, fragt ihn im Film sein Sohn übers Telefon. »Ganz einfach«, gibt Hugo Lacour zurück, »aus der Akte, aus dem Urteil würd' das schon gehen.«

Einfach ist was anderes. Auf 7 000 Blatt hat die Kripo ihre Ermittlungen und Indizien, überwiegend Zeugenaussagen, festgehalten. Hugo Lacour stellt mir sein 208 Seiten umfassendes Urteil und etliche Besuche später auch den zusammenfassenden Ermittlungsbericht der Kripo von 1986 zur Verfügung. In den Gesprächen redet er, als ginge es um sein Leben. Kreist um immer wieder andere Details, weiß auf jede Frage eine Antwort mit neuen Einzelheiten. Es ist, als wolle er sein Gegenüber mit jedem Satz auf einen Schlag 100-prozentig überzeugen. Und jedes Mal läuft die Zeit weg, ist die Besuchszeit um, ohne dass auch nur ein Punkt wirklich geklärt worden wäre.

Ein Kaufmann verschwindet

Der Mordfall Heinz Weirich führt ins Saarbrücker Rotlichtmilieu, das schon immer ein paar Nummern kleiner war als St. Pauli. Hugo Lacour bewegte sich im Milieu, seit er 20 war. Als Zuhälter und Zocker machte er sich einen Namen. Für die Polizei war er ein »Karawanenschläger«, und die Lokalpresse beförderte ihn im Lauf der Jahre vom »ungekrönten König des Saarbrücker Nachtlebens« zum »Rotlichtkönig« und schließlich sogar zum »Chef der Saarbrücker Unterwelt«. Im Nachtcabaret »Cascade«, das seine Lebensgefährtin betrieb, war er als Kellner gemeldet und sah allgemein nach dem Rechten. So kam er mit betuchter und prominenter Kundschaft in Kontakt, mit Unternehmern, Ärzten, Anwälten und mit Herren aus der Politik. Gelegent-

Das Nachtcabaret »Cascade« (hier eine Aufnahme aus dem Jahr 1985)
war zeitlich Hugo Lacours Arbeitsplatz und eine wichtige Kontaktadresse.
Hier lernte er betuchte und prominente Kundschaft kennen: Unternehmer,
Ärzte, Anwälte – und Politiker.

lich führte die Stadt Saarbrücken ihre offiziellen Gäste in das »Cascade« aus, wo auch der Oberbürgermeister gerne verkehrte. Als dieser 1985 im Saarland Ministerpräsident wurde, hatte Hugo Lacour seine beste Zeit als Milieugröße jedoch schon hinter sich.

Seine damalige Zweitfreundin Claudia N. war Bardame in der Mata-Hari-Bar im Eros-Center Saarbrücken, Brebacher Landstraße 8. Eigentümer der Immobilie mit Bar und dazugehörendem Bordell war mit zwei weiteren Gesellschaftern in der Vermietungs- und Verwaltungsgesellschaft (VVG) der Kaufmann Heinz Weirich, 1923 geboren und aufgewachsen in Saarbrücken, von Beruf Friseur, Croupier, Spielcasino-Betreiber und schließlich Privatier.

Am 22. August 1985 verschwand Heinz Weirich spurlos. Laut Polizeibericht wurde er vor der Mata-Hari-Bar zusammen mit Lacours Freundin Claudia N. zum letzten Mal gesehen. Zu Terminen mit Geschäftspartnern und Verwandten erschien er danach nicht mehr.

Helma Weirich, die Witwe seines Bruders Alfred, sah ihren Schwager zum letzten Mal am 6. August, ihrem Geburtstag. Sie erinnert sich, dass sie danach noch einmal mit ihm telefonierte:

»Ich kann mich da auf den Tag nicht festlegen, aber es war Ende August. Dann hat er angerufen und hat gesagt: ›Liebe Schwägerin, du machst so'n guten Sauerbraten – mach doch noch mal 'nen Sauerbraten.‹ Da hab ich gesagt: ›Wann willst denn kommen‹, und da hat er gesagt: ›Ich komm am Samstag.‹ Hab ich gesagt: ›Ok‹, und dann hab ich für diesen Samstag 'nen Sauerbraten gemacht. Wer nicht kam, war der Heinz!«

Ob dieser Samstag der 24. August 1985 war, kann Helma Weirich nicht mehr mit Bestimmtheit sagen. In den frühen Morgenstunden des 24. August brannte auf dem Autobahnparkplatz Kahlenberg an der A6 zwischen Saarbrücken und St. Ingbert – schon damals ein stark frequentierter Schwulentreff – ein Volvo 343 aus. Die Feuerwehr rückte zum Löschen an, und die Polizei stellte fest: Der Wagen war als gestohlen gemeldet – von Lacours Freundin Claudia N. Ihr gehörte der Wagen, und sie hatte von der Versicherung schon kassiert, fuhr bereits ein neues Auto. Helma Weirich indessen wartete am folgenden Tag wieder vergebens auf ihren Schwager. Nachdem er auch am Sonntag nicht kam, »da hab ich mich geärgert und hab gesagt: ›Der hätt' ja wenigstens anrufen können, dass er nicht kommt, Sauerbraten essen.‹ Dann bin ich Montags nach Saarbrücken gefahren in die Küfergasse. Und da hab ich das aufgedeckt, dass die Tür nur angelehnt war, und da hat das da drin ausgesehen wie auf einem Schlachtfeld.«

Küfergasse 7, ein Anfang der achtziger Jahre gebautes, dreistöckiges Mietshaus in Alt-Saarbrücken. Die Umgebung: Barockhäuser, der Schlossplatz mit dem Schloss und dem Alten Rathaus, ein Altenheim, winklige Gässchen, Kopfsteinpflaster, eine Kirche. Heinz Weirich wohnte zur Miete. Eine zweite Wohnung hatte er Am Homburg im Stadtteil Sankt Johann gemietet, benutzte sie aber nicht. Die Wohnung in der Küfergasse lag nur wenige Fußminuten entfernt von der Innenstadt Saarbrückens auf der anderen Seite der Saar und von Heinz Weirichs Stammcafé, dem Café Becker am Obertor.

Heinz Weirich war Junggeselle und lebte allein. Er stand auf junge

Barfrauen; eine langjährige Beziehung mit einer nicht ganz so jungen Partnerin war in die Brüche gegangen. Gelegentlich teilten Freundinnen seine Wohnung in der Küfergasse; ab und zu sah man ihn im Café Becker auch in Begleitung eines jüngeren Mannes. Eine Serviererin dort erinnert sich noch heute an das nahezu rituelle Erscheinen des Geschäftsmannes: Er kam morgens um 7 Uhr – sie weiß es deshalb so genau, weil ihr Dienst um diese Zeit begann –, bestellte Kaffee und ein Croissant und schlug seine Zeitung auf. Er habe immer einen gepflegten und sehr zurückhaltenden Eindruck gemacht, erzählt die Serviererin. Sehr mitteilsam sei er nicht gewesen.

Auch Helma Weirichs Erinnerungen bestätigten: Ihr Schwager war ein Mensch mit festen Gewohnheiten: »Sein tägliches Leben, seit ich den Heinz kenne: morgens aufstehen, in die Stadt an den Sankt Johanner Markt, Kaffee trinken, Samstags oder Sonntags und Feiertags ins Bahnhofsrestaurant, und dann durch die Bahnhofstraße zurück, meistens mit Zeitungen. Nicht nur *eine* Zeitung; der hat sich *zehn* Zeitungen gekauft, ist dann in eine seiner Wohnungen und hat sie dort studiert, hat Häuser gesucht.«

Was Helma Weirich vorfand, als sie Montags nach dem verschmähten Sauerbraten die Wohnung ihres Schwagers betrat, dokumentierten später Fotos der Polizei: durchwühlte Schränke, ausgeräumte Schubladen und Koffer. Weirich selbst war nicht zu Hause. Er schien nur mit dem, was er am Leibe trug, verschwunden zu sein. Nicht einmal Rasierzeug und Personalausweis hatte er mitgenommen. Von seiner Habe fehlte nur der helle Anzug, in dem ihn jeder seiner Freunde und Geschäftspartner kannte – und es fehlte sein gelber Mercedes Kombi.

Ein Rätsel bleibt, warum Helma Weirich und die übrigen Angehörigen erst am 13. September 1985 Vermisstenanzeige erstatteten – drei Wochen nach dem Besuch in der Küfergasse. Inzwischen wurde Heinz Weirich auch von der Pächterin der Mata-Hari-Bar vermisst, bei der er jede Woche die Miete kassierte – 1 000 Mark, und immer in bar. Ein Mitgesellschafter der gemeinsamen Vermietungs- und Verwaltungsgesellschaft war ebenfalls unruhig geworden. Als er in der Stadt Hugo Lacour in Heinz Weirichs gelbem Mercedes herumfahren sah, ging er zur Polizei.

Der Bösewicht

Lacour, 1943 als achtes Kind eines französischen Hüttenarbeiters geboren, war für die Polizei kein Unbekannter. Er beschäftigte sie, seit er 16 war. Der junge Mann ging nach der 7. Volksschulklasse ohne Abschluss aus der Schule ab, begann eine Dachdeckerlehre, die er abbrach, schlug sich in verschiedenen Berufen ohne Ausbildung und Abschluss herum. 1959 sollte er zum Wehrdienst ins französische Militär eingezogen werden – er haute ab und wurde in Abwesenheit zu fünf Jahren Gefängnis verurteilt. In Frankreich konnte er sich danach nicht mehr blicken lassen. Auf deutscher Seite, im Saarland, füllte sein Strafregister mit den Jahren fünf Seiten: Diebstahl, schwerer Diebstahl, versuchter gemeinschaftlicher Diebstahl, vorsätzliche Körperverletzung, schwere Körperverletzung, Nötigung, versuchte räuberische Erpressung. 1969 schlug Lacour im Tanzlokal »Luxemburger Hof« beim Wirteball einen Gast halb tot, der ihm irgendwie dumm gekommen war. Dafür gab es zweieinhalb Jahre Gefängnis und Einweisung in eine Heil- und Pflegeanstalt. Wegen Beteiligung an »Rollkommandos« gegen Prostituierte, die keinen »Beschützer« wollten, kam eine weitere Haftstrafe von zwei Jahren hinzu. 1983 überfiel er mit einem Komplizen aus Jugoslawien einen Sparkassenboten, der aber nur Wertpapiere und kein Bargeld bei sich hatte. Beim Versuch, die Aktien zu verkaufen, wurde Lacour geschnappt. Zum Tatort, so die Polizei, habe er sich damals von einer Freundin mit dem Auto fahren lassen – Claudia N.

»Zugegebenermaßen«, schrieb Hugo Lacour in einem seiner Briefe, »sind da erhebliche Brüche in der Biographie. Ich kam aus einfachen Verhältnissen, fasste Fuß im Milieu. Und in der Provinz entwickelte sich dann eine Art Katz-und-Maus-Spiel, bei dem auch die Polizei sich nicht vor unlauteren Mitteln scheute. Ich habe viel weniger gemacht, als man mir anhängte.«

Im Telefongespräch mit seinem Sohn wiederholt Hugo Lacour, was er in all den Jahren immer wieder behauptet hat: dass die Kripo die Mordanklage gegen ihn konstruiert habe: »Es gibt gar kein Tatmotiv, das ist auch noch ganz erheblich. Es ist völlig absurd, hier von Habgier zu sprechen oder von irgendeinem Motiv für überhaupt einen Mord. Es gibt keinen Mord. Warum sollte man einen Menschen umbringen? Auch für Geld bringt man keinen um. Das ist hirnrissig.«

Warum bringt man einen Menschen um? Hugo Lacour, wenn auch von kleinem Wuchs, hatte Bärenkräfte. Wie ist er zu dem geworden, der 1985 unter Mordanklage geriet? Wann und wo wurden die Weichen gestellt? Ein Kommunionsbild zeigt ihn als braves Kind mit akkurat gezogenem Scheitel – nur ein paar widerspenstige Härchen haben sich nicht plattdrücken lassen. Das Foto verrät nicht, dass dieser Junge sich einmal darauf verlegen würde, seine Ziele mit Brachialgewalt durchzusetzen. Sein älterer Bruder Rolf, auch er ziemlich klein geraten, sieht das als Reaktion auf die Hänseleien seiner Umwelt:

»Er war der Jüngste von uns, und der Vater ist '51 verstorben, da war der Hugo grad sieben. Und er ist eben 'es Nesthäkchen, würd ich sagen. Wir sind eben nicht die Größten – die Größten schon, aber nicht die Längsten, und man wird immer gehänselt wegen der Größe. Heut lach ich drüber: ›Na, du klääner Stoppe, was willschd dann du hier.‹ Und das ist wahrscheinlich beim Hugo in der Zeit auch passiert. Und ich glaube schon, da hat er mehr Schlägereien gehabt, als das normal üblich war.«.

Bei alledem habe Hugo aber nur quasi natürliche Waffen eingesetzt, gibt Rolf Lacour zu bedenken: »Ich sag mir mal so: Er hat sich gewehrt mit den Fäusten und mit dem Körper und nicht mit dem Messer, nicht mit der Pistole und nicht mit der Kette!« Und ganz ohne Grund habe Hugo Lacour auch nie draufgehauen, da ist sich ein Freund aus dem Milieu, genannt »Hütchen«, sicher: »Der hat nicht einfach die Leute angerempelt und umgehauen. Da muss schon irgendwas vorgefallen sein.«

Rolf und Hugo Lacour, zwei Brüder, zwei kleine, aber starke Männer, zwei begabte Ringer. Rolf, der Ältere, wird Leistungssportler, bringt es bis zum Olympiateilnehmer und Europameister, engagiert sich im Vereinsleben und in der sportlichen Nachwuchsförderung. Der Jüngere, Hugo, schon mit zwölf Jahren Saarlandmeister im Fliegengewicht, akzeptiert keine Grenzen, will selbst die Regeln bestimmen. Rolf Lacour baut sich ein geordnetes Leben im Öffentlichen

Dienst und ein Häuschen, wird Kassierer bei den Stadtwerken. Hugo Lacour sucht sich einen anderen Weg aus der engen Welt seiner Kindheit, will Spaß haben und dicke Autos fahren, will auch ohne Arbeit schnell ans große Geld, landet nicht in der Freiheit, sondern im Knast. Die Frauen seien verrückt nach ihm gewesen, so Rolf Lacour, schon früh hätten die Mädels ihn finanziert, später sogar für ihn angeschafft. Die Mutter habe es mit ihrem jüngsten Sohn sehr schwer gehabt.

Aber passte es zu dem impulsiven Schläger Hugo Lacour, einen Mordplan auszutüfteln? Ein Kumpel aus der Jugendzeit, Totila Schott, ist sich da nicht sicher: »Der hat gebissen, der hat getreten, der hat einem den Finger ins Auge gestochen, der konnte also in eine ganz fürchterliche Wut geraten, was aber nichts zu tun hat mit geplantem Mord.« Auch für den Strafrechtler und Kriminologen Hans-Heiner Kühne ist fraglich, ob Hugo Lacour mit seiner Persönlichkeitsstruktur zu dem langfristig und raffiniert eingefädelten Mordplan, den ihm die Polizei zur Last legte, fähig war:

»Es ist nicht zu verkennen, dass er jemand ist, der sein Leben mit dem, was man eine kriminelle Karriere nennt, verbracht hat und daher natürlich auch für die Justiz eigentlich unfraglich der Bösewicht ist. Er ist nicht jemand, der lange plant, das hat er nie in seinem Leben gemacht, sondern der sehr spontan handelt, und wenn er plant, dann geht das maximal über ein, zwei Tage hin. Aber das ist natürlich nur eine Einschätzung.«

Weil die Ermittler der Kripo ihn und sein Vorstrafenregister so gut kannten, stand für sie schnell fest, dass Hugo Lacour etwas mit Weirichs Verschwinden zu tun haben musste. Am 18. September 1985 wurde Lacour erstmals als Zeuge gehört, gleichzeitig ging eine Suchmeldung zu Weirich an die Presse; sie erschien am 19. September. Der Zeuge Lacour war sehr gesprächig und verwickelte sich sogleich in Widersprüche. Und die Kripo entdeckte weitere Widersprüche zu den Aussagen Dritter, die ebenfalls als Zeugen befragt wurden. Wenn etwas Hugo Lacour zum Verhängnis wurde, dann seine Redseligkeit. »Hättest Du nicht schweigen können?«, fragt ihn im Film der Sohn am Telefon. »Ja, da *hätt'* ich können schweigen«, entgegnet Lacour, »aber ich hab ja gar keinen Grund gehabt zu schweigen, ich hatte ja ein reines Gewissen.«

Vermögenswechsel

Hugo Lacour war im Besitz eines Dokuments, in dem Heinz Weirich ihm zwei Millionen Mark verpfändete, praktisch sein ganzes Vermögen. Und es tauchte ein von Heinz Weirich abgezeichneter Wechsel über 1,6 Millionen Mark auf, ausgestellt von einem Anton Van der Graaff am 22. August 1985, dem Tag, an dem Weirich zum letzten Mal gesehen worden war. Der Wechsel, also die Zahlung von 1,6 Millionen Mark von Weirich an Van der Graaff, sollte am 3. September fällig werden. Mit Datum 29. August 1985 hatte Van der Graaff seine Forderung im so genannten Indossement auf der Rückseite des Wechsels an die Lebensgefährtin Hugo Lacours übertragen. Diese wiederum übergab die Zahlungsabtretung ihrem Anwalt zur Wechselklage, nachdem am Fälligkeitstermin der Wechsel nicht eingelöst werden konnte. Kripo und Angehörige Weirichs standen vor einem Rätsel: »'Nen Wechsel ausgestellt über 1,6 Millionen Mark? Das hätte der nie im Leben gemacht«, sagt dazu Helma Weirich.

Im Sommer 1985 wohnte Hugo Lacour mit seiner Lebensgefährtin und den beiden gemeinsamen Kindern in einem Haus gleich hinter der grünen Grenze im französischen Alsting. Mit dem Wechsel, gab er bei der Polizei an, habe er bei der Frau rückständige Alimente und andere Schulden begleichen wollen. Die Lebensgefährtin war bis Ende August 1985 in Urlaub; Hugo Lacour nutzte die Gelegenheit, in einer Garage das als gestohlen gemeldete Auto der Claudia N. abzustellen. Er habe ihr den Wagen abgenommen, weil sie ihn aus Eifersucht immer wieder damit attackiert und seinen eigenen Wagen gerammt habe, gab er bei der Polizei an.

Diesseits der »grünen Grenze«, nur wenige Autominuten vom Haus in Alsting entfernt im Nachtcabaret »Cascade«, fanden die Ermittler bei einer Hausdurchsuchung Entwürfe des Dokuments, in dem Heinz Weirich Lacour sein Vermögen verpfändet hatte, und die Schreibmaschine dazu.

Der Kaufmann mit den festen Gewohnheiten kassierte nicht nur Miete für die Mata-Hari-Bar und das Bordell in der Brebacher Landstraße 8, sondern hatte auch Pacht- und Mieteinnahmen aus zwei Häusern in Ramstein und aus Immobilien in Österreich. Mit Spielcasinos in Saarbrücken und Graz hatte er so viel Geld verdient, dass er nicht mehr arbeiten musste. Er lebte gut vom Milieu. Als er noch die Spielbank im Disconto-Eck in Saarbrücken betrieb, so erinnert sich seine Schwägerin, musste er einmal schließen, weil zu viel Geld da war. Sie hätten es in einem Bettuch wegschaffen müssen. 1 000 Mark bar in der Hosentasche seien für ihren Schwager nicht viel gewesen. Aber er habe nie leichtsinnig Geld ausgegeben, sondern sich alle Ausgaben immer genau überlegt. Und doch muss Heinz Weirich eine gewisse Sorglosigkeit beim Umgang mit Geld an den Tag gelegt haben, zum Beispiel wenn er in der Brebacher Landstraße 8 seine Miete kassierte, wie sich Helma Weirich erinnert: »Der ist da mit seinem Mercedes vorgefahren und kam dann raus und hat dann solche Bündel Geld gehabt, hat die vorne in das Handschuhfach gelegt, dass ich gesagt hab: ›Tu das Geld doch weg!‹ Da hat er gesagt: ›Da kommt schon keiner dran, Helma!‹«

Auch eine Serviererin im Saarbrücker »Club 1900« soll Heinz Weirich davor gewarnt haben, mit so viel Bargeld in der Hosentasche herumzulaufen – allerdings erst im September 1985, *nach* seinem Verschwinden.

Zum Kronzeugen der Kripo wurde Günter J., ein Immobilienmakler, mit dem Heinz Weirich sich öfter in Bars und Kneipen zeigte. Weirich hatte J. beauftragt, für ihn seine Häuser in Ramstein und seinen Anteil am Eros-Center zu verkaufen. Anzeichen für einen lange gehegten Plan, Saarbrücken zu verlassen? Die Ermittler gingen nicht davon aus, da sie gleichzeitig Hinweise darauf hatten, dass Weirich plante, sich eine Eigentumswohnung zu erwerben. Der Immobilienverkauf lief aber nicht, wie er sollte, möglicherweise wegen Preisvorstellungen, die der Zustand der Häuser nicht rechtfertigte. Zu den Interessenten zählte zeitweise auch Hugo Lacours Lebensgefährtin, die Inhaberin des »Cascade«. Daher kannte auch Hugo Lacour Günter J. Der glücklose Immobilienmakler war spielsüchtig und ständig pleite; Hugo Lacour half ihm gelegentlich aus der Klemme. Und Günter J. bestätigte vor der Polizei als Einziger Lacours Version des Geschehens: dass Heinz Weirich und ein gewisser Anton Van der Graaff am 22. August 1985 den Wechsel über 1,6 Millionen Mark unterzeichneten, dass er selbst und Lacour Weirichs »Vermögensabtretung« in dessen Gegenwart als Zeugen unterschrieben hätten, und dass er, J., als Ersatz für eine Provision von 50 000 Mark Heinz Weirichs Wohnungseinrichtung und den gelben Mercedes Kombi erhalten habe. Weil er dringend Geld brauchte, habe er dann die Einrichtung und den Mercedes für 30 000 Mark an Hugo Lacour verkauft.

Als die Ermittler Günter J. mit einer möglichen Anklage wegen Mordes konfrontierten, fiel er um. Er nahm seine Aussagen zurück und belastete Lacour. Der stand nun allein mit seiner Geschichte, wie und warum er an den Wechsel gekommen und wo Heinz Weirich abgeblieben war. Es war die Geschichte eines mysteriösen Diamantengeschäftes mit einem großen Unbekannten.

Blutige Diamanten

Einem ehemaligen Afrika-Söldner und Profikiller namens Anton Van der Graaff, so Lacour, habe Heinz Weirich illegale Rohdiamanten aus Afrika für 2,2 Millionen Mark abkaufen wollen, um sie dann selbst weiterzuverkaufen. Weirich habe mit ihm, Lacour, über dieses Geschäft schon im Februar, März 1985 gesprochen. Er habe damals erklärt, Van der Graaff, einen Kongo-Söldner und Chefaufseher in einer Diamantenmine, aus seiner Zeit in Österreich zu kennen; er werde per Haftbefehl gesucht, brauche Geld und habe daher ihn, Weirich, mit dem Verkauf der Diamanten beauftragt. Am 22. August habe Van der Graaff Weirich in dessen Wohnung in Saarbrücken die Diamanten übergeben. Weirich habe den vollen Kaufpreis von 2,2 Millionen jedoch nicht flüssig gehabt und daher zugunsten Van der Graaffs den Wechsel über 1,6 Millionen Mark unterzeichnet. Den Rest, 550 000 Mark, sollte er, Lacour, Weirich in bar vorstrecken. Weirich habe ihm dafür 50 Prozent Gewinn, also 225 000 Mark, versprochen.

Am 24. August sei er, Lacour, ins französische Strasbourg gefahren, um das Geld dort Anton Van der Graaff zu übergeben; er habe aber nur 510 000 Mark zusammengebracht. Es sei vereinbart worden, dass er, Lacour, den Wechsel als Sicherheit in Verwahrung nehme. Am 24. August habe er Van der Graaff an der Place Kleber in Strasbourg das Bargeld gegen den Wechsel ausgehändigt. Der Tausch habe in seinem Wagen stattgefunden und nur fünf Minuten gedauert. Auch die Vermögensabtretung Weirichs sei als Sicherheit gedacht gewesen. Am Sonntag, 25. August 1985, habe er, Lacour, Heinz Weirich zum letzten Mal gesehen, als er zu ihm nach Alsting gekommen, vor seinem Haus zu Anton Van der Graaff in dessen dunkelblauen Peugeot 505 gestiegen und mit ihm in Richtung Strasbourg weggefahren sei. Der Bruder seiner Lebensgefährtin könne dies bezeugen. Als Weirich am 3. September zur Einlösung des Wechsels nicht wieder aufgetaucht war, sei für ihn, Lacour, klar gewesen, dass er sich mit den Diamanten zu einer Freundin nach Mexiko abgesetzt habe.

War das Geschäft wie geplant abgewickelt worden? Was verleitete den ominösen, abgebrühten Killer Anton Van der Graaff, Heinz Weirich allein mit den Diamanten davonfahren zu lassen? Warum überhaupt dieses Hin und Her zwischen Strasbourg, Saarbrücken und Alsting, wo alles doch an einem Termin hätte erledigt werden können? Warum gab sich Van der Graaff mit einem Viertel der vereinbarten Kaufsumme zufrieden, anstatt Lacour die Hölle heiß zu machen? Oder knöpfte Van der Graaff Weirich die Diamanten wieder ab und machte sich, inklusive Lacours 510 000 Mark, aus dem Staub? Kam Van der Graaff womöglich als Mörder Weirichs in Frage? Und was tat Lacour damals, um sein Geld zurückzubekommen? Eine überzeugende Antwort auf all diese Fragen blieb aus.

Die Kripo glaubte Lacour kein Wort. Van der Graaff und seine Diamanten waren für sie nur Hirngespinste, eine Erfindung Lacours. Zumal Heinz Weirich verschwunden war, ohne sein eigenes Geld mitzunehmen. Auch in den Jahren danach machte er nie den Versuch, von seinem neuen Aufenthaltsort auf sein Vermögen zuzugreifen.

Fest steht, dass Hugo Lacour in freier Wildbahn ein Spieler war, der beim Belote nichts dem Zufall überließ. Belote ist der französische Skat. Im Saarland gilt es, wenn es um Geld gespielt wird, als verbotenes Glücksspiel. Hugo Lacour war nach eigenem Bekunden, aber auch nach Beobachtungen aus dem Milieu, im Belote äußerst erfolgreich, wie Manfred Roschke alias »Hütchen« bestätigt: »Er hat Glück. Und vor allen Dingen hat er Herz, hat jede Höhe gespielt, das ist der Unterschied. Und er hat auch, sagen wir mal, gute Kunden gehabt, die Geld hatten. Vom Bauunternehmer bis zum Gemüsehändler, solche Leute hat er gekannt, da hat er auch Geld gehabt. Er hat ja auch hoch gespielt.« Schauplatz der Zockereien waren die Goethe-Stuben in der Mainzer Straße in Saarbrücken. Dort soll sogar ein ehemaliger Bundesumweltminister einmal vor ihm gekniet haben, doch die Zeugen, die dies berichten, gestatten nicht, dass man sich auf sie beruft. Hugo Lacour räumt heute ein, dem Glück auf die Sprünge geholfen zu haben: »Da ich mit gezinkten Karten spielte, konnte ich nicht verlieren.«

Die Frage im August 1985 aber war, ob er damals mit seinen gezinkten Karten so viel verdiente oder verdient hatte, um Heinz Weirich 510 000 Mark für einen Diamantenkauf vorstrecken zu können. Nach Erkenntnissen der Kripo war der »Rotlichtkönig« arbeitslos und pleite, hatte sich bei seinen Freundinnen selbst Geld geliehen und gerade mal 39 Mark auf dem Konto. Lacour behauptete damals, 300 000 Mark beim Kartenspiel gewonnen und den Rest von einer Freundin in der Schweiz erhalten zu haben. Den Namen dieser Frau behielt er, ganz Gentleman, standhaft für sich – bis heute.

Schreie in der Nacht

Was geschah in der Nacht zum 23. August 1985? Sicher ist: Am späten Nachmittag des 22. August kassierte Heinz Weirich noch von der Pächterin der Mata-Hari-Bar, wie jede Woche, seine 1 000 Mark Miete. Fest steht ferner, dass er später in der Nacht von seiner Wohnung zur Mata-Hari-Bar fuhr, vor der er zwischen 22 und 23 Uhr mit Claudia N. zum letzten Mal gesehen wurde.

Totila Schott, der Kumpel aus der Jugendzeit, einst Saarlandmeister im Rock'n Roll, der mit Hugo Lacour so manche Kneipe unsicher gemacht hat, will sich noch daran erinnern, dass Lacour im Sommer 1985 große Pläne andeutete:

»Ich glaub, das war vier Wochen bevor sie ihn verhaftet haben wegen der Sache, da rief er mich in einem Café an der Berliner Promenade rein und meinte dann halt: ›Ich hab jetzt noch *eine* Sache am Laufen, wenn die klappt, dann verbring ich den Rest meines Lebens gemütlich in Spanien. Wenn's nicht klappt, dann geh ich rund um die Uhr‹. – Und das ist halt der Ausdruck für ›Lebenslänglich‹.«

Unabhängig von Totila Schott berichteten später auch andere Zeugen von entsprechenden Äußerungen Lacours.

Nach Einschätzung der Ermittler hatte Hugo Lacour schon im Frühsommer 1985 begonnen, in Bars und Kneipen Erkundigungen über das Vermögen des Heinz Weirich einzuziehen, den er durch den Immobilienmakler Günter J. kannte. Lacour habe den Plan gefasst, sich insbesondere Weirichs Anteil an der Mata-Hari-Bar und am Bordell Brebacher Landstraße 8 unter den Nagel zu reißen, um damit im Rotlicht-Milieu die richtig große Nummer abzuziehen.

Irgendwann zwischen Mitternacht und den frühen Morgenstunden des 23. August, so die Ermittler, sei Heinz Weirich dazu gebracht worden, den Wechsel und die Vermögensverpfändung zu unterschreiben. Da er das freiwillig nie getan hätte, habe Lacour ihn dazu zwingen und dann für immer zum Schweigen bringen müssen.

Durchgedrückte Schriften auf Formularen und Briefbögen, die bei Lacour sichergestellt worden waren, führten die Kripo zu dem Schluss: Weirich hat den Wechsel und die Vermögensverpfändung blanko unterschrieben; die Texte wurden später hinzugefügt.

Tatort war nach Auffassung der Ermittler das Haus in Alsting, wo Lacour mit seiner Lebensgefährtin wohnte. In der fraglichen Nacht war Hugo allein zu Haus, da die Lebensgefährtin mit den Kindern in Italien war. Die Mutter der Lebensgefährtin, die im Parterre wohnte, war ebenfalls verreist. Nur die Mieterin der Dachwohnung war noch im Hause, und sie sagte aus, dass sie einmal im Spätsommer 1985 nachts Gepolter und dumpfe Geräusche gehört habe. Hugo Lacour sagte ihr, das seien die Brüder seiner Lebensgefährtin gewesen, die in einer Garage ein Auto repariert hätten. Eine Aussage, die die beiden Brüder später nicht bestätigten. Die Bewohner des Hinterhauses wiederum hatten nichts gehört. Ein Gärtner jedoch gab an, er habe eine neue Axt und einen neuen Spaten bei Lacour gesehen.

Ausgerechnet der am weitesten entfernt wohnende Nachbar Lacours in Alsting bezeugte, dass er eines Nachts im Sommer 1985 von einem fürchterlichen Schrei wach geworden sei und sofort gedacht habe: Da wird einer umgebracht. Übereinstimmende Zeitangaben konnten die Zeugen aber nicht machen.

Eine Spurensicherung fand nicht statt. Erst zwei Monate später, nach der Verhaftung Lacours im Oktober 1985, waren die Ermittler vor Ort. Mit wenig Erfolg, wie Lacours Verteidiger Hans-Leopold de Waal berichtet: »Als wirkliche Beweismittel hat sich im Grunde eigentlich nichts gefunden. Gut, man hat einige Unterlagen gefunden, die aber auch in keinem direkten Zusammenhang mit der Tat standen, und auch sonst hat man an Ort und Stelle nichts gefunden.« Spuren, die bewiesen, dass Heinz Weirich im Haus in Alsting festgehalten und ermordet worden war, ergaben sich nicht.

Die Ermittler hatten herausgefunden, dass die Lebensgefährtin sich damals von Lacour trennen wollte. Bei der Abreise habe sie gesagt: »Wenn ich zurückkomme, will ich dich hier nicht mehr sehen.« Ende August sei sie zurück erwartet worden. Daher ging die Kripo davon aus, dass Lacour schnell handeln musste, weil er die Wohnung nicht für unbegrenzte Zeit ungestört zur Verfügung hatte.

Aktenzeichen

Am 22. Oktober 1985 erging Haftbefehl gegen Hugo Lacour. Die Festnahme verlief spektakulär – was Lacour bis heute übel nimmt: »Ich wurde unter großem Spektakel vor einem Saarbrücker Eiscafé festgenommen. Später, als ich fragte, warum, da der Haftbefehl doch schon vorlag, ich nicht bei meiner Vernehmung auf der Wache festgenommen wurde, bekam ich zu hören, man habe öffentlich dartun wollen, dass ich jetzt fertig sei, und diesbezüglich auf belastende Aussagen gehofft.«

Knapp ein halbes Jahr später nahm sich Eduard Zimmermann des Falles in seiner TV-Fahndungssendung *Aktenzeichen XY ungelöst* an. Zimmermann begrüßte sein Publikum mit folgenden Worten:

»Wenn wir Ihnen in dieser Sendereihe Mordfälle mit Hilfe von Filmen ausführlicher schildern, dann geht es in der Regel darum, den Täter zu finden. Die Kripo in Saarbrücken bearbeitet seit gut sieben Monaten einen Fall, bei dem es in etwa umgekehrt ist. Sie hat einen Verdächtigen festgenommen, dem nach Lage der Dinge ein Mord vorgehalten werden muss. Es gibt allerdings keine Leiche. Das mutmaßliche Opfer ist bis heute verschwunden. Das Motiv für die Tat scheint auf der Hand zu liegen, denn das verschwundene Opfer verfügte über ein beträchtliches Vermögen.«

Eine nicht alltägliche Ansage: Die Kripo hat den Täter und sucht nun das Verbrechen. Die Sendung *Aktenzeichen XY ungelöst* vom 11. April 1986 wurde auch in einem Hotelzimmer in Österreich gesehen: am Wolfgangsee und ausgerechnet im Weißen Rössl. Hier machte Lacours inzwischen verflossene Zweitfreundin Claudia N. Urlaub mit ihrem neuen Freund, dem Bauunternehmer Hans-Jürgen F. Noch im Hotelzimmer am Wolfgangsee, so Hans-Jürgen F., habe Claudia N. ihm nach der Sendung unter Tränen gestanden, sie selbst sei mit Heinz Weirich in der Nacht zum 23. August 1985 nach Alsting gefahren. Als Vorwand habe sie eine Probefahrt in ihrem neuen Auto vorgeschoben. In Alsting hätten Lacour und zwei andere Männer Weirich in Empfang genommen. Im Wegfahren habe sie später einen schrecklichen Schrei gehört. Claudia N. bestritt dieses Geständnis. Einige Monate nach dem gemeinsamen Urlaub hatte der Bauunternehmer seine Geliebte bei der Polizei angezeigt, weil sie ihm angeblich 150 000 Mark entwendet hatte. Erst während dieser Auseinandersetzung wurde er zum Zeugen auch im Fall Lacour.

Als Claudia N. über Ostern 1986 mit ihrem neuen Freund im Weißen Rössl Urlaub machte, saß Hugo Lacour bereits im Knast, aber nicht unter Mordanklage, sondern weil der Bankbotenüberfall von 1983 abgearbeitet werden musste. Die Mühlen der Saar-Justiz mahlen langsam, und so kam es, dass Hugo L. bei seinen aktuellen Vergehen immer wieder von Verfahren wegen eines früheren Verbrechens eingeholt wurde. Im März 1987 wurde er wegen des Überfalls zu sechseinhalb Jahren Haft verurteilt, erst danach erhielt er die Anklage wegen Mordes an Heinz Weirich. Diesen Prozess mochte er nun gar nicht erst abwarten. Er diente sich dem Gefängnispastor als Ministrant an, stahl dem Pfarrer während der Messe seine Schlüssel und »entwich« aus der Lerchesflur, wobei er die meterhohe Außenmauer überwand. Noch heute wird spekuliert, ob er nicht Helfer hatte.

Immerhin – clever planen konnte er also doch! Aber wohlüberlegt war die Aktion dennoch nicht.

Einige Monate später wurde Claudia N. wegen Beihilfe zum Mord vor Gericht gestellt. Sie sollte nicht nur Weirich bei Lacour abgeliefert, sondern auch Teile des 1,6-Millionen-Wechsels gefälscht haben. Im Oktober 1988 begann ihr Prozess vor dem Schwurgericht in Saarbrücken. Als Zeuge trug Hans-Jürgen F. Claudias Geständnis im Weißen Rössl vor, doch das Gericht sah ihn als nicht glaubwürdig an. Andere Zeugen sagten aus, Weirich habe am 23. August 1985 in einer Commerzbank-Filiale in Saarbrücken Geld bar eingezahlt. Demzufolge konnte er nicht in der Nacht zuvor ermordet worden sein. Die angenommene Tatzeit war ins Wanken geraten, und die Anklage gegen Claudia N. wurde fallengelassen.

Hugo Lacour hätte gleichzeitig mit Claudia N. vor Gericht stehen sollen. Doch er saß nun im Gefängnis in Metz, rund 60 Kilometer westlich von Saarbrücken. Nur wenige Tage nach seiner Flucht über die grüne Grenze war er in Frankreich festgenommen worden. Die französische Justiz machte nun ihrerseits dem französischen Staatsbürger Hugo Lacour wegen des Bankbotenüberfalls von 1983 den Prozess. Im September 1988 fiel das Urteil: sechs Jahre Haft. Hugo Lacour wurde damit für ein und dasselbe Vergehen zweimal verurteilt: einmal in Deutschland und einmal in Frankreich.

Die Anklage wegen Mordes an Heinz Weirich ließ das französische Appellationsgericht in Metz jedoch 1990 fallen: Da keine Leiche vorhanden sei, lägen nicht genügend Anhaltspunkte für einen Mord vor.

Die Rotlicht-Affäre

Sechs lange Jahre saß Hugo Lacour im Maison d'Arrêt in Metz seine Haftstrafe ab, das letzte Jahr als Freigänger. In Frankreich würde er nach seiner Entlassung ein freier Mann sein, aber er wollte zurück nach Saarbrücken – wo er unter Mordanklage stand. Noch in der Haft bemühte Lacour sich um die Aufhebung der Mordanklage, schrieb Briefe an Politiker, Prominente und Freunde, bat um Unterstützung. Mitte der siebziger Jahre, als er zeitweise aus dem Saarland ausgewiesen war, hatte er es mit ähnlicher Beharrlichkeit geschafft, an eine neue Aufenthaltserlaubnis zu kommen. Hilfreich war dabei nicht zuletzt auch das Renommee seines Bruders, des Olympiateilnehmers und Europameisters im Ringen, gewesen. Nun, fast 20 Jahre später, schrieb Lacour aus dem Gefängnis in Metz auch den Vorsitzenden der saarländischen SPD-Landtagsfraktion, Reinhard Klimmt, an. Klimmt, der sich in der Pflicht sah, Anliegen auch dann zu prüfen, wenn sie von Strafgefangenen geäußert wurden, schrieb zurück: Er werde sich beim Justizminister über den Stand des Verfahrens kundig machen und ihn, Lacour, dann informieren. Dummerweise fand Klimmt diesen Brief kurze Zeit später im *Spiegel* abgedruckt, und es wurde öffentlich, dass ein Spitzenpolitiker der Saar-SPD eine stadtbekannte Rotlicht-Größe mit »lieber Hugo« angeredet hatte. Der Skandal war perfekt, die »Rotlicht-Affäre« geboren. Tumulte im Saar-Landtag, wo Klimmt sich alsbald rechtfertigen musste: »Warum diese vertrauliche Form der Anrede gewählt worden ist, das hat sich schließlich daraus ergeben, dass ich Lacour in Saarbrücken in einer Gaststätte, die wir nicht gemeinsam, sondern zu gleichen Zeiten besucht haben, wiedergetroffen habe. In dieser Gaststätte verkehrt auch Herr Töpfer, also insofern ist das kein besonders anrüchiges Etablissement.« Gemeint waren die Goethe-Stuben, wo Lacour Jahre zuvor mit gezinkten Karten seine Portokasse aufzubessern pflegte.

Als Hugo Lacour sich in Metz auf seine Entlassung vorbereitete, stand Totila Schott, der Kumpel aus Rocker-Zeiten, als Leibwächter in den Diensten des Ministerpräsidenten. Schott hatte es vom stadtbekannten Kneipenschläger zum resozialisierten Strafgefangenen und Angestellten des Saarbrücker Stadtjugendamtes gebracht, zum Kunstmaler, Kneipenwirt und Faktotum von Oskar Lafontaine. Im Herbst 1992, so Schott, habe Hugo Lacour ihn aus Metz angerufen und angedeutet, er könne peinliche Details ausplaudern. Damals, erinnert sich Schott, sei Jürgen Roths Buch über das organisierte Verbrechen in Deutschland erschienen. Das Buch habe Klimmts Brief an den »lieben Hugo« zitiert und Andeutungen über Kontakte des Saar-Ministerpräsidenten ins Rotlichtmilieu gemacht. Um Schaden abzuwenden, habe er sich mit Lacour hinter der Grenze in einer Kneipe in Forbach getroffen. Dort habe Lacour verlangt, »der Oskar« solle ihn begnadigen. »Und dann«, erzählt Schott, »sagt der halt zu mir: ›Wenn der das nicht macht, dann stürzt die ganze Regierung.‹«

Wieder Tumulte im Landtag. Die CDU-Opposition witterte Verrat: Diesen Sendboten konnte nur der Ministerpräsident in Marsch gesetzt haben. Kontakte des Ministerpräsidenten zu einem polizeilich gesuchten Verbrecher? War hier etwa ein Verfassungsorgan erpressbar? Der letzteren Frage ging später ein Ermittlungsverfahren des Generalbundesanwaltes nach. Es wurde eingestellt.

Zur Mission des Totila Schott erklärte Oskar Lafontaine am 1. Februar 1993 im Landtag des Saarlandes: »Ich stelle als Ministerpräsident des Saarlandes in aller Form klar: Diese Kontakte haben nicht mit Wissen des Ministerpräsidenten stattgefunden, sie sind vom Ministerpräsidenten nicht gebilligt worden, und sie werden nicht gebilligt.« Totila Schott ist noch heute der Ansicht, man habe ihn damals im Regen stehen lassen.

Hugo Lacour war mit seinen Drohungen, peinliche Dinge über Saar-Politiker zu enthüllen, nicht weit gekommen. »Hütchen«, der Zocker-Kollege, sieht Lacours Verstrickung mit den Politikern geradezu als fatal an: »Das kann ja nur ein Nachteil sein. Die Leute vergessen ja auch nichts.«

Was es mit der Verbindung zwischen Lacour und Lafontaine auf sich hat, bleibt Spekulation. Hat Hugo sie nun, oder hat er sie nicht, die angeblich kompromittierenden Fotos aus dem »Cascade«? Nachdem der Ministerpräsident nicht mehr in Amt und Würden ist und folglich keine Wahlkämpfe mehr damit zu munitionieren sind, hat diese Frage erheblich an Dringlichkeit verloren. Und Hugo Lacour sitzt im Gefängnis. Was immer er eventuell wusste und als Erpressungsgrund eingesetzt haben mochte – genutzt hat es ihm nichts.

Heimkehr

Während die »Rotlichtaffäre« Wellen schlug, wurde Hugo Lacour in Frankreich aus dem Gefängnis entlassen. Er hatte seine sechs Jahre verbüßt. In das Haus nach Alsting, das er mit gebaut hatte, konnte er nicht mehr zurück, weil seine Lebensgefährtin ihm den Laufpass gegeben hatte. Doch andere Freundinnen längs der grünen Grenze gewährten ihm gerne Obdach. Bis zu jener verhängnisvollen Urlaubsreise nach Österreich.

Im November 1993 geriet Lacour am Wörthersee in eine Verkehrskontrolle. Eine Routinesache. Aber der Tourist, so die Polizisten, sei so auffallend freundlich und leutselig gewesen, dass es ihnen spanisch vorkam. Im Fahndungscomputer stießen sie auf einen internationalen Haftbefehl gegen Lacour und nahmen den Gesuchten fest.

In Österreich machte man Lacour zunächst den Prozess wegen Brandstiftung, nachdem er behauptet hatte, ein Barbesitzer habe in seinem Auftrag ein Nachtlokal angezündet. Eine falsche Anschuldigung, um der Auslieferung nach Deutschland zu entgehen. Hugo Lacour wurde wegen Verleumdung zu zehn Monaten Haft verurteilt und erst danach an die Bundesrepublik Deutschland ausgeliefert. Im August 1994 war er wieder in seiner Zelle in der JVA Saarbrücken. Dort musste er, während gegen ihn der Prozess wegen Mordes vorbereitet wurde, erst noch die »deutsche« Strafe für den Bankbotenüberfall absitzen. Hugo Lacour fühlte sich als Opfer der Justiz. Zweimal für dieselbe Sache verurteilt zu werden, entsprach nicht seiner Vorstellung von Gerechtigkeit.

Der Kaufmann Heinz Weirich war nun fast zehn Jahre unauffindbar. Auf seine Konten und sein Vermögen, das ein Anwalt in Abwesenheit verwaltete, hatte er nie zurückgegriffen, sich auch bei Angehörigen und Geschäftspartnern nie gemeldet. Seltsam. »Wenn ich abhaue, dann nehme ich doch wenigstens mein Geld mit«, spekuliert Helma Weirich, die Schwägerin.

Für sie war es der zweite Verlust. Denn auch ihr Mann, Heinz Weirichs jüngerer Bruder Alfred, ist in gewisser Weise spurlos verschwunden. Zwei Männer, die nie gefasst wurden, erschossen den Antiquitätenhändler Alfred Weirich im Dezember 1981 im Laderaum seines Transporters. Sie sägten ihm den Kopf ab und warfen den Körper nachts auf eine Landstraße bei Kaiserslautern. Den Wagen stellten sie am Bahnhof im saarländischen Homburg ab. Der Kopf wurde nie gefunden.

Harry Keller, der damals als junger Kommissar in der Soko Kaiserslautern ermittelte und dabei die ins Saarland führenden Spuren zu bearbeiten hatte, geht der seit 1981 ungelöste Fall heute noch nach: »Allein die Tatsache, dass zwei Brüder solche Schicksale erleiden, lassen einen nachdenken und zu dem Schluss kommen, dass es hier in irgendeiner Weise Zusammenhänge geben muss beziehungsweise zu der damaligen Zeit gegeben hat.«

Heinz Weirich wurde im Mordfall seines Bruders als Zeuge vernommen. Harry Keller führte diese Gespräche:

»Ich hatte bereits damals den Eindruck, dass Heinz Weirich offensichtlich unter einer zentnerschweren Last litt. Und wie sein eigenes Schicksal, das ihn viereinhalb Jahre später ereilt hat, zeigte, könnte es durchaus so sein, dass er zum damaligen Zeitpunkt möglicherweise gewusst hat, warum sein Bruder sterben musste, oder vielleicht sogar in Richtung des Personenkreises Kenntnis hatte, von dem die Tat damals ausgegangen ist.«

Helma Weirich erinnert sich, dass ihr Schwager Heinz sich unter dem Eindruck der Ermordung seines Bruders sehr veränderte, manchmal apathisch dasaß und vor sich hinstarrte. Hat er die Mörder seines Bruders gekannt? Kam daher seine, wie die Kripo feststellte, notorische Unerreichbarkeit? Ging er deshalb nicht ans Telefon oder an die Tür, wenn es klingelte? Hat er versucht, die Mörder zu finden? Ergab sich aus dem Mord an seinem Bruder vielleicht doch ein Grund für ihn, alles zurückzulassen und unterzutauchen?

Im Verfahren gegen Hugo Lacour blieben diese Fragen ohne Bedeutung. Die Ermittler, die Strafverfolger und schließlich die Richter blieben bei ihrem Bild von Heinz Weirich: dem Bild des zurückgezogen lebenden, soliden, sparsam wirtschaftenden, aber in seinen wenigen sozialen Kontakten zuverlässigen Geschäftsmannes mit festen Gewohnheiten; an dem Bild eines Mannes, der, obwohl er auf junge Bardamen stand und Miteigentümer einer Immobilie war, die als Nachtbar und Puff genutzt wurde, keine Kontakte zum Rotlichtmilieu hatte.

Der Prozess

Am 16. Januar 1995 begann vor dem Schwurgericht Saarbrücken die Hauptverhandlung gegen Hugo Lacour. Etwa drei Monate waren angesetzt; am Ende wurden es mehr als zwei Jahre mit 103 Verhandlungstagen. Zur Eröffnung war Presse aus ganz Deutschland angereist, das Publikum strömte, der Saal wurde voll, es galt erhöhte Sicherheitsstufe, ein Sondereinsatzkommando durchsuchte die Taschen der Besucher und Besucherinnen.

Hugo Lacours Flucht acht Jahre zuvor rächte sich nun noch einmal. In seinem Prozess sollte dieselbe Richterin, die 1988 Claudia N. wegen der nicht nachweisbaren Mordzeit freigesprochen hatte, den Vorsitz führen. Doch sie erkrankte schwer und musste den Vorsitz an einen Kollegen abgeben.

Die Ermittlungen der Kripo waren nun fast zehn Jahre alt. Hugo Lacour hatte stets abgestritten, Weirich ermordet zu haben. War es nach so langer Zeit noch möglich, die Wahrheit herauszufinden? Nur einer von Weirichs Geschäftspartnern lebte noch. Auch andere wichtige Zeugen waren inzwischen gestorben. Schwägerin Helma Weirich setzte für Hinweise auf die Mörder der beiden Brüder 100 000 Mark Belohnung aus.

Das Interesse der Medien hingegen konzentrierte sich darauf, ob Lacour seine Drohung wahr machen und verfängliche Fotos von »Oskar« auspacken würde. Dies geschah nicht. Hugo Lacour erklärte lakonisch: »Es gibt keine Fotos.« Hinsichtlich des Prozesses gab er sich betont sachlich: »Hier geht's nur um eine Sache, um ein Delikt, um das schwerste Verbrechen, wo's gibt. Da drüber wird gesprochen, das ist erfunden, da drüber muss man sich auslassen, warum das erfunden worden ist, das müssen jeweils diese Leute sagen, die es auch erfunden haben, das kann ich ja nicht sagen, warum.« Lacour nutzte die Gelegenheit, erneut die Kripo und insbesondere einen Ermittler in seinem Fall zu beschuldigen: Er habe die Mordanklage konstruiert und dies ihm gegenüber sogar offen zugegeben. »Da erfinden wir was«, habe der Ermittler erklärt, »und dann machen wir dich fertig, das Geschäft ist zu groß für dich, und dann kann dir auch kein Oskar mehr helfen!« Eine Aussage, die die Ermittler später bestritten.

Keine Erfindung war es nach Auffassung des Gerichts, dass Hugo Lacour, um sich das Vermögen des Kaufmannes anzueignen, zunächst Bekannte aus dem Milieu anstiftete, Weirichs Unterschrift zu fälschen. Verschiedene Zeugen bestätigten dies. Nachdem das Ergebnis

Hugo Lacours Ankündigung, zum Prozess kompromittierende Fotos vom damaligen Ministerpräsidenten in der Nachtbar »Cascade« zu veröffentlichen, erregte bundesweit großes Medieninteresse. Später stellte sich dies als leere Drohung heraus. Lacour bei Prozessbeginn 1995.

nicht befriedigte, habe Lacour entschieden, dass Weirich selbst den Wechsel würde unterschreiben müssen. Dafür hatte Lacour nach Ansicht des Gerichts mehrere Formulare präpariert oder präparieren lassen. Indiz hierfür: ein »Übungswechsel«, auf dem die Unterschrift des Ausstellers Anton Van der Graaff ausprobiert worden war. Diese Unterschrift sah völlig anders aus als die auf dem zur Klage eingereichten Wechsel. Zwei Sachverständige stellten in ihrem Gutachten fest, dass darüber hinaus in beiden Wechseln Eintragungen in verstellter Schrift vorgenommen worden waren. Als Schreiberin identifizierten sie Lacours Ex-Freundin Claudia N. Diese trat im Lacour-Prozess als Zeugin auf. Sie war nun nicht mehr die Freundin des Bauunternehmers Hans-Jürgen F., sondern hatte inzwischen ihren früheren Verteidiger geheiratet.

Gegen Hugo Lacour sprachen seine Vorstrafen und seine einschlägigen Erfahrungen mit gefälschten Wechseln. Im Sommer 1985 liefen zwei Verfahren gegen ihn, weil er versucht hatte, beim Zocken gewonnenes Geld mit Hilfe gefälschter Wechsel einzutreiben; gerichtlich konnten Spielschulden nicht eingeklagt werden. Nach Auffassung der Ermittler sammelte Lacour dabei die Erfahrungen, die er im Fall Weirich praktisch anwandte. So erinnert sich jedenfalls Petra von Osterhausen, die als Gerichtsreporterin alle 103 Verhandlungstage miterlebte: »Aus Wechselprozessen hatte er gelernt, dass gegen Wechsel auch Einwendungen gemacht werden könnten. Er hatte sich bei einem Anwalt erkundigt, wie man dies verhindern kann. Diesen Anwalt hat er wohl auch gefragt, was mit einem Wechselprozess ist, wenn der Beklagte nicht mehr auftaucht. (Und dabei hat er dann erfahren), dass man dann trotzdem klagen kann.«

Rätsel gab Heinz Weirichs Unterschrift auf. Den tatrelevanten 1,6-Millionen-Wechsel wie auch die Vermögensabtretung hatte er mit vollem Vornamen unterschrieben. Seine Partner bestätigten jedoch, dass er Geschäftliches immer mit abgekürztem Vornamen unterzeichnete. Auch das Protokoll seiner Zeugenaussage im Mordfall Alfred Weirich 1981 in Kaiserslautern hatte er mit abgekürztem Vornamen unterschrieben, und das vor Zeugen. Trotz dieser Widersprüche gingen die Staatsanwaltschaft, das Gericht und Lacours Verteidigung davon aus, dass Heinz Weirichs Unterschrift auf dem Wechsel echt war.

Ein weiteres Mal war der Bauunternehmer Hans-Jürgen F. geladen, um das »Geständnis« von Claudia N. zu wiederholen. F., im Prozess 1988 als wenig glaubwürdig eingestuft, wurde im Lacour-Prozess zu einem der wichtigsten Zeugen der Anklage. Dabei trug er auch Andeutungen seiner Ex-Freundin vor, dass die Leiche des Heinz Weirich einbetoniert worden sei – im Beton der neuen Westspangenbrücke oder in einem Wehr bei Bitche in Frankreich. Die Pfeiler der Westspangenbrücke waren allerdings schon zwei Jahre vor dem Verschwinden Heinz Weirichs fertiggestellt worden. Dennoch ließ die Polizei bohren, aber nicht in der Brücke oder in dem Wehr bei Bitche, sondern 1996 im Eros Center in der Brebacher Landstraße 8, im Keller des Hauses, wo sich zuvor die Mata-Hari-Bar befunden hatte. Der Boden des Kellers wies angeblich verdächtige Dellen auf. Doch weder Presslufthämmer noch Suchhunde förderten unter dem Beton etwas anderes zutage als einen Boden im Urzustand. Vielleicht hatte sich aber auch nur jemand einen Scherz erlaubt. Die Ermittler hielten es ohnehin nicht für logisch, dass jemand, der einen Mord in Frankreich begangen hatte, sich die Mühe machen sollte, die Leiche über die Grenze nach Deutschland zu schaffen.

Auch die Suche nach dem *lebenden* Weirich blieb während des Prozesses ohne Erfolg. In diese Suche waren zusätzlich die Kriminalbehörden in Österreich und in der Schweiz eingeschaltet. Die Verteidigung führte Zeugen auf, die Heinz Weirich 1985 noch nach dem Tag seines Verschwindens gesehen haben wollten. Es waren Männer und Frauen, die sich seinerzeit auf die Suchmeldung der Polizei vom 19. September 1985 gemeldet hatten. Sie hatten angegeben, Heinz Weirich Ende August in einem Freibad im Deutschmühlental, Anfang September im »Club 1900« oder am 12. September in der Nähe der Kreissparkasse Saarbrücken begegnet zu sein. »Es handelte sich um sehr glaubwürdige Zeugen«, betont Rechtsanwalt de Waal, »ich hatte keinen Grund, den Zeugen nicht zu glauben. Das Gericht hat das letztlich anders gewertet.«

Diese »glaubwürdigen Zeugen« hatten ihre Aussage 1985 gemacht, zehn Jahre vor dem Prozess gegen Lacour. Nun sollten sie ihre Beobachtungen von damals erneut schildern, was nicht ohne Abweichungen von ihrer ursprünglichen Aussage geschehen konnte, die ihnen der Vorsitzende umgehend vorhielt. Diese Abweichungen oder gar Widersprüche veranlassten das Gericht, Irrtümer und falsche Wahrnehmungen zu konstatieren und Aussagen auszuschließen, die die angenommene Tatzeit infrage stellten. Der Zeuge, der sich 1985 noch sicher war, seinen ehemaligen Jugendfreund Heinz Weirich am 12. September in der Eisenbahnstraße wiedererkannt zu haben, vermochte sich zehn Jahre später nicht mehr zu erinnern, auf welcher Straßenseite dieses Wiedersehen stattgefunden hatte. Also musste er sich geirrt haben.

Auch die Aussage der Bankangestellten, die 1988 im Prozess gegen Claudia N. bezeugt hatte, dass Heinz Weirich einen Tag nach seiner angeblichen Ermordung in ihrer Commerzbank-Filiale in Saarbrücken gewesen sei, wurde im Lacour-Prozess nicht zur Entlastung des Angeklagten herangezogen. Zehn Jahre nach diesem Vorfall konnte die Zeugin nicht beschwören, dass es wirklich Heinz Weirich war, den sie damals bedient hatte. Sie war sich nur noch sicher, dass Heinz Weirich seine Bareinzahlungsformulare stets nur von ihr ausfüllen ließ und dass sie von ihrem Filialleiter ausdrückliche Weisung hatte, dies zu tun. Rückblickend hält jedoch Rolf Bossi, ehemaliger »Star-Verteidiger« in München, dies für einen entscheidenden Punkt:

»Hat Herr Weirich am 23. August noch gelebt? Wenn der Einzahlungsbeleg echt ist, muss er noch gelebt haben – dann kann ihn der Herr Lacour in der Nacht vom 22. auf den 23. nicht ermordet haben. Wir sind der Meinung, die Aussage, die im Verfahren der Claudia N. gemacht wurde, muss auch im Falle Hugo Lacour zum Freispruch führen. Und die Aussage, die das Schwurgericht in seinem Urteil wiedergibt mit Lacour, die muss entweder falsch sein oder eine Erfindung des Gerichts. Es kann keine Wahrheit sein, wenn zwei Urteile im Kernpunkt zur selben Feststellung sich absolut widersprechen.«

Auf der anderen Seite konnte die Anklage aber auch keine Zeugen vorweisen, die zweifelsfrei sagen konnten, wann, wo, wie und durch wessen Hand Heinz Weirich zu Tode kam.

Der Komplize Hugo Lacours im Bankbotenüberfall 1983, Ivo Cemeric, ein früherer Fremdenlegionär, kroatischer Terrorist und Sprengstoffexperte, war zeitweise als Mittäter verdächtigt, das Verfahren gegen ihn aber eingestellt worden. Hans-Jürgen F. hatte ihn als einen der beiden Männer genannt, die in der Nacht zum 23. August 1985 gemeinsam mit Lacour Heinz Weirich am Haus in Alsting in Empfang nahmen, als Claudia N. ihn angeblich mit ihrem neuen Wagen dort ablieferte. Die Ermittler verdächtigten Ivo Cemeric darüber hinaus, am Abbrennen des Autos von Claudia N. am Autobahnparkplatz Am Kahlenberg beteiligt gewesen sein. Zur Zeugenaussage im Lacour-Prozess reiste er nur an, nachdem man ihm freies Geleit zugesichert hatte. Zur allgemeinen Überraschung entlastete Ivo Cemeric seinen ehemaligen Kumpel Hugo Lacour. Ein Treffen im Haus in Alsting in der Nacht zum 23. August 1985 könne es nicht gegeben haben, erläuterte der Kroate, weil er damals mit Lacour zerstritten gewesen sei. Lacour trage die Verantwortung dafür, dass er, Cemeric, nach dem missglückten gemeinsamen Bankbotenüberfall 1983 verhaftet worden sei.

Ein Privatdetektiv und Ex-Polizist behauptete, Ivo Cemeric habe zusammen mit Hugo Lacour Heinz Weirich entführt. In seinem Versteck sei Weirich ganz aus Versehen durch einen Zuckerschock zu Tode gekommen. Er sei dann in einem Wald in Lothringen auf einem Holzstoß verbrannt worden. Andere Zeugen traten auf, die behaupteten, Heinz Weirichs Aufenthaltsort in Mexiko zu kennen. Aber keine dieser Aussagen überzeugte das Gericht.

Lacours Stimmung schwankte zwischen Siegesgewissheit und Depression. Zweimal, insgesamt sechs Wochen lang, trat er in einen Hungerstreik und wurde verhandlungsunfähig. Eine Entscheidung des Gerichts zu seinen Gunsten vermochte Lacour damit nicht zu erzwingen. Auch nicht mit den immer neuen Eingaben, die ein juristisch versierter Mitgefangener in der JVA für ihn verfasste. Nach einer Aktion, die wie ein Selbstmordversuch aussah – Lacour wurde mit einem blutenden Handgelenk in der Toilette aufgefunden –, steckte ihn der Richter in eine so genannte Monitorzelle, in der rund um die Uhr das Licht brannte und eine Überwachungskamera lief.

Für das Gericht war am Ende die Indizienkette dicht genug, um Lacour auch ohne Leiche des Mordes schuldig zu sprechen. Petra von Osterhausen, die Gerichtsreporterin, gewann damals den Eindruck, »dass hier sehr viele Sachen zusammengetragen wurden. Und das letzte Mosaiksteinchen sozusagen war die Sache mit dem ausgebrannten Auto.« Die Geschichte mit dem als gestohlen gemeldeten Volvo der Claudia N.

Wochenlang hatte der in Lacours Garage in Alsting gestanden. In der Nacht zum 24. August 1985 stellten ihn Unbekannte auf dem Autobahnparkplatz Am Kahlenberg bei Saarbrücken ab – knapp 24 Stunden, nachdem Claudia N. angeblich Heinz Weirich in ihrem neuen Auto nach Alsting gefahren hatte. In den frühen Morgenstunden des 24. August erhielt die Feuerwehr einen Alarmruf wegen eines brennenden Pkws auf dem Autobahnparkplatz. Hugo Lacour gab nur zu, den Volvo auf dem Parkplatz abgestellt zu haben. Während des Prozesses und danach nannte er drei verschiedene Männer, die ihn anschließend mit ihrem Wagen nach Hause gefahren hätten. Spuren einer Leiche wurden in dem ausgebrannten Wrack nicht gefunden. Das Gericht sah es dennoch als erwiesen an, dass Hugo Lacour in diesem Wagen den in der Nacht zuvor ermordeten Heinz Weirich aus dem Haus in Alsting an einen unbekannten Ort schaffte und den Volvo anschließend in Brand steckte, um die Spuren zu beseitigen. Andere Beobachter fanden die Logik fatal: Werden keine Spuren gefunden, sind sie vernichtet worden. Fehlt die Leiche, hat der Mörder sie spurlos verschwinden lassen.

Das Urteil

Am 20. März 1997 fiel im Schwurgericht Saarbrücken das Urteil: lebenslange Haft, mit Feststellung der besonderen Schwere der Schuld. Im Bericht des aktuellen Regionalfernsehens am Abend war zu sehen und zu hören, wie Hugo Lacour unter dem Eindruck dieses für ihn wohl unerwarteten Richterspruches ausrastete, »Nazis« und »Blutgericht« rief und die Vollzugsbeamten, die ihn zügeln wollten, abschüttelte: »Ich weiß nicht, warum das gemacht worden ist. Lass mich sprechen! Hol die Finger weg und lass mich sprechen!«

Das Gericht hatte es sich sicherlich nicht leicht gemacht mit der Abwägung einer schwer überschaubaren Menge von Indizien. Doch es vermochte nicht alle Beobachter zu überzeugen. »Es bleiben Zweifel«, schrieb der Berichterstatter der *Saarbrücker Zeitung* am 21. März 1997, »eine der Säulen des deutschen Strafrechts, der Grundsatz ›Im Zweifel für den Angeklagten‹, kam gestern ins Wanken.« Dies mochten die Richter des Landgerichtes Saarbrücken aber nicht stehen lassen: »Nur für den Fall, dass das Gericht nicht die volle Überzeugung von der Täterschaft hat, greift der Zweifelssatz. Dabei kommt es nur auf die Zweifel an, die das Gericht tatsächlich gehabt hat, nicht auf solche, die es nach Meinung des Angeklagten oder sonstiger Prozessbeobachter hätte haben müssen.« Also: Im Zweifel für den Angeklagten, aber das Gericht hatte keine Zweifel.

Lacours Verteidiger Rechtsanwalt Hans-Leopold de Waal kündigte noch im Gerichtssaal Revision an. Rückblickend sieht er den Ausgang des Prozesses nicht als Niederlage, sondern pragmatisch: »Das Ergebnis muss der Verteidiger hinnehmen.« Gegenüber Hugo Lacour sei jedoch dem Grundrecht eines Angeklagten, dass Ort und Zeit der Tat klar sein müssen, nicht entsprochen worden: »Es ist nie geklärt worden, wann letztlich genau etwas passiert sein soll, wer beteiligt gewesen ist, denn das ist im Urteil letztendlich offengeblieben. Und das ist meines Erachtens auch ein wesentlicher Grund gewesen, warum man dieses Urteil hätte aufheben und neu verhandeln müssen.«

Für Hugo Lacour schien es nach dem »Lebenslänglich« noch einen Strohhalm zu geben. Als sein Prozess begann, war das Schengener Abkommen in Kraft getreten. Dessen Artikel 54 schließt nach dem Prinzip »ne bis in idem« aus, dass im Geltungsbereich des Abkommens Menschen für ein und dasselbe Delikt zweimal gerichtlich verfolgt werden. War nicht die Einstellung der Mordanklage gegen Lacour durch das Appellationsgericht in Metz 1990 – »keine Leiche, kein Mord« – ein rechtskräftiges Urteil, das eine weitere Strafverfolgung Lacours in Deutschland ausschloss? Der Bundesgerichtshof in Karlsruhe teilte diese Auffassung der Verteidigung nicht und wies die Revision zurück. Die Entscheidung des Appellationsgerichtes in Metz sei kein Urteil gewesen, sondern nur die Einstellung eines Verfahrens. Die französische Justiz hat dieser Interpretation nicht widersprochen.

Seit dem 10. Juni 1999 ist das Urteil gegen Hugo Lacour durch alle Instanzen und somit rechtskräftig. Da eine besondere Schwere der Schuld festgestellt ist, kann Lacour kaum damit rechnen, dass vor Ablauf von 20 Jahren die Frage einer vorzeitigen Entlassung auf Bewährung geprüft wird. Alles in allem hat er inzwischen knapp zehn Jahre verbüßt. Sein Gnadengesuch hat das saarländische Justizministerium abgelehnt. Im Oktober 2003 ist er 60 Jahre alt geworden.

Wenn Heinz Weirich noch leben sollte, hätte er im Juni 2003 seinen 80. Geburtstag gefeiert. 1999 wurde er von Amts wegen für tot erklärt, als Todesdatum der 10. September 1985 festgesetzt.

Im Film beendet Hugo Lacour das Telefongespräch mit seinem Sohn selbstkritisch, aber keineswegs resignierend. »Ich war zu locker«, sagt er, »ich habe die Sache nicht ernst genommen. Wie kann ich was ernst nehmen, was nicht da ist. Das war für mich unverständlich. Ich hab niemals geglaubt, dass ich am Ende verurteilt würde wegen Mordes an Heinz Weirich. Wenn ich mir das heute überlege, dann kommt mir der Magen hoch!«

Hat er nun gemordet oder nicht, der »liebe Hugo«? Das Publikum liebt klare und möglichst einfache Antworten. Doch es gibt sie nicht.

Nur Hugo Lacour selbst und vielleicht noch zwei, drei andere Leute aus seinem Umfeld könnten die offenen Fragen klären. Warum sie es in nunmehr 18 Jahren nicht taten – wer weiß, warum? Psychologen halten es durchaus für möglich, dass ein Mörder seine Tat vollkommen aus seinem Bewusstsein verdrängen kann. Ist dies auch bei Hugo Lacour so? Oder trifft zu, was sein Bruder Rolf sagt: »Wenn er's gewesen wäre, dann hätte er es irgendwann auch zugegeben.«

Wird Hugo Lacour nun Ruhe geben? Da er noch immer – oder möglicherweise inzwischen noch mehr – von seiner Unschuld überzeugt ist, sollte man damit nicht rechnen. Er hat sehr viel Zeit oben auf dem höchsten Berg Saarbrückens. Die lange Strecke, die noch vor ihm liegt, will ausgefüllt werden. Und das Thema Heinz Weirich scheint noch lange nicht erledigt zu sein. Nach Ausstrahlung der Dokumentation *Ein Mord und keine Leiche* in der Reihe *Große Kriminalfälle* meldete sich ein Mann aus Hamburg, der behauptete, 1987 in einem Bus von Sao Paulo nach Porto Alegre, Brasilien, mit einem Deutschen namens Weirich ins Gespräch gekommen zu sein. Dieser Mann habe genauso ausgesehen wie Heinz Weirich auf dem im Film gezeigten Foto. Ein Wermutstropfen: In dieser »deutschen« Ecke Brasiliens um Porto Alegre und Blumenau ist der Name Weirich sehr verbreitet. Das internationale Telefonbuch allein für Porto Alegre enthält anderthalb Seiten Einträge auf den Namen Weirich; der Vorname Heinz ist allerdings nicht darunter.

Vor einigen Monaten schließlich erreichte den Trierer Strafrechtler Hans-Heiner Kühne ein »Bekennerbrief«. In gebrochenem Deutsch mit unüberhörbarem französischem Akzent schildert der Verfasser, wie Heinz Weirich am 29. August 1985 aus Versehen in seinem Wagen zu Tode kam: Er sei unbeabsichtigterweise erdrosselt worden beziehungsweise habe sich in einer speziellen Fessel selbst erdrosselt. War es ein Unfall mit einer Fessel, die in der Fremdenlegion als »Schwebebalken« praktiziert wird? Der Briefschreiber lässt sich darüber nicht aus, stellt jedoch fest, dass Weirich und Lacour ihn beim Diamantendeal hereingelegt und nur ihre gerechte Strafe erhalten hätten. Den toten Weirich habe er am Rande der französischen Autobahn A4, irgendwo zwischen Verdun und Paris, auf einem Heuhaufen verbrannt. Nun erwarten wir nur noch, auf diesem Schreiben die

Unterschrift »Anton Van der Graaff« zu lesen. Vergebens, denn der Brief ist anonym. Bleibt nur noch, nachzurechnen. Hugo Lacour beschrieb den großen Unbekannten Van der Graaff, dem er nur viermal begegnet sei, als einen Mann zwischen 50 und 60 Jahren. Er müsste also, wie alle anderen Protagonisten des Mordfalles Weirich auch, inzwischen 18 Jahre älter geworden sein. Er wäre folglich heute Ende 70 oder um 80 Jahre alt, könnte mithin den Bekennerbrief selbst noch geschrieben haben. Heinz Weirich hätte damit endlich seine Ruhe gefunden. Und Hugo Lacour könnte davon ausgehen, dass der Mann, für dessen Ermordung er lebenslang im Gefängnis sitzen muss, tatsächlich tot ist.

Inge Plettenberg

Der Blaubart von Fehmarn

»An diesen Händen klebt, so wahr ich Arwed Imiela heiße, kein Blut und keine Tinte«, proklamiert der Angeklagte voll Pathos in seinem Schlusswort vor dem Lübecker Landgericht. Das klingt wie ein Schwur. Dennoch ist das Hohe Gericht davon überzeugt, dass der Mann lügt, und verurteilt ihn am 24. Mai 1973 wegen vierfachen Mordes zu lebenslänglicher Freiheitsstrafe. Arwed Imiela ist 43 Jahre alt.

Es ist einer der spektakulärsten Prozesse der siebziger Jahre. Unheimlich, weil zwei der Ermordeten nie gefunden werden. Geheimnisvoll, denn der Täter ist Astrologe und passionierter Jäger – und ein Frauentyp. Ein Mammutprozess. 54 Verhandlungstage, verteilt auf acht Monate. 250 Zeugen werden geladen. 20 Gutachten von Sachverständigen aus den verschiedensten Fachgebieten werden bestellt. Der Gerichtssaal ist an jedem Prozesstag überfüllt. Ein wahnsinniger Medienrummel. Denn in diesem Kriminalfall ist alles drin, was der Sensationslust eines breiten Publikums Rechnung trägt: Vier Frauen sind verschwunden. Zwei von ihnen mit Sicherheit ermordet. Von ihnen werden Leicheteile gefunden. Der Angeklagte soll seine Opfer zersägt haben.

Der Angeklagte ein gut aussehender Mann, auf den die Frauen nur so fliegen. Er hüllt sich in Schweigen. Stets mit ironischem Lächeln. Und immer so höflich. Wenn er im Gericht seine Anwältin begrüßt, verbeugt er sich jedes Mal ganz tief. Er ist immer gut angezogen – Maßanzug, weißes Hemd, Krawatte. Verständlich, dass sich auf den Zuhörerbänken hauptsächlich Frauen drängeln.

Die Boulevardpresse hatte selten ein so dankbares Objekt der Begierde. Es geht zum einen um Frauenmord. Das schon heizt die Gemüter auf. Außerdem dominieren Frauen auch noch das Verfahren. Den Vorsitz im Gericht hat eine Richterin, und Imielas Verteidigung übernimmt ebenfalls eine Frau.

Es ist ein reiner Indizienprozess. Der Angeklagte spielt das Unschuldslamm. In mühseliger Kleinarbeit muss ihm das Gericht die Taten nachweisen. So umfasst am Ende das Urteil samt Begründung 459 Seiten!

»Ist das der Blaubart von Fehmarn?«, fragt die *Bild*-Zeitung am 27. April 1970, nachdem auf der Ostseeinsel in einer so genannten Luderkuhle Leichenteile gefunden werden.

Der Blaubart von Fehmarn

Ich fahre mit dem Team über die imposante Fehmarnsund-Brücke. Schummerlicht. Die Sonne ist untergegangen. Wir stoppen kurz an der höchsten Stelle – unerlaubt im absoluten Halteverbot, so wie vor 34 Jahren vielleicht auch Arwed Imiela. Die Kamera schwenkt vom Abendhimmel hinunter auf Wasser, dorthin, wohin Imiela vielleicht Teile der von ihm verstümmelten Leichen geworfen hat. Etwas mulmig ist uns dabei schon.

»Es sind Zeugen ermittelt worden, die haben gesehen, dass er auf der Fehmarnbrücke mit dem Auto geparkt hat, passt auch mit der tatkritischen Zeit, es ist dort etwas reingeworfen worden, was, weiß man nicht«, erzählt mir Manfred Häder von der damaligen Mordkommission.

Wir folgen den Spuren der Ermittler, die im April 1970 Arwed Imiela in Hamburg festnehmen. Im Handschuhfach seines Autos finden sie eine Reklamebürste. Die führt sie zu einer Aral-Tankstelle auf Fehmarn. Der Tankwart von damals, Hans Grunst, ist heute Rentner. Er wohnt mit seiner Frau weiter hinter der Tankstelle. Als ich den Namen Imiela erwähne, strahlt er übers ganze Gesicht. Das waren noch Zeiten! »Er galt hier auf der Insel mehr oder weniger als ›der Millionär‹«, erzählt er.

Imiela hat in Marienleuchte auf Fehmarn einen Bungalow und ein 140 Hektar großes Jagdrevier gemietet. Jedes Wochenende kommt er zum Jagen. Er hält an der Tankstelle, lässt sich Benzin geben, isst ein Wurstbrötchen, das ihm Ingrid Grunst zubereitet, und hinterlässt dicke Trinkgelder.

Hans Grunst erinnert sich an den Tag, als plötzlich zwei Männer mit der Reklamebürste auftauchen: »Und dann kamen die Herren von der Kripo. ›Ja, worum geht es?‹ ›Ja, um Herrn Imiela.‹ Und da sagt meine Frau: ›Heute ist Freitag, der wird nachher noch nach Fehmarn kommen.‹ Worauf einer dieser Herren zu uns sagt: ›Nein, nein, der kommt heute nicht. Der ist weg vom Fenster.‹ Und da haben wir gesagt: ›Wieso, ist er verreist?‹ ›Nein, den haben wir festgenommen.‹«

Im weiteren Gespräch mit den Kripobeamten, einer von ihnen ist Manfred Häder, plaudern die beiden alles aus, was ihnen zu Arwed Imiela einfällt. Und ganz am Schluss erinnert sich Hans Grunst noch daran, dass »der Millionär« ihn mal gebeten hat, eine Ludergrube auszuheben. Imiela sagte, er wolle einen Fuchs zur Strecke bringen. So Ende 1969 wird das gewesen sein.

»Zu zweit waren wir dann Sonntagnachmittag nach Galendorf gefahren«, erzählt mir Hans Grunst die Geschichte noch einmal. »Herr Imiela war schon auf dem Gelände. ›Wie groß soll das Ding denn sein?‹ ›Ja, fangen Sie mal an. Ich sage dann Bescheid.‹ Wie groß mag sie gewesen sein? Ein Meter mal einen Meter vielleicht, achtzig Zentimeter tief.«

Die Beamten werden sofort hellhörig. Am nächsten Morgen zeigt ihnen Hans Grunst die Stelle. Sie ist so leicht gar nicht mehr auszumachen, weil viel Reisig und verrostete Nerzkäfige, wie zufällig drüber geworfen, den Ort verdecken. Gemeinsam graben sie etwas. Doch schon nach zwei Spatenstichen machen sie eine schreckliche Entdeckung. Das ist 33 Jahre her.

Ich rufe Manfred Häder an und frage ihn, ob er nicht für einen Tag nach Fehmarn reisen kann. Es würde ihm bestimmt Spaß machen, Hans Grunst nach all den Jahren wiederzusehen. Er kommt gerne. Nun stehe ich mit Hans Grunst und Manfred Häder nahe der Stelle, an der sie die Leichenteile fanden. »Das war vielleicht zwei Spatenstiche tief«, erinnert sich Manfred Häder, »und dann haben wir die Gra-

»Mit Sicherheit kein Fuchs«: Angeblich wollte Arwed Imiela einen erlegten Fuchs in seinem Jagdrevier vergraben; tatsächlich fand man am 25. April 1970 menschliche Leichenteile.

bungen eingestellt. Ich habe mit der Hand das weiter freigelegt, und zunächst kamen Plastikteile hervor, und dann haben wir gesehen, was in der Luderkuhle lag ... mit Sicherheit kein Fuchs, das war gleich zu erkennen.«

Die beiden erzählen, dass sie sofort mit dem Wagen von Hans Grunst zur Polizeistation nach Burg, dem Verwaltungszentrum der Insel, gerast seien. Durch mehrere Dörfer. Jedes Mal, wenn Hans Grunst im Ort auf 50 km drosselt, feuert ihn der Polizeikommissar Manfred Häder an, schneller zu fahren. Sie müssen unbedingt vor 12 Uhr mit der Staatsanwaltschaft Lübeck Kontakt aufnehmen, weil Imiela sonst wieder auf freien Fuß gesetzt wird.

Arwed Imiela ist am 23. April 1970 in Hamburg unter dem Verdacht festgenommen worden, ein Heiratsschwindler zu sein und sich durch Urkundenfälschungen Gelder erschlichen zu haben. Eine Bank in Celle hat die Justiz eingeschaltet. Jene, die Imiela geschädigt haben soll – Anna-Maria Kieferle (76) und ihre Tochter Annemarie Schröder (47) sowie Mutter und Tochter Ilse und Urte Evels (47 und 19 Jahre) –, sind nicht aufzufinden. Imiela behauptet, sie seien alle auf Weltreise. Warum nicht?

Jedenfalls besteht zu Anfang kein Verdacht auf ein Kapitalverbrechen. Zumal mit Imiela auch seine Verlobte Ulrike Roland (24) festgenommen wird. Die gesuchte Ilse Evels ist ihre Tante. Und Ulrike Roland bestätigt die Geschichte mit der Weltreise. Und da ein Verdacht auf Betrug und Urkundenfälschung keine lange Untersuchungshaft rechtfertigt, soll Imiela wieder auf freien Fuß.

Durch den überraschenden Fund der Leichenteile bekommt die Affäre Imiela nun eine völlig neue Dimension. Also hetzen Manfred Häder und Hans Grunst in Missachtung aller Verkehrsregeln nach Burg, um von dem schrecklichen Fund in der Luderkuhle zu berichten – vor 12 Uhr. Sie schaffen es. Imiela bleibt in Untersuchungshaft. Kurz danach rücken Spezialeinheiten der Mordkommission und der Spurensicherung an. Jetzt wird die Luderkuhle untersucht.

»Man hatte zwei Rümpfe, ohne Köpfe, ohne Hände und Arme, und auch noch zwei Füße. Und die hatten nun auch schon etliche Monate in der Erde gelegen. Und man wusste, dass sie in Plastik verpackt waren und genau in dieses Loch hineinpassten«, erinnert sich Christa Heimann-Schlotfeldt. Die heute pensionierte Amtsgerichtspräsidentin leitet damals von Lübeck aus das Verfahren gegen Imiela. Die Anklage wird neu formuliert werden müssen.

Wo können die restlichen Leichenteile versteckt sein? Die ganze Insel ist in Aufregung. Hubschrauber werden geordert, um Fehmarn aus der Luft nach heimlichen Grabstellen absuchen. Spürhunde sind im Einsatz. Erfolglos. Mehr als die Luderkuhle hat die Justiz bisher nicht. Und Imiela verweigert jegliche Auskunft. Es werden schwierige und langwierige Ermittlungen, fürchtet Christa Heimann-Schlotfeldt.

Die Presse braucht dagegen kein langes Ermittlungsverfahren. Für sie steht von Anfang an fest: Der Astrologe ist der Mörder. Noch bevor Imiela in seiner Untersuchungshaft so recht erfährt, dass die Ermittler ihn nun auch des Mordes an zwei Frauen verdächtigten, hat ihn die Presse bereits als Mörder überführt. Weitere ungeklärte Frauenschicksale werden ihm angehängt. 15 Frauen gelten als spurlos verschwunden. Nur Imiela kann der Täter sein.

Überall heißt er jetzt der »Mörder von Fehmarn« oder der »Blaubart von der Ferieninsel«. Unter der Schlagzeile »Die Fotos des Grauens von der Ferien-Insel« zeigt die *Bild*-Zeitung Fotos von den Bergungsarbeiten an der Luderkuhle. Daneben ein offener Sarg, in den Beamte mit großen weißen Schürzen Plastiksäcke mit den Leichenteilen legen. »Erschüttert stehen die Insel-Bewohner dabei«, so die Unterzeile. Der dazu gehörende Artikel lässt keinen Zweifel aufkommen, dass Imiela der Mörder ist. Inselbewohner, die ihn kennen und von seiner Großzügigkeit profitierten, wollen nun schon immer skeptisch gewesen sein und sich ihr Teil über diesen Mann gedacht haben.

Natürlich besteht der Verdacht, dass es die Rümpfe der Frauen sind, die sich laut Imiela auf Weltreise befinden. Ein ärztliches Bulletin bringt die Bestätigung: »Es besteht kein Zweifel mehr. Bei den Leichen, die auf der Insel Fehmarn gefunden wurden, handelt es sich um die beiden verschwundenen Frauen Ilse und Urte Evels«, verkündet Oberstaatsanwalt Schattenberg am 7. Mai 1970. Die Presse weiß zu diesem Zeitpunkt schon viel mehr. Die *Bild*-Zeitung veröffentlicht einen Tag später »neue Einzelheiten im Mordfall Imiela«: Zwei Frauen hätte Imiela vermutlich in seiner Wohnung (in Hamburg-Reinbek) getötet, die gefundenen Leichenteile seien zersägt worden, und in Imielas Auto hätte man Blutspuren entdeckt.

Ulrike Roland hält die ganze Geschichte noch immer für ein Missverständnis, das sich bald zugunsten ihres Verlobten aufklären wird. Er ist ein so feiner, gebildeter Mann, sagt sie. Er hat Lebensart und beste Manieren. Die Morde, die zerstückelten Leichen – das kann nicht wahr sein. Sie hat 14 Monate mit Imelia zusammengelebt. Sie hat ihn mit Tante Ilse und Cousine Urte bekannt gemacht. Sie weiß, dass er sich angeboten hat, für die beiden die Vermögensverwaltung zu übernehmen. Er versteht etwas davon, glaubt sie, schließlich lebt er auf großem Fuß. Arwed Imiela und Ulrike Roland wohnen in einer Acht-Zimmer-Wohnung in Hamburg-Reinbek. Imiela fährt einen Sportwagen. Er geht großzügig mit Geld um. Die Astrologie bringt wohl eine Menge ein. Die junge Frau schaut zu ihm auf, bewundert ihn. Sie vertraut ihm total.

Ulrike Roland wird nach der Festnahme tagelang verhört. Sie ist die wichtigste Zeugin, da Imiela selbst schweigt. So erfahren die Ermittler, dass die Verlobte des Astrologen einmal in dessen Auftrag nach Stockholm geflogen ist, nur um Briefe einzuwerfen, darunter auch Post von der Tante Ilse Evels. Ulrike denkt sich nichts dabei. Imiela erzählt ihr, die Tante sei selbst gerade irgendwo in Schweden unterwegs, und er erledige als ihr Vermögensverwalter ihre Post deshalb mit schwedischem Stempel.

Erstaunlicherweise weiß die Presse sofort, was Ulrike Roland den Ermittlern erzählt. Sie wird nun selbst als Komplizin verdächtigt. Zumal sie bei den ersten Vernehmungen in einem entscheidenden Punkt die Unwahrheit sagt: Sie behauptet, ihre Tante und Cousine noch zwei Wochen vor der Festnahme gesehen zu haben. Später vor Gericht gesteht sie: »Ich habe aus Liebe gelogen«.

Ulrike Roland

Ulrike Roland lebt heute noch in Hamburg. Ich möchte sie zu einem Interview treffen. Nach einer gewissen Bedenkzeit sagt sie zu. Das Gespräch mit ihr ist das wichtigste des ganzen Films.

Ulrike Roland überrascht durch ihre Offenheit. Sie legt eine dicke Mappe mit Zeitungsausschnitten und alten Fotos auf den Couchtisch. Es gibt kaum einen Tag in ihrem Leben, an dem sie nicht an den »großen Kriminalfall« und an die gemeinsame Zeit mit Imiela denken muss. Er hat auch ihr Schreckliches angetan, sie belogen, in sein mörderisches Spiel eingespannt. Und dennoch sagt Ulrike, das seien für sie immer zwei Personen gewesen: der Mann, den sie geliebt, mit dem sie zusammengelebt hat, und der Mann, der auf der Anklagebank saß.

Ulrike Roland muss mit dieser Vergangenheit leben. Die inzwischen 49-Jährige will sich nicht verstecken und einmauern. Sie ist berufstätig. Die Menschen, mit denen sie zu tun hat, wissen, wer sie ist und was sie durchgemacht hat.

Ulrike lernt Arwed Imiela im Februar 1969 kennen. Sie ist 23 Jahre jung, Imiela 39. Was ihr gleich an ihm gefällt, ist seine ruhige, zurückhaltende Art. Er ist kein Anmacher. Und er ist ein höflicher Mensch mit guten Manieren. Dennoch hat es Imiela bei Ulrike Roland sehr eilig. Gleich am ersten Tag der Begegnung kommt er zur Sache: »Irgendwann fragt er so ganz unvermittelt: ›Können Sie sich vorstellen, meine Frau werden?‹ Ich habe ganz spontan ja gesagt. ›Ja,‹ sagt er, ›dann machen Sie mal die Augen zu und geben Sie mir bitte Ihre rechte Hand.‹ Und dann hat er mir ein Armband drum gemacht und gesagt: ›So jetzt können Sie die Augen wieder aufmachen.‹ Und dann sagt er: ›Wissen Sie, dass wir jetzt offiziell verlobt sind?‹ Ja, und da ist es mir erst richtig bewusst geworden.«

Es geht alles ganz schnell. Ulrike zieht zu Imiela in die Luxuswohnung, in der ein merkwürdiges Frauenporträt und mehrere Frauenkleider hängen. »Das Bild hatte schon etwas Besonderes. Diese Frau hat einen mit ihren Augen, egal wo man sich stellte, immer angeschaut. Das war merkwürdig, und mich hat das nicht immer nur erfreut. Man fühlte sich beobachtet. Ich fragte natürlich, wo diese Sachen herkämen, ja und da sagte er: ›Das hat einmal meiner verstorbenen Verlobten gehört‹ – von der ich erst hinterher erfuhr, dass es wohl diese Frau Schröder gewesen ist. Und dann sagte er: ›Eigentlich möchte ich, dass die Sachen wegkommen, aber wenn du irgendetwas haben möchtest, mich würde das nicht stören. Wenn du sie anziehen würdest …‹ Und so zwei, drei Sachen hab ich wohl behalten.«

Imiela hat nämlich, kurz bevor er um Ulrikes Hand anhält, seine vorherige Verlobte umgebracht. Und er hat keine Skrupel, das in Öl gemalte Porträt der Vorgängerin an die Wand zu hängen. Er erzählt Ulrike Roland, seine frühere Verlobte – er nennt sie Angelique – sei vor fünf Jahren bei einem Autounfall in Süddeutschland ums Leben gekommen. Klingt glaubwürdig, und so vertraut ihm die neue Verlobte.

Doch die Sache mit dem Tod der Annemarie Schröder verhielt sich anders.

Annemarie Schröder, Anna-Maria Kieferle

Als Imiela Ulrike Roland kennen lernt, hat er die Hamburger Wohnung gerade erst bezogen. Der Bungalow auf Fehmarn ist aufgegeben, der Mietvertrag gekündigt. Bis zur Jahreswende 1968/69 hatten dort mit ihm Annemarie Schröder und deren Mutter Anna-Maria Kieferle gewohnt. Imiela hatte Annemarie Schröder die Ehe versprochen.

Frau Schröder lernt Imiela durch ein astrologisches Gutachten kennen. Die Unternehmerin sucht seinen Rat, denn sie steht vor zwei wichtigen Entscheidungen: Sie will sich geschäftlich umstellen auf Kosmetika oder Modewaren. Und sie überlegt, sich scheiden zu lassen. Imiela reist zu ihr nach Langen bei Frankfurt. Annemarie Schröder verliebt sich sofort in den gut aussehenden Mann. Schnell beschließen beide, zusammenzubleiben. Imiela zieht bald in die Villa von Annemarie Schröder ein. Sie hat Vermögen, Imiela will sich auch geschäftlich mit ihr zusammentun – und Liebe macht blind. Annemarie vertraut ihrem neuen Freund ihr gesamtes Vermögen an. Dann lernt Imiela auch die Mutter Anna-Maria Kieferle kennen. Sie besitzt ein Haus nicht weit entfernt in Geislingen. Der Astrologe sagt den beiden eine blühende Zukunft voraus. Er will sich um ihre geschäftlichen Belange kümmern und das Vermögen vermehren. Er rät den beiden Frauen, ihre Häuser zu verkaufen und mit ihm nach Fehmarn zu ziehen. Imiela verspricht, dort von dem Verkaufserlös zwei Häuser bauen zu lassen, eins für die künftige Schwiegermutter, das andere für das Liebespaar Annemarie und Arwed. Vorerst mietet er im September 1968 den besagten Bungalow in Marienleuchte auf Fehmarn, einsam gelegen. Die wenigen Nachbarbungalows sind nur im Sommer belegt. Die Frauen machen gehorsam mit. Der selbst ernannte Vermögensverwalter besitzt Generalvollmachten von ihnen. Schmuck und Wertgegenstände hat er ihnen schon abgeluchst. Die Häuser werden verkauft, das Mobiliar größtenteils in einem Möbellager in Hamburg zwischengelagert. Imiela will, dass die beiden ihrem gesamten Bekanntenkreis erzählen, sie gingen auf eine lange Weltreise – und bitte keine Rede von Fehmarn. Auch das tun sie brav. Der Astrologe will, dass die Frauen vom Erdboden verschwinden, spurlos, und dass sich dennoch niemand darum Gedanken macht, sind sie doch auf Weltreise. Gewiss monatelang, vielleicht mehr. Von Kanada, Südamerika und Australien ist die Rede. In Wahrheit ziehen die drei nach Fehmarn. Von Weltreise keine Spur.

Ingrid Grunst kannte beide Frauen gut: »Im Sommer '68 haben wir sie kennen gelernt. Und Weihnachten wollten sie zu uns zum Kaffee. Das heißt, Imiela hatte das arrangiert. Er hat sich selbst eingeladen. Er hat auch den Kuchen besorgt. Und dann kam er am Ersten Weihnachtstag und sagte, die Frauen wären Heiligabend abgereist. Und seitdem haben wir sie nicht wieder gesehen.«

Von Frau Kieferle wird Monate später ein Brief gefunden. Sie hat ihn nicht abgeschickt. Warum? Aus Angst vor Imiela? Er liegt im Bungalow auf Fehmarn unter einer Matratze. Die Tochter ist im November im österreichischen Igls auf Kur. »Ich ertrage, gelinde gesagt, das arrogante, ungezogene Benehmen deines Partners mir gegenüber nicht mehr. ... Manchmal denke ich, du hast deinen Verstand verloren ... Bist du für H. Imiela noch interessant, wenn kein Geld mehr da ist?«

Der smarte höfliche Herr kann also auch andere Seiten rauskehren. Anna-Maria Kieferle jedenfalls kriegt sie zu spüren. Denn sie hat Imiela durchschaut. Sie fleht die Tochter geradezu an, einzusehen, dass dieser Mann es nur auf das Geld abgesehen hat. Verfügen die beiden Frauen doch über mehr als eine Viertel Million Mark. Frau Kieferle ist, als die Tochter Ende des Jahres aus der Kur nach Fehmarn zurückkehrt, nicht da. Die Ermittler gehen davon aus, dass sie zu diesem Zeitpunkt bereits tot ist. Wie es Imiela gelingt, Annemarie Schröder die Abwesenheit der Mutter plausibel zu machen, bleibt ungeklärt.

Zur gleichen Zeit hat es Imiela wahnsinnig eilig mit einer großen Tiefkühltruhe. »Heiligabend hat er eine Kühltruhe bei der Firma Überall bestellt«, erinnert sich Ingrid Grunst, »und die wurde an Heiligabend natürlich auch ausgeliefert, weil er so viel Wild geschossen hatte – angeblich.« Emmi Überall bestätigt: »Er hat erzählt, er hätte so viele Hasen, die wollte er alle abfellen. Da hat er sich noch meinen Mann geholt, der hat ihm die Hasen abgefellt, und dann haben die die dann da reingepackt. Da wurde immer von Hasen gesprochen – in Wirklichkeit war das ja wohl was anderes.«

Zu diesem Zeitpunkt hat Imiela einen Großteil des Geldes der beiden Frauen bereits verpulvert, in teure Autos und Gewehre, in Jagdtrophäen und Saufgelage. Er hat auch frühere Schulden abgetragen. Und wie Frau Kieferle vermutet hat, ist ihre Tochter für Imiela nicht mehr interessant, als das Geld auszugehen droht. Emmi Überall aus Burg, mit der Annemarie Schröder sich gut verstand, erzählt: »Frau Schröder, die wohnte ja auch mit ihm auf Marienleuchte. Und da war da mal ein Jägerfest in Katharinenhof. Da ruft sie mich an, und da war sie auf ihn ›groggich‹, das konnte ich hören. Sie sagt: ›Ach Frau Überall, ich weiß nicht, ich bin heute gar nicht so gut drauf. Ich möchte heute Abend nicht alleine sein. Frau Überall, tun Sie mir den Gefallen, ich hol Sie ab, und dann fahren wir mal nach Großenbrode oder irgendwohin, und dann gehen wir beide schön essen.‹ Ich sag: ›Nee, Frau Schröder, heute Abend passt mir das irgendwie ganz und gar nicht. Ich möchte zu Hause bleiben.‹ Und das tut mir noch leid. Denn in der Nacht ist alles passiert, unter Garantie.«

Das Telefonat muss am 17. Januar 1969 stattgefunden haben. Denn danach wird Annemarie Schröder nicht mehr gesehen. Was ist in dieser Nacht wirklich geschehen? Niemand erfährt es. Denn Imiela schweigt sich aus. Emmi Überall erinnert sich, dass ihr verstorbener Mann erzählte, Imiela habe das Jägerfest spät abends für einige Zeit verlassen, sei dann aber wiedergekommen.

Die Polizei geht davon aus, dass Imiela zuerst die Mutter und rund 14 Tage später auch die Tochter im Haus ermordet hat – dass er sie dann zerteilt, in der Tiefkühltruhe einfroren und später auf der Insel verscharrt oder aber ins Meer geworfen hat. Jedenfalls sind beide Frauen spurlos verschwunden.

Kurze Zeit nach dem Doppelmord räumt Imiela den Bungalow aus. Er versucht, sämtliche Spuren des Verbrechens zu beseitigen. Dennoch wird später einiges in der Nähe des Hauses gefunden, was die Ermittler in ihren Vermutungen bestätigt.

»Das Feuer wurde auf der gegenüberliegenden Straßenseite gemacht«, erinnert sich Hans Grunst.

»Das war nachts. Die Marinestation von Marienleuchte hatte das Feuer gesehen. Es ist ja nicht erlaubt, an der Küste nachts Feuer zu machen. Die hat die Polizei in Puttgarden informiert, und der Polizist von Puttgarden ist hierher gefahren, klingelt an der Tür. Herr Imiela macht die Tür auf. ›Ach Herr Imiela, Sie sind's, na ja, dann ist ja alles in Ordnung.‹ Setzt sich aufs Fahrrad und fährt wieder zurück. Wie er nachher verhaftet war, bin ich mit einem Polizeibeamten hingefahren zu dieser Stelle, wo das gebrannt hatte. Und da haben wir merkwürdige Sachen entdeckt. Da waren zum Beispiel von Koffern diese Ecken, diese Metallschutzdinger, dann waren wahrscheinlich von Korsetts solche Stäbe. Das war da alles in diesem Scheiterhaufen.«

In der Garage des Hauses hatten neben der Tiefkühltruhe mehrere große Koffer gestanden. Hans Grunst vermutet, dass sie den Frauen Kieferle und Schröder gehört hatten.

Eine Spedition bringt die große Tiefkühltruhe nach Hamburg-Reinbek in die neue Luxuswohnung. Imiela holt die besten Stücke von Annemarie Schröder aus dem Hamburger Möbellager und richtet sich damit ein. Er ist im Besitz der Papiere der Frauen Kieferle und Schröder. Und er hat, so scheint es, legale Vollmachten, um über das Vermögen der beiden Frauen zu verfügen.

Noch bleibt ein Rest vom vielen Geld. Noch immer hat der Astrologe ein Paket Tausendmarkscheine in der Tasche und will, dass seine Jagdkumpane es sehen. Aber lange wird das nicht dauern. Da begegnet er Ulrike Roland. Bei ihr ist es etwas anderes. Er weiß, bei der jungen Frau ist kein Geld zu holen. In Ulrike ist Imiela wohl wirklich verliebt. Dennoch macht es ihm nichts aus, zu sehen, dass sie einige Kleider der Frau trägt, die er gerade ermordet hat. Und dass sie immer dieses Porträt vor Augen hat, das den Betrachter mit hintergründigem Lächeln aus jeder Richtung anschaut. Was mag in diesem Mann vorgehen?

Die beiden kommen gut miteinander aus, weil Ulrike sich dem 16 Jahre älteren Mann unterordnet. Weil sie wenig Fragen stellt nach der Vergangenheit. Sie weiß bis zum Ende eigentlich nichts von ihm. Imiela hat in der Wohnung sein Büro als Astrologe. Er bekommt viel Post, häufig Umschläge mit Geld. Ulrike hat keinen Zutritt zu diesem

Büro, nur manchmal kurz zum Putzen. Wenn Imiela die Wohnung verlässt, schließt er es ab.

Arwed Imiela schafft es, der jungen Frau einzureden, dass er all das Geld, über das er verfügt, mit seinem Job verdient. Er hat seine Zulassung als Astrologe seit 1958. Er annonciert in den Zeitungen, bietet frei Haus Gutachten an mit dem Versprechen, das Honorar zurückzuzahlen, sollten seine Vorraussagen nicht eintreffen. Das Geschäft läuft im Wirtschaftswunderland jahrelang bestens. 50 bis 100 Mark pro Gutachten. Unglückliche Frauen und Geschäftsleute, die vor wichtigen Entscheidungen stehen, suchen seinen Rat. Mithilfe eines Spezialgeräts kann er halbautomatisch astrologische Expertisen erstellen. Alles, was er braucht, sind Datum und Uhrzeit der Geburt. Als er Ulrike Roland kennen lernt, hat Imiela seine Astrologie jedoch schon stark vernachlässigt. Der Mord an den Frauen Kieferle und Schröder hat deutlich mehr eingebracht als die Gutachten.

Ilse und Urte Evels

Im Herbst 1969 erzählt ihm Ulrike von ihrer Tante, deren Mann gerade gestorben ist. Da fällt Vermögen an. Auch aus Lebensversicherungen. Imiela hat gesteigertes Interesse, die Tante kennen zu lernen. Eines Tages fahren die beiden nach Celle, wo die Tante, Ilse Evels, mit ihrer Tochter Urte in einem neuen schicken Reihenhaus lebt. Imiela wittert sofort seine Chance. Er gibt sich weltmännisch und umgarnt Mutter und Tochter gleichermaßen – aber so, dass Ulrike nichts merkt.

Wieder schafft er es, sich als Vermögensverwalter anzudienen. Ilse Evels versteht nichts von Geldangelegenheiten. Die Tochter fühlt sich geschmeichelt. Der elegante Herr mit Sportwagen und guten Manieren imponiert ihr ungemein.

Imiela besucht die Damen von Hamburg aus jetzt häufig ohne Ulrike. Er behauptet, er habe sich von Ulrike getrennt. Ein Rätsel, wie er es schafft, so schnell ihr Vertrauen zu erschleichen und Urte, die erst 19 ist, auch noch die Verlobung anzubieten. Er rät Ilse Evels, das Reihenhaus zu verkaufen. Die beiden Frauen sollten zu ihm nach Hamburg ziehen. Er würde ihr Geld gut anlegen. Zwischendurch könnten Mutter und Tochter ganz unbesorgt eine große Weltreise machen. Die beiden sind begeistert. Eine damalige Nachbarin aus Celle, Sigrid Steinhäuser, erzählt mir:

»Die Mutter war vielleicht an Imiela auch interessiert – für die Tochter. Sie hat mir dann immer mal berichtet. Dass er die Urte heiraten möchte, dass er einen ganz reichen Onkel in der Schweiz hat, und die Hochzeit wird dort stattfinden. Sie haben ja dann die Sachen, die sie so nötig brauchten, erst mal mitgenommen, denn sie wollten ja auf Reisen gehen. Nach der Hochzeit sollte dann eine große Reise stattfinden, eine Weltreise. Das hat sie mir erzählt.«

Um zu verhindern, dass Ulrike Roland weiterhin Kontakt zu den Frauen Evels hält, erfindet Imiela eine Lüge: Er behauptet, von den Evels erfahren zu haben, Ulrike hätte andere Liebhaber. Ulrike ist empört und will von Tante und Kusine nichts mehr wissen:

»Da hat Imiela dann ganz bewusst auch einen Keil zwischen meine Tante, Urte und mich getrieben. Aber auch zu meinen Eltern, damit sie den Kontakt abbrechen. Das hat er ganz geschickt gemacht. Ja und dann die Überlegung, ob es nicht ganz gut wäre, wenn wir uns vielleicht kurze Zeit mal trennen. Er hätte sowieso geschäftlich was vor. Ich könne ja dann zu meinen Eltern gehen, dass ich nicht so allein in der Wohnung bin. Ich hab dem zugestimmt.«

Hamburg-Reinbek. Ulrike zieht aus. Ilse und Urte Evels ziehen ein. Imiela holt beide zu sich mit dem klaren Plan, sie zu ermorden, sobald alle Vollmachten vorliegen, die ihn zum Vermögensverwalter der beiden Frauen machen.

Wie Ilse und Urte Evels getötet wurden, haben die Ermittlungen nie klären können. Vergiftet oder erschossen. In der Wohnung werden Kaliumzyanid und Chloroform gefunden. Das Gericht ist allerdings davon überzeugt, dass Imiela sie in der Wohnung zersägt, in Plastiksäcke verpackt, dann in die Tiefkühltruhe steckt und später in Einzelteilen verschwinden lässt. Gefunden werden am Ende in der Luderkuhle auf Fehmarn nur die Rümpfe und zwei Füße. Der Astrologe bemüht sich, in der Wohnung sämtliche Spuren des Verbrechens zu beseitigen. Im Schlafzimmer und im Flur müssen Teile des Bodenbelags ausgetauscht werden, wohl, weil sie zu sehr mit Blut durchtränkt sind. Ein Taxifahrer wird später vor Gericht aussagen, er sei einmal zu Imiela bestellt worden und habe in der Wohnung große Blutspuren auf dem Boden gesehen.

Zwischendurch fährt Arwed Imiela nach Celle, um dort den Hausstand der Frauen Evels aufzulösen. Kriminalkommissar Ernst-August Ahrens aus Celle war kurz danach vor Ort:

»Das Haus war leer. Normalerweise hinterlässt man einen Postnachsendeantrag, wenn man die Adresse wechselt. Das sind so bestimmte Gepflogenheiten, die jeder Mensch dann für sich wählt. Die waren von diesen beiden Frauen nicht gewählt worden. Es gab keinen Nachsendeauftrag bei der Post. Merkwürdig, das erfuhren wir bei Nachbarsbefragungen, auch deswegen, weil Imiela angeblich im Auftrage der Frauen handelte und Bilderalben und andere, wirklich rein persönliche Gegenstände dann im Garten dieses Anwesens Evels verbrannte.«

Imiela will so schnell wie möglich an das gesamte Geld von Ilse Evels. Es liegt unter anderem in Wertpapieren bei der Deutschen Bank und der Kreissparkasse in Celle. Imiela will das Ganze nach Hamburg transferieren lassen, seinen Wohnort. Die Deutsche Bank in Hamburg besteht jedoch darauf, Ilse Evels persönlich zu sehen. Kommissar Ahrens: »Der Filialleiter in Reinbek hatte Schwierigkeiten im normalen Bankverkehr mit Imiela. Und er bestand darauf, dass doch Frau Evels auf einer Kontenkarte ihre Unterschrift hinterlegt. Das geschah auf Geheiß von Imiela dann in seiner Wohnung. Da fand der Bankangestellte eine Dame vor, die sich mit dem Reisepass der Frau Evels auswies. Sie trug zu dem Zeitpunkt eine Sonnenbrille in der Wohnung. Einer ihrer Unterschenkel war eingegipst. Sie konnte sich also nicht bewegen. Saß auf einer Couch.«

Die Frau mit der Sonnenbrille ist natürlich nicht Ilse Evels. Es ist Ilse Müssener. Was niemand weiß, weder die Bekannten auf Fehmarn noch Ulrike Roland: Imiela war schon zweimal verheiratet, und er hat weiterhin guten Kontakt zur zweiten Ex-Frau Ilse Müssener.

Die geschiedene Frau hält noch immer zu ihrem Ex-Mann. Sie ist von Statur zierlich wie Ilse Evels. Eine entfernte Ähnlichkeit ist da. Imiela nützt dies aus und überredet seine Ex-Frau, in die Rolle von Ulrikes Tante zu schlüpfen. Er lügt Ilse Müssener vor, Frau Evels sei auf Weltreise, weit weg, er brauche sie aber dringend wegen irgendwelcher Unterschriften. Bei der Ähnlichkeit sei das doch alles kein

Problem. Sie tut es widerwillig, wie sie später vor Gericht bekundet. Aber sie scheint für diesen Mann zu allem bereit. Sie fährt mit ihm auch nach Fehmarn, wo sie bei Imielas Rechtsanwalt noch einmal in die Rolle der Ilse Evels schlüpft.

Insgesamt braucht Imiela für alles etwa drei Wochen. Bett und Tisch sind wieder frei für die echte Verlobte. Also bietet er Ulrike die Versöhnung an. Es klingt wie Realsatire, aber es geht um ein Kapitalverbrechen.

Ulrike Roland kehrt gerne zu dem Mann zurück, den sie liebt. Doch in seiner Wohnung steht plötzlich ein altbekanntes Möbelstück:

»Was mir sofort aufgefallen ist, dass da ein so genannter Barschrank von meiner Tante stand, den kenne ich von meinen frühesten Kindertagen. Es war ein ganz besonderes Stück, das habe ich immer sehr gerne gemocht. Den konnte man aufklappen, und da waren dann Gläser und wunderschöne alte Kacheln drin. Und dann habe ich ihn natürlich gleich darauf angesprochen: ›Sag mal, was macht denn der Schrank meiner Tante hier?‹ ›Ja‹, sagt er, ›den hat sie mir verkauft. Wieso stört der dich, den mochtest du doch immer so gerne.‹ Ich sag: ›Also, klar mag ich den gerne.‹ Und da ich ja nun eben wusste, dass sie auf Reisen sind und überhaupt ihr ganzes Leben dann neu organisieren wollen, war das für mich total glaubwürdig.«

Und da sie immer noch wütend auf Ilse und Urte Evels ist, die so gemeine Lügen über sie verbreiten, fragt sie nicht weiter nach.

Plötzlich erinnert sich Ulrike an ein Detail, über das sie noch nie gesprochen hat:

»Als ich dann zurückkehrte, also das Einzige, was ich bei ihm festgestellt habe, das fällt mir jetzt im Moment gerade ein, dass er an einem Oberschenkel oberhalb des Knies eine ziemlich tiefe Verletzung hatte. So wie von einem Stich. Und da habe ich ihn gefragt, und da sagte er, er wäre mal im Jagdgebiet gewesen, und da wäre er an eine Falle oder so irgendetwas hat er gesagt, da wäre er abgerutscht.«

Das Leben geht weiter, als wäre nichts geschehen. Die beiden fahren am Wochenende nach Fehmarn zum Jagen. Sie wohnen privat bei einem Bauern. Imiela stiftet dem Hegering auf der Insel einen Pokal. Auri-Pokal heißt er sinnigerweise: Arwed-Ulrike-Roland-Imiela-Pokal. Der Astrologe übt viel auf dem Schießstand, weil er die große »Goldene Schießleistungsnadel« gewinnen will.

Jetzt hat Imiela wieder mehr Geld. Die Generalvollmacht von Ilse Evels eröffnet ihm ihre Konten und Wertdepots. Gelegentlich schließt er sich aber auch in seinem Astrologenbüro ein, erinnert sich Ulrike Roland. Damit verdient er sein Geld, denkt sie. Kein Anlass zu irgendwelchem Verdacht. Auch als sie im Kleiderschrank fremde Unterwäsche und Strümpfe von Urte findet, schöpft sie keinen Verdacht. Es steigert eher ihre Wut auf die Cousine, die sich als Konkurrentin aufspielt und mit Ulrike nichts mehr zu tun haben will. Imiela hat zudem für alles eine Erklärung. Und er hat eine so bestimmende, um nicht zu sagen autoritäre Art zu argumentieren, dass sie immer gleich nachgibt.

In Wirklichkeit treibt er in seinem Büro ganz andere Dinge. Er entwickelt ein ausgeklügeltes System, um das Weiterleben der vier Frauen vorzutäuschen. Er hat zum Beispiel einige Postkarten der Frauen Kieferle und Schröder noch zu deren Lebzeiten beiseite gelegt (vielleicht war er von ihnen gebeten worden, sie zur Post zu bringen, und unterließ es). Diese Karten verschickt er erst Monate später. Sie sind echt und geben den Ermittlern anfangs Rätsel auf. Tote schicken keine Karten. Gleichzeitig fälscht Imiela die Unterschriften der vier Frauen. Perfekt. Zu perfekt, wie später Schriftsachverständige vor Gericht bezeugen werden. Erst als herauskommt, dass parallel zu den echten Dokumenten bereits auch gefälschte kursieren, erkennen die Ermittler Imielas Trick mit den Postkarten.

Imiela unterschreibt auch Verrechnungsschecks mit den gefälschten Signaturen von Annemarie Schröder oder Ilse Evels – sie werden überall akzeptiert. Er schickt, wie schon erwähnt, Ulrike nach Stockholm, um Briefe einzuwerfen, die vortäuschen sollen, Ilse und Urte Evels seien auf ihrer großen Weltreise gerade in Schweden.

Ermittlungen im Fall Blaubart

Anfang 1970 gibt es Schwierigkeiten mit der Celler Kreissparkasse. Sie will die Wertpapiervermögen von Ilse Evels nicht freigeben. Der zuständige Bankbeamte Max Wabnitz behauptet, er dürfe die Wertpapiere nur Frau Evels persönlich aushändigen. Das habe er mit ihr so abgesprochen. »Mein Schwiegervater hat sich zu Hause einmal darüber geäußert«, erzählt Else Wabnitz. »Das muss ihn sehr beschäftigt haben, dass die beiden Frauen Evels einem Heiratsschwindler aufsitzen würden.«

Imiela behauptet weiterhin, Frau Evels sei auf Weltreise und er doch im Besitz einer Generalvollmacht. Wo denn auf Weltreise, will die Bank wissen. In Schweden, behauptet Imiela, und sie sei zu krank, um nur wegen einer Bankangelegenheit nach Celle zu kommen. Also wird vereinbart, dass sich Frau Evels im deutschen Konsulat in Stockholm ausweist. Imiela überredet erneut seine Ex-Frau, mit ihm nach Schweden zu fahren, um dort beim deutschen Konsulat Ilse Evels zu mimen. Ilse Müssener fährt zwar mit, bekommt aber vor Ort in Stockholm solche Skrupel, dass Imiela sein Vorhaben aufgeben muss. Ulrike Roland weiß nichts von dem makabren Spiel.

Der Hartnäckigkeit des Bankbeamten Wabnitz ist es zu verdanken, dass die Celler Kreissparkasse jetzt die Polizei einschaltet. Am 23. April 1970 werden Arwed Imiela und seine Verlobte festgenommen. Mit dabei Polizeikommissar Ahrens:

»Wir sind mit den beiden in den Fahrstuhl gestiegen und in seine Wohnung hochgefahren. Es war eine ganz merkwürdige Situation in dem engen Fahrstuhl. Wir haben ihn dann erst oben in der Wohnung durchsucht, ganz gegen unsere Regeln, gegen das, was wir mal gelernt haben als Kriminalbeamte. Da fand ich in seiner Jackentasche eine großkalibrige Pistole und eine Menge Bargeld. Die Pistole hätte schon im Fahrstuhl Schlimmes anrichten können. Und er teilte uns mit, dieser hoch gewachsene, gut aussehende Mann, er habe sich, wie man in der Jägersprache zu sagen pflegt, gelöst und müsste die Toilette aufsuchen. Er hatte sich also in die Hose gemacht vor Schreck.«

Die Polizei findet in Imielas Auto mehrere Akten, die den Verdacht auf Veruntreuung und Urkundenfälschung erhärten. Der skrupellose Vermögensverwalter hatte ganz akribisch eine Akte für jedes seiner Opfer angelegt. Darin waren Kopien aller Bankauszüge und aller gefälschten Briefe säuberlich abgeheftet.

Die beiden wollen, aus Celle und Kassel kommend, nur kurz in die Wohnung. »Wir wollten eigentlich nur Wäsche austauschen. So habe ich das jedenfalls damals angenommen. Ob er das anders gesehen hat, dass weiß ich nicht. Und dann wollten wir weiter fahren nach Schweden. So hatten wir das von Anfang an geplant«, sagt Ulrike Roland heute. Doch Imiela hat mehr vor. Manfred Häder, damals bei der Kripo, erinnert sich: »Es war ja deutlich, dass er ganz konkrete Fluchtvorbereitungen getroffen hatte. Das ergibt sich aus dem, was wir in dem Fahrzeug gefunden hatten. Es war ja alles da, es gab die Tickets, er war auf dem Wege nach Stockholm und wollte von Stockholm aus nach Südamerika fliegen. Also, wenn wir 10 Minuten später gekommen wären, dann wäre er weg gewesen.«

Zwei Tage später werden die Leichenteile aus der Luderkuhle geholt. Für Ulrike Roland bricht die Welt zusammen. Sie erfährt erst von den Ermittlungsbeamten, was sie alles nicht wusste. Zum Beispiel, dass Imiela in Niedermarsberg schon zweimal verheiratet war. Zuerst mit einem 16-jährigen Mädchen, das schon ein uneheliches Kind hatte. Dann mit Ilse Müssener. Von ihr lässt er sich im Januar 1968 nach 18-jähriger Ehe scheiden. Ulrike weiß auch nicht, dass Imiela jahrelang unter falschem Namen lebte – beide Ehen waren unter diesem Namen geschlossen worden. Und natürlich hatte er ihr verschwiegen, dass er 1953 »wegen fortgesetzten versuchten Betrugs, wegen Urkundenfälschung und einer falschen eidesstattlichen Versicherung« zu zwei Jahren Gefängnis verurteilt worden war.

Er erzählte ganz selten von früher, erinnert sich Ulrike Roland: »Ich wusste nur, dass seine Eltern geschieden sind und dass das wohl ein schmerzlicher Einschnitt in seinem Leben gewesen ist. Wenn er überhaupt mal von seiner Mutter sprach, dann hat er immer von Frau Meyer gesprochen.«

Ulrike Roland weiß, dass Imiela gelegentlich nach Niedermarsberg ins Sauerland fährt. Er erklärt ihr, er habe da sein eigentliches Büro. Seine Mitarbeiterin Hedwig Ackermann mache von dort aus die Buchführung für ihn. Er ist dann ein bis zwei, manchmal auch mehrere Tage weg. Ulrike Roland hat keine Ahnung, was er in dieser Zeit treibt. Erst vor Gericht wird alles herauskommen.

Die junge Frau weiß natürlich auch nicht, dass sich dieses Büro von Imiela im Haus von Ilse Müssener befindet. Hedwig Ackermann wohnt ebenfalls dort mit ihrer Familie. Neben Fehmarn werden auch Haus und Grundstück in Niedermarsberg durchsucht. »Es war eigentlich alles auf den Kopf gestellt«, erzählt mir Hedwig Ackermann. »Die Kripo war auch nachts hier. Ich weiß nicht, wie viele Hundertschaften Soldaten hier waren, die mit den Stangen im Garten und im angrenzenden Wald die Erde zerstoßen haben.« Im Garten wird nichts gefunden. Im Haus stoßen die Fahnder allerdings auf Möbel, Teppiche, Lampen, Kleider und Schmuck aus dem Besitz der Frauen Schröder und Evels.

Auch wenn sich Imiela in seiner Zelle ausschweigt, alles deutet darauf hin, dass er etwas mit dem Verschwinden der Frauen Kieferle und Schröder sowie dem grauenvollen Tod von Mutter und Tochter Evels zu tun hat.

Die Ermittlungen konzentrieren sich auf die Suche nach den Opfern und darauf, das ausgeklügelte System von Bankbelegen, Abbuchungen, Geldtransfers und Urkundenfälschungen zu durchleuchten. Zweieinhalb Jahre brauchen die Ermittler für ihre Arbeit. Imiela sagt im Übrigen nicht nur nichts zur Staatsanwaltschaft, er hält auch seine Anwältin hin: »Es war ja sehr schwer für uns möglich, mit ihm wirklich, wie man mal so leger sagen kann, zur Sache zu diskutieren. Er wich immer aus. Es war immer nur mal von diesem, mal von jenem die Rede, aber konkret bekam man keine Antwort.«

Einer allerdings profitiert von Imielas Allüren. Der *Bild*-Reporter Jürgen Bungert darf ihn mehrfach in der Zelle besuchen, weil die Ermittler hoffen, gegenüber einem Journalisten könnte Imiela weniger verschwiegen sein. Doch der Untersuchungshäftling ist viel zu clever, um sich so aufs Glatteis führen zu lassen. Er nutzt dagegen einen Besuch des Reporters und seiner Anwältin für seine Show.

»Ich stehe also in dem kleinen Besucherraum«, so erzählt Jürgen Bungert, »und auf einmal öffnet sich die Tür. Herr Imiela kommt herein und hält in der Hand einen wunderschönen Strauß roter Rosen, geht lächelnd auf die verdutzte Anwältin zu und sagt: ›Ich habe mir sehr wohl gemerkt, dass Sie heute Geburtstag haben. Ich gratuliere Ihnen ganz herzlich, überreiche Ihnen diese Blumen, und Sie sehen, dass man rote Rosen auch im Gefängnis bekommen kann. Ich wünsche Ihnen viel Erfolg, vor allem viel Erfolg in meinem eigenen Fall.‹«

Des vierfachen Mordes verdächtigt, leistet sich der Mann derlei Scherze.

*Er spielte seine Rolle als smarter, gelassener Gentleman, dem nichts
anzulasten sei, bis zuletzt: Arwed Imiela in Untersuchungshaft, Anfang 1972.*

Das Fernsehen dreht auch in seiner Zelle. Imiela sitzt an einem kleinen Tisch und ordnet Unterlagen. Er legt sich auf die Pritsche und
blättert in einer Illustrierten. Er spielt Theater im Knast. Wichtigtuer?
Spinner? Glaubt er, so demonstrieren zu können, dass er ein reines Gewissen hat? Die Ermittler stoßen auf das Sachverständigengutachten
des Prozesses von 1953 und stellen fest, dass da schon alles drinsteht:

»Er macht alles spannend wie in einem Kriminalroman. Sein Leben ist ein
schlechter Kriminalroman. Alles ist unecht und gespielt. Nur was man ihm
100-prozentig nachweisen kann, gibt er zu. Über seiner Vergangenheit liegt
ein großes Dunkel. Er ist ein Blender. Er ist ein geltungsbedürftiger Psychopath ... Sein Unwissen versteht er meisterhaft mit rhetorischer Gewandtheit
zu überbrücken ... Über allem steht aber die ungeheure Eitelkeit, das Bestreben, um jeden Preis aufzufallen.«

In dieses Bild passt auch, dass Imiela Ulrike Roland mehrfach vorgaukelt, für den amerikanischen Geheimdienst gearbeitet zu haben. Er will sich wichtig tun, mit Geheimnissen umgeben, auf diese Weise manche seiner Reisen erklären oder etwa begründen, warum wieder einmal Post in Stockholm eingeworfen werden muss.

Der Prozess

Der Prozess beginnt am 9. Oktober 1972. Wichtig für die Urteilsbildung sind die Schriftsachverständigen, die zu beweisen haben, dass Imiela sich das Vermögen der ermordeten beziehungsweise verschwundenen Frauen durch Urkundenfälschungen angeeignet hat. Einer der Experte ist Hans Lampl:

»Er war kein guter Fälscher«, erzählt er mir. »Es war relativ leicht, diese vielen Unterschriften, die er gefälscht hat, als Fälschungen zu identifizieren, weil er ausnahmslos nach derselben Methode arbeitete. Er hatte authentische Unterschriften seiner vier Opfer, und zwar von jeder diverse Unterschriften. Die hat er wechselnd als Vorlagen genommen. Wechselnd auch mal von der einen den Vor- und von der anderen den Nachnamen und hat die ›durchgefenstert‹. Und dadurch war die Deckungsgleichheit dieser Unterschriften nachweisbar und damit ein Fälschungsnachweis relativ leicht. In der Regel gibt es keine auf natürliche Weise entstandenen absolut deckungsgleichen Unterschriften. Eines Tages hat man bei einer Visitation seiner Zelle mehrere Bogen Papier gefunden, wo er freihändig geübt hat. Und die Erkenntnisse daraus trugen dazu bei, zumindest mit einem sehr hohen Wahrscheinlichkeitsgrad denn auch seine Urheberschaft nachzuweisen.«

Imiela ficht das nicht an. Er habe, so erklärt er, aus reiner Langeweile vor sich hingekritzelt und mal ausprobieren wollen, ob er wirklich so gut fälschen könne, wie ihm vorgehalten wird. Er sei unschuldig und wisse gar nicht, warum er hier auf der Anklagebank sitze.

Die Leichen von Ilse und Urte Evels waren, so die Anklage, »sachgerecht« zerteilt, die Knochen glatt durchsägt. Vier Gutachter versuchen, die Frage zu beantworten, ob die in der Hamburger Wohnung gefundene Haushaltssäge hierfür benutzt wurde. Ein Gutachter ist fest davon überzeugt. Am Verhandlungstag, an dem über diese makabre Zerstückelung der Leichen geredet wird, ist auch Professor Werner

Krause anwesend, der ein kriminalpsychiatrisches Gutachten über Imiela erstellt hat und zu dem Schluss kommt, dass der Angeklagte »strafrechtlich voll verantwortlich« ist.

Er erzählt einige Tage später dem Schriftsachverständigen Hans Lampl die folgende Geschichte: »In einer Verhandlungspause steh ich plötzlich neben Imiela, und der raunt mir ins Ohr: ›Herr Professor, die Säge war das gar nicht.‹«

Während der Verhandlung blättert Imiela fortwährend in Akten, die er in den Gerichtssaal mitbringt. Es scheint, als interessiere ihn der Prozess überhaupt nicht, als hätte er nichts damit zu tun. Doch die Beweise liegen auf der Hand. Imiela hat sich auf betrügerische Weise des Vermögens der Frauen bemächtigt. Wer sollte die Morde begangen haben, wenn nicht er? Erst als sich die Schlinge zuzieht, fängt Imiela an zu reden. Er behauptet plötzlich vor Gericht, Ulrike Roland sei die Schuldige, nicht er.

Ulrike Roland hat bisher die Hoffnung nicht aufgegeben, dass sich all die Verdächtigungen gegen Imiela als Missverständnis herausstellen werden. Nun bleibt auch ihr nichts anderes übrig, als ihn für den Mörder ihrer Verwandten zu halten. »Als ich das dann hörte«, erinnert sie sich, »da habe ich gedacht, mein Gott, also dann wird doch was dran sein. Wenn er jetzt zu solchen Mitteln greifen muss, dann muss ihm das Wasser bestimmt bis zum Hals stehen.«

Der Prozess bleibt spannend bis zum letzten Tag. Eine Frau sagt aus, sie habe die seit über vier Jahren vermisste Annemarie Schröder gerade noch gesehen, gibt aber eine unzutreffende Beschreibung von ihr ab. Dann kursiert ein Gerücht, Imiela hätte kurz vor seiner Festnahme ein neues Opfer gefunden: »Es gab damals Hinweise darauf«, erzählt mir Frau Heimann-Schlotfeldt, »dass er inzwischen wieder jemanden gefunden hatte, der aus Amerika angereist war, und dass diese Frau justament, als sie in Holland landete und zu Imiela fahren wollte, über die Zeitungen erfuhr, dass dieser Mann ihr Reiseziel war, und dass sie sofort umgekehrt sein soll.«

Wieder also eine wohlhabende Dame, die dem Astrologen ihr Herz und ihr Vermögen schenken wollte? Zu dem Gerücht passt eine wahre Geschichte, erzählt von Ulrike Roland. Imiela fängt Anfang April 1970 erneut an, sie tagelang wegen ihrer früheren Liebesaffären zu quälen. Er verlangt, dass sie sich auf ein tödliches Spiel einlässt, um ihre Liebe zu ihm unter Beweis zu stellen:

»Er sagt: ›Wenn ich dir glauben soll, würdest du auch bereit sein, russisches Roulette zu spielen?‹ Wenn er etwas durchsetzen wollte, konnte er sehr beharrlich sein und Menschen zu Taten drängen, die ihnen sonst fremd sind. Ich hab es also getan. Das ist so weit eskaliert, dass ich die Augen verbunden und mir die Pistole an die Schläfe gehalten hatte. In dem Augenblick hat er sie mir weggeschlagen, die Binde abgenommen. Und dann sagt er: ›Hast du geglaubt, ich lass das wirklich zu?‹«

Vor diesem Spiel drängt er sie, einen Abschiedsbrief zu schreiben. Auch da gehorcht sie. Er habe aber, so erzählt sie mir, dieses Papier zerrissen. Dass sie bereit war, das alles zu tun, kann sie heute, 30 Jahren später, nicht mehr nachvollziehen.

Vielleicht will Imiela wieder einen Streit provozieren und Ulrike aus der Wohnung komplimentieren, wie schon vor einem halben Jahr, weil er die Frau aus Amerika erwartet. Frau Heimann-Schlotfeldt geht sogar noch weiter:

»Wenn er das Gefühl gehabt hätte, dass Ulrike Roland eine größere Gefahr als Nutzen für ihn bedeutet hätte, dann hätte er damals, glaube ich, auch einen Weg gefunden, sich ihrer zu entledigen. Denn er hatte sich auch schon von ihr Urkunden beschafft, die im Falle eines Falles durchaus ein Indiz für einen Selbstmord Ulrike Rolands hätten darstellen können. Er hatte auch da schon möglicherweise Vorsorge getroffen.«

Am 24. Mai 1973 fällt das Gericht das Urteil. Das Fernsehen darf am Ende kurz in den Saal. Imiela steht da und schaut konzentriert in den Raum. Er wirkt so, als sei er in Gedanken ganz woanders. »Ich denke, dass er immer schon so wie eine Insel für sich alleine gewesen ist. Und dass er es auch da fertig gebracht hat, die Welt draußen zu lassen«, antwortet mir Ulrike Roland auf meine Frage, ob diesen Mann denn wirklich nichts innerlich aufrütteln konnte.

Das Verfahren löst so viel Wirbel aus, dass der *Spiegel* Imiela gar eine Titelgeschichte widmet. Die lebenslange Haft sitzt er in Hamburg-Fuhlsbüttel ab. Aber Imiela ist nicht der Mann, der aufgibt. Der Astrologe bastelt weiter an seiner Unschuldslegende. Hat regen Frauenbesuch. Er verspricht wieder der einen die Verlobung, der anderen die Heirat. Er sagt ihnen die Zukunft voraus. Imiela schmuggelt mit ihrer Hilfe mehrere Briefe hinaus. Lässt sie in Amsterdam einwerfen. Einer ist datiert auf den 17. November 1976, gerichtet an Birgitta Wolff, den berühmten »Engel der Gefangenen«, und unterschrieben von »Annemarie Jäger, vorm. Schröder«. »Ich muss Ihnen schreiben, dass ich die angeblich ermordete Frau Schröder bin. Meine Mutter und ich leben seit Jahren im Ausland. Es geht uns gut. Ich habe ein furchtbar schlechtes Gewissen. Heute ist Buß- und Bettag. Da wird es mir erst richtig schwer.« *Bild* titelt sofort: »Brief der ›toten‹ Frau Schröder: Ich lebe! Imiela hat mich nicht ermordet«.

Doch der Coup fliegt auf. Der von Imiela gefälschte Brief wird von einem 18 Jahre jungen Mädchen, das den Gefangenen im Knast besucht, nach draußen geschmuggelt und zur Post gegeben. Imiela gibt ihr dafür einen goldenen Verlobungsring mit der Inschrift: »Arwed, 25.7.1976«.

Arwed Imiela stirbt am 3. Juni 1982 in seiner Zelle an Herzversagen. Er ist noch keine 53 Jahre alt. Es gibt keine letzte Erklärung von ihm. Kein Geständnis vor dem Tod. Keine Reue. Keine Entschuldigung. Er nimmt all die Lügen mit ins Grab. Ein besonderer Schmerz bleibt den Angehörigen der Frauen Kieferle und Schröder, denen es verwehrt war, ihren Toten ein Grab einzurichten.

Michael Gramberg

Die Schlecker-Entführer

Der Coup

Am 22. Dezember 1987 ereignet sich im schwäbischen Ehingen eines der spektakulärsten Verbrechen der achtziger Jahre. An diesem Tag kurz vor Weihnachten stimmen sich die Bewohner der Stadt auf das Fest ein. Niemand ahnt etwas Böses. Am Abend jedoch steigen drei bewaffnete Männer unbemerkt in das Haus des Drogeriekönigs Schlecker ein. Sie haben keine Mühe, geräuschlos ins Innere zu gelangen. Offenbar kennen sich die drei aus. Sie finden das Haus in der Ehinger Neubausiedlung verlassen vor. Anton Schlecker besucht zu diesem Zeitpunkt mit seiner Frau und seinen beiden Kindern Freunde, eine Weihnachtsfeier im kleinen Kreis.

Die Einbrecher machen währenddessen keine Anstalten, sich im Haus nach Wertgegenständen umzusehen. Sie haben einen anderen Plan. Als die Familie spät abends heiter mit ihrem Wagen nach Hause kommt, werden sie dort bereits erwartet.

Nichts ahnend stellt Anton Schlecker den Jaguar in der Garage ab und folgt seiner Frau und den beiden Kindern ins Haus. Die Einbrecher haben sich mit dem Haus und der Lage der Zimmer vertraut gemacht und wissen, wo sie die einzelnen Familienmitglieder am besten überwältigen können. Lärm, Geschrei oder gar Schüsse wollen sie unter allen Umständen vermeiden. Frau Schlecker geht direkt ins Bad und wird dort von einem der Männer überrascht. Sie versucht sofort, sich zu wehren, und geht auf ihn los, wird aber durch einen Schlag auf den Kopf gestoppt.

Die Gangster machen schnell klar, worum es ihnen geht. Sie fordern von dem Drogeriekönig eine ungeheure Summe: 18 Millionen Mark.

Die beiden Wortführer verhandeln mit Schlecker über die Höhe des Betrages, schließlich drohen die Täter, Frau oder Tochter zu erschießen, wenn sie die Millionen nicht erhalten. »So viel Geld hat keine Bank vorrätig«, argumentiert Schlecker, »das ist verdächtig«, und trifft den Ton. Die Täter – plötzlich ganz Geschäftsleute – akzeptieren. Man einigt sich auf zweimal 4,8 Millionen Mark, damit es nicht auffällt. Zu Schlecker sagen sie: »Sie sind Geschäftsmann, wir sind Geschäftsleute. Sie haben das Geld, wir die Ware.« Die bewaffneten Gangster hätten sich »flexibel und kooperativ« gezeigt, gibt das Opfer später zu Protokoll.

Die kurze Nacht vergeht für die Familie in Ungewissheit. Am frühen Morgen schleppen zwei der Männer die beiden Kinder Lars und Meike in die Garage, wo das Auto ihres Vaters steht. Lars muss in den Kofferraum kriechen, seine Schwester wird gezwungen, sich gefesselt auf den Rücksitz zu legen. Dann verlassen sie mit dem Wagen den Hof und verschwinden. Das Ehepaar Schlecker wird von dem dritten Mann im Schlafzimmer festgehalten.

Nur wenige Kilometer von Ehingen entfernt sind die Verbrecher mit ihren Geiseln am Ziel. Die Kinder erleben eine Fahrt in Angst, bis der Jaguar vor einer kleinen Hütte am Ufer eines Fischteiches hält. Der Ort ist offenbar zuvor genauestens ausgekundschaftet worden. Die Hütte liegt kaum 200 Meter von der Hauptstraße entfernt, dennoch ist sie von dort nicht auszumachen. Die Männer scheinen sich bestens auszukennen. Jeder Handgriff sitzt, kein Wort zu viel wird gesprochen. Ein Umstand, der die beiden Kinder einschüchtert. Weder Lars noch Meike jedoch schätzen den Ernst der Lage so hoch ein, wie es ihr Vater oder ihre Mutter in diesem Moment tun. Auch als sie mit Handschellen an die Pfosten eines Metallbettes in der Hütte gefesselt werden, erkennen sie nicht, dass sie sich in einer möglicherweise lebensbedrohlichen Situation befinden.

Die ganze Verantwortung lastet jetzt auf dem Vater. Doch Schlecker behält die Nerven und verhandelt mit den Verbrechern. Er legt ihnen genau dar, wie sich die nahezu 10 Millionen Mark in so kurzer

Zeit beschaffen lassen. Ganz internationaler Unternehmer, holt er aus dem Zimmer seines Sohnes ein Heft und listet Punkt für Punkt die notwendigen Schritte auf. Am Schluss haben die Maskierten eine von ihrem Opfer angefertigte Checkliste vorliegen, wie sie an ihre Beute kommen können.

Für die Geldbeschaffung muss noch ein weiterer Mann in die Sache eingeweiht werden. Anton Schlecker benachrichtigt in Absprache mit den Gangstern seinen Prokuristen. Der wird nach seiner Ankunft im Hause genauestens eingewiesen und allein losgeschickt. Der Angestellte muss zu insgesamt drei verschiedenen Banken in Ehingen und Ulm, um die gesamte Summe zusammenzubekommen. Er ist eine Weile unterwegs. Soll er die Polizei benachrichtigen? Wie viel Zeit kann er sich nehmen? Gibt es eine Chance, eine Gelegenheit, aus der Situation zu entkommen?

Die Bürde lastet in diesem Moment schwer auf ihm. Ebenso wie das Vertrauen, dass sein Chef ihm entgegenbringt. Aber erwartet Schlecker möglicherweise, dass er heimlich die Polizei einschaltet? Dann, und nicht nur dann, könnte er für ein mögliches Scheitern verantwortlich gemacht werden. Leistet er den Anordnungen der Gangster nicht Folge, bringt er möglicherweise die Kinder in Lebensgefahr.

Minutiös, wie der Coup von den Gangstern geplant worden ist, führt ihn Schleckers Prokurist aus. Er traut sich nicht, die Kinder seines Chefs zu gefährden. Allerdings beweist er auf der Rückfahrt von der letzten Bank Geistesgegenwart und notiert sich die Seriennummern der obersten Scheine von mehreren Geldbündeln. Dank seiner Hilfe lassen sich später die Nummern auf Geldscheinen im Wert von drei Millionen Mark rekonstruieren – fast ein Drittel der Beute. Der Prokurist kommt rechtzeitig mit dem Geld zurück, dass die Verbrecher keinen Verdacht schöpfen.

Mit dem Ehepaar Schlecker wird er gefesselt in den Keller gebracht. Gegen Mittag ziehen die beiden maskierten Männer mit der Beute ab. Diesmal im Wagen des Prokuristen, holen sie ihren Komplizen aus der Fischerhütte und lassen die Kinder in Handschellen zurück.

Bis hierhin ist der Plan der Bande aufgegangen. Ein Plan mit erstaunlich vielen Mitwissern und Unwägbarkeiten. Woher nehmen die

Verbrecher ihre Sicherheit? Sie flüchten mit 9,6 Millionen anstelle der geforderten 18 Millionen Mark. Die Polizei erfährt von dem Überfall erst, als die Kinder, die sich ebenso wie ihre Eltern selbst befreien können, schon zu Hause sind. Die Täter verschwinden spurlos.

Die Ermittlungen

Die Beamten des Sonderdezernats der Tübinger Kriminalpolizei befinden sich mitten in den Vorbereitungen für das Weihnachtsfest. Niemand hat hier mit einem Einsatz gerechnet, als der Alarm kommt. Keiner der Beamten darf mehr das Bürogebäude verlassen, wer schon auf dem Weg zum heimischen Weihnachtsbaum ist, wird zurückgerufen. Die Mannschaft fährt von Tübingen aus sofort nach Ehingen, bezieht dort Quartier und lässt sich in die Lage einweisen.

Die bewährten Spezialisten werden noch am gleichen Vorweihnachtstag beauftragt, eine Sonderkommission der Kriminalpolizei einzurichten. Die Soko »Lars« wird ins Leben gerufen. 90 Mann sollen hier in den nächsten Wochen alle Details aufspüren.

Die 16- und 14-jährigen Schlecker-Kinder waren knapp zwölf Stunden in der Gewalt der Entführer, und auch sie werden nun ausführlich als Zeugen vernommen. Nach der Anhörung aller Opfer ist sich die Kriminalpolizei immerhin sicher, dass es sich um insgesamt nur drei Männer gehandelt hat.

Am Fischteich sind 80 Beamte damit beschäftigt, das Gelände abzusuchen. In der Hütte sind nur die Handschellen geblieben. Alles, was man draußen findet, ist ein alter Gürtel, der aber vermutlich nichts mit dem Fall zu tun hat, und ein Stück Plastikschnur. Zusätzlich durchsuchen sieben Taucher den kleinen Teich nach weggeworfenen Tatwaffen, aber das eiskalte Wasser gib keine Geheimnisse preis. Alle Bemühungen der sofortigen Großfahndung bleiben ergebnislos.

Es gelingt der Polizei nicht, den Tätern näher zu kommen. Phantomfotos werden erst auf Druck einer Boulevardzeitung veröffentlicht. Es gibt noch Zweifel an ihrer Ähnlichkeit.

Die Entführer tauchen nach dem Schlecker-Coup unter. Keiner der gefundenen Hinweise führt zunächst auf eine echte Spur. Immerhin 2 700 Einzelhinweise gilt es zu bearbeiten. Manche sind schnell als üble Nachrede abgehakt, aber es gibt auch Anhaltspunkte darunter, die wochenlange Arbeit erforderlich machen, um Klärung herbeizuführen, bis offensichtlich ist, ob die verdächtigte Person etwas mit der Geschichte zu tun hat oder nicht. Aber auch die interessanten Spuren verlaufen sich. Es gelingt der Polizei nicht, ein Täterprofil zu erstellen.

Eine Woche nach der Entführung gibt es endlich die erste heiße Spur: Sie führt an die Nordsee. Bis auf die Insel Föhr folgt die Polizei einem Campingwagen mit Ludwigsburger Kennzeichen. Das Fahrzeug gehört in den Bekanntenkreis von Anton Schleckers Gärtner, auf den ein Verdacht gefallen war. Die drei Passagiere, die hier zwischen Weihnachten und Neujahr weit außerhalb der Saison gemeinsam auf die Insel kommen, benehmen sich nicht wie normale Touristen. Den Einheimischen kommt gleich die Freigiebigkeit der Männer beim Spendieren von Trinkgeldern und Lokalrunden seltsam vor. Zudem bezahlen sie mit 500-Mark-Scheinen.

Der Wirt der traditionsreichen Föhrer Schänke »Glaube Liebe Hoffnung« erinnert sich noch gut daran, wie die drei »die Sau rausgelassen haben«. Ihm wie den anderen Gästen ist aber auch aufgefallen, dass sie nicht erkennen haben lassen, was gefeiert werde. Irgendjemand hat dann im Laufe des Abends zum Telefon gegriffen.

Die Polizei kommt mit Hubschraubern auf die Insel. Als die drei Männer spät in der Nacht betrunken zu ihrem Campingbus zurücktorkeln, sind sie bereits nicht mehr allein. Mit Maschinenpistolen, Helmen und schusssicheren Westen packen die Häscher des Spezialkommandos zu. Die mutmaßlichen Täter leisten keinen Widerstand, als sie auf das Festland gebracht werden.

Am darauf folgenden Tag dann kommt für die Soko »Lars« die große Enttäuschung. Sie haben die Falschen erwischt. Alle drei können einwandfreie Alibis vorweisen.

Tatsächlich ist es der Polizei nicht gelungen, eine Verbindung zwischen Opfern und Tätern herzustellen. Das ist möglicherweise das Kalkül der Täter gewesen, als sie sich ihr Opfer ausgesucht haben.

Mittlerweile verbreiten sich Gerüchte, dass Anton Schlecker die Entführung selbst eingefädelt habe. Man traut ihm zu, sich an der versicherten Lösegeldsumme bereichert zu haben. Mehreren Beobachtern ist aufgefallen, dass die Höhe der Beute ziemlich genau der Versicherungshöchstsumme entspricht.

Auch die Polizei kann den Verdacht nicht sofort ausschließen und ermittelt bereits vorsichtig gegen den Drogeriekönig. Doch im Lauf der Zeit kommen den Beamten Bedenken, denn es gibt zwei Argumente, die gegen eine Inszenierung sprechen: erstens die professionelle Durchführung und zweitens der Umstand, dass Frau Schlecker einen Schlag auf den Kopf bekommen hat.

Fast ein Jahr später hat sich immer noch nichts ergeben. Die Polizei tappt völlig im Dunkeln. In der Sendung *Aktenzeichen XY – ungelöst* greift Eduard Zimmermann den Fall auf. Die Gangster werden nach bekannter Manier mit Schauspielern nachgestellt, und vor szenischen Standbildern erklärt ein Kommissar, dass der Wortführer circa 35 Jahre alt und 1,70 Meter groß sei. Weit gefehlt, wie sich später herausstellen soll.

Anton Schlecker setzt jetzt für Hinweise, die zur Festnahme der Erpresser führen, eine Belohnung von einer Million Mark aus. Daraufhin erlebt die Sonderkommission einen neuen Regen von Hinweisen. Einer der führenden Kommissare sagt, dass die Belohnung »dazu führte, dass im wahrsten Sinne des Wortes Lotto gespielt wurde«. Viele glauben bemerkt zu haben, dass bestimmte Leute in ihrer Umgebung plötzlich über viel Geld verfügen oder unerklärliche Reisen durchführen. Aber der ganze Aufwand ist umsonst. Die Polizei muss zugeben, dass sie trotz intensiver Nachforschungen keine einzige heiße Spur hat. Ist den Tätern das perfekte Verbrechen gelungen?

Die Nachforschungen kommen nicht voran. Die Soko wird aufgelöst. Die Entführer bleiben einfach wie vom Erdboden verschwunden. Monate penibler Kleinarbeit in der Sonderkommission haben nicht zum Ziel geführt. Die Kommissare müssen warten, bis die Bande einen entscheidenden Fehler begeht. Eine frustrierende Situation und kein Imagegewinn gegenüber der Öffentlichkeit. Die Ermittler ahnen dabei nicht, wie lange sie auf eine neue Chance warten müssen. Erst elf Jahre später wird den Tätern das Geld ausgehen.

Die Erpresser führen die Polizei an der Nase herum. Sie bleiben unverdächtig und unsichtbar. Und sie leben offenbar ein perfektes Doppelleben. Drei Männer, die von einem Tag auf den anderen um fast 10 Millionen Mark reicher geworden sind. Wer sind diese Männer? Wo werden sie das nächste Mal zuschlagen? Oder haben sie sich bereits ins Ausland abgesetzt? Sie haben wie Profis agiert, sie haben die Banken und die Polizei ausgetrickst und vielleicht auch dazu beigetragen, dass das Opfer nun der Tat verdächtigt wird.

Die Gangsterkarriere

Kein Zweifel: Die Männer sind Profis. Das ganze Ausmaß ihrer Taten wird den Ermittlern aber noch lange ein Geheimnis bleiben.

Ihre kriminelle Karriere hat zwölf Jahre vor dem Schlecker-Coup begonnen. Am 7. März 1975 probieren sie es – damals noch zu zweit – das erste Mal. Die beiden Männer sind schon rund 40 Jahre alt, als sie die Kreissparkasse in Ebersbach bei Esslingen überfallen. Maskiert mit Perücke und falschem Bart, kassieren sie – mit vorgehaltener Pistole der eine und mit einer Schrotflinte der andere – 195 000 Mark. Da unterläuft ihnen ein Anfängerfehler: Keiner von beiden hat an eine Tasche für das Geld gedacht. Deshalb stopfen sie die Scheine in einen herumstehenden Putzeimer und verschwinden. Die nächste Bank ist vier Monate später dran. Im Sommer 1975 berauben die beiden Männer die Kreissparkasse in Oberkochen. Tatablauf wie gehabt, diesmal mit Tasche. Sie erbeuten 135 000 Mark. Der Überfall dauert nur Minuten. Im November 1975 fällt ihnen die Deutsche Bank in Esslingen zum Opfer: 104 000 Mark. Bereits im Januar 1976 stehlen sie 183 000 Mark aus der Kreissparkassenfiliale in Freiberg-Beihingen. Die Liste der Überfälle wird immer länger. Bis 1978 erbeuten sie beinahe 2,6 Millionen Mark. Ein beachtlicher Erfolg für die beiden Komplizen. Mittlerweile haben sie erlesene Waffen, von der Maschinenpistole bis zur Pumpgun. Allerdings: Bei keinem der Raubzüge fällt auch nur ein einziger Schuss.

Aber das Geld ist schnell verbraucht. Die beiden Profis denken nun über eine Steigerung ihrer Effektivität nach. An einem Sonntagabend im März 1982 probieren sie etwas Neues. Sie fahren schwer bewaffnet und verkleidet – einer der beiden trägt eine Polizeiuniform samt

Mütze – zum Haus des Direktors der Kreissparkasse Göppingen. Die erste Geiselnahme. Die 18-jährige Tochter des Bankdirektors wird am frühen Montagmorgen samt Schlafsack und warmer Kleidung in eine Hütte im Wald gebracht, wo ein vermummter dritter Mann zur Bewachung wartet. Dem Vater wird versichert, man werde niemandem etwas tun, man wolle nur Geld, und zwar 5 Millionen Mark.

Erpresser scheitern meist an der Geldübergabe. Diese beiden haben eine andere Methode. Sie planen so gründlich wie möglich, schüchtern ihre Opfer ein, verbreiten Schrecken und lassen die Geisel erst frei, wenn das Geld da ist. »Unterschätzen Sie uns nicht«, wird in Göppingen gedroht, »sonst gibt es ein Blutbad.« Martin Seifried, der Chef der Kreissparkasse Göppingen und ihr erstes Opfer, erinnert sich an die langen Verhandlungen: »Als ich nach Stunden ein Stück Torte verlangte, brachten sie gleich eine Kuchengabel mit.«

Mit dem Direktor fahren sie morgens in die Bank und machen es sich in seinem Büro bequem. Im Tresor sind nur knapp 700 000 Mark. Ein Gelddisponent muss einen Scheck ausstellen, mit dem man von der Landeszentralbank zwei Millionen bekommt. »Also, dass die noch einen Geldtransport organisierten, das war schon cool«, sagt ein Mitarbeiter der Bank noch heute. Als das Geld da ist, nehmen sie den Dienstwagen des Direktors. Die entführte Tochter befreit sich in der Zwischenzeit selbst. Die Polizei kann allerdings erst informiert werden, als die Täter schon über alle Berge sind.

Die immer gleiche Technik und Taktik der Überfälle ist unübersehbar. Warum kommt ihnen niemand auf die Spur? Rückblickend ein Rätsel – selbst wenn die Auseinandersetzung der »Handschrift« von Straftätern in den achtziger Jahren noch keine so große Rolle spielt wie heute.

Wer sind die Unbekannten?

Umgeben von Weinreben, liegt im Tal das Dörfchen Kesten. Der kleine Ort an der Mosel dient einem der Täter als Versteck. Das bürgerliche Leben mit Mutter, Freundin, Haus und Hund ist seine per-

Geiselnehmer haben ein Blutbad angedroht

Bisher keine Spur gefunden – Für Wiederbeschaffung des Geldes 100 000 Mark Belohnung

fu. GÖPPINGEN. Sparkassendirektor Martin Seifried saß am Sonntagabend vor seinem Fernseher und schaute sich das Stück von den kleinen Ganoven „Hauptmann von Köpenick" an, als die großen Ganoven klingelten. Sie hielten ihn dann zusammen mit seiner jüngsten Tochter Cornelia zwölf Stunden lang und erpreßten am Montagfrüh 2,7 Millionen Mark. Doch zunächst einmal drückte der 53 Jahre alte Martin Seifried abwechselnd auf den TV-Knöpfen und erzählten seines jüngsten Tübingen weggefahren war, habe etwas vergessen und sei noch einmal zurückgekommen. So kam es, daß die Kidnapper schneller im Flur des Hauses standen, als sie sich wohl hatten träumen lassen, und damit begann die schlimme Nacht gegen 20.15 Uhr.

Der Sparkassendirektor sah zunächst den grünen Anorak und die Polizeimütze des ersten Geiselnehmers, doch das er einen Gedanken fassen konnte, hatte der zweite die Pistole gezückt und da war der Ernst der Situation klar. „Wo ist Ihre Tochter?" war die erste Frage der Erdringgbande. Der Vater mußte ein aus ihrem Zimmer im Obergeschoß rufen. Vater und Tochter wurden dann gezwungen, sich im Schlafzimmer auf die Betten zu legen und wurden an jeweils einer Hand aneinander gefesselt.

Direktor Seifried ist verwitwet, sonst war niemand im Haus. Die Bankräuber fixierten die Lichter im Schlafzimmer. Die Radläden waren geschlossen. Der Gedanke an Flucht sei ihm zwar immer wieder durch den Kopf geschossen, doch er habe ihn stets wieder rasch verworfen, sagte Martin Seifried gestern einem Göppinger Journalisten. Zur Sicherheit hatten die Kidnapper auch die Sprechmuschel des Telefons abgeschraubt.

Im Verlauf der Nacht sei dann viel gesprochen worden. Das Räuber-Duo drohte dabei mit einem Blutbad im Bankgebäude, wenn ihre Forderung nicht erfüllt werde. Fünf Millionen Mark müsse die Göppinger Kreissparkasse herausrücken, verlangten die beiden. Wenn diese das Geld nicht übergeben werde, dann werden Halferohren mit Tür an der Bank aufhaußen und Sprengkörbe zünden. Der Direktor machte jedoch klar, daß so viel Geld nicht im Tresor liege. Es sei dann im Laufe der Nacht viel vom Sicherheitssystemen in Banken die Rede gewesen. Aus den Bemerkungen der Geiselnehmer schließlich der Sparkassendirektor, daß sie sich in diesem Fachgebiet gut auskennen. Sie hätten noch behauptet, daß sie im Auftrag einer nicht genannten Organisation handelten, doch davon glaubt Seifried nicht.

Wie bereits berichtet, brachte dann gegen vier Uhr der mit Polizeistrolch bekleidete Täter die Tochter Cornelia aus dem Haus. Er mußte die Schlüssel, Handschuhe und Mütze mitnehmen. Eine Strumpfhose wurde ihr über das Gesicht gezogen, im Wagen der Geiselnehmer mußte sie sich unter Wolldecken legen. Cornelia war zu einem hellen, möglicherweise silberfarbenen Personenwagen transportiert worden.

Martin Seifried habe jetzt sogar die 18jährige Tochter können, wie bei früheren Entführungsfällen geschehen, so einen Erdloch versteckt werden. Doch Cornelia wurde bekanntlich zu einem Gartenhaus gebracht, das einen Kilometer südöstlich von Schorndorf am Hang zum Schurwald hin liegt. Das Häuschen gehört einem Schorndorfer Professor, die Entführer hatten es ausgebrochen. Der dritte Mann ist so ausgebrochen. Der dritte Mann in des Strumpfhose übers Gesicht gezogen, so daß sie über alte Aussehen nichts sagen kann. Als sich der Bewacher gegen 9 Uhr abgesetzt hatte, vermochte sich Cornelia selbst von ihren Fußfesseln zu befreien. Sie ging durch Gärten und Wiesen bis zu den ersten Häusern von Schorndorf und rief ihren Vater an.

In Göppingen war unterdessen der große Coup gelandet worden. Der Komplize, der das Mädchen ins Gartenhaus gefahren hatte, war gegen 5.30 Uhr zurückgekommen. Um 7 Uhr waren die beiden Bankräuber mit dem Direktor in dessen Wagen bis in die Tiefgarage der Bank gefahren. In dem Gebäude, das gegenüber dem Göppinger Hauptbahnhof liegt, waren sie mit dem Auftrag in den zweiten Stock zu den Seifrieds Büro gefahren. Dort hätten sie noch eine Dreiviertelstunde gewartet, erzählte der Direktor, denn er kann allein den Tresor nicht öffnen. Ständig wissen die Täter darauf hin, daß vor der Tochter in ihrer Gewalt hätten.

Nach und nach seien dann jene Angestellten ins Chefbüro zitiert worden, die zum Öffnen des Tresors nötig sind. Dann ging man gemeinsam zum Tresor und die Bankräuber nahmen zwei Millionen und siebenhunderttausend Mark ein. Einer der Angestellten wurde als Geisel mitgenommen, jedoch schon nach wenigen hundert Metern in die Göppinger Karlstraße wieder die freigelassen.

Inzwischen hat die Versicherung der Göppinger Sparkasse eine Belohnung von 100 000 Mark für die Wiederbeschaffung des Geldes und für Hinweise auf die Täter ausgesetzt. Die Polizei hat in Göppingen eine Sonderkommission aus Beamten der Göppinger Kriminalpolizei und der Landespolizeidirektion Stuttgart I eingerichtet, bei der bis gestern abend mehr als 100 Hinweise eingegangen waren, doch eine heiße Spur war bis gestern abend nicht dabei.

Die Phantombilder der Polizei zeigen, wie die beiden Geiselnehmer etwa ausgesehen haben könnten, die bei dem Überfall auf den Göppinger Sparkassendirektor und dessen Tochter Bärte angeklebt und Perücken getragen hatten.

Trotz fieberhafter Fahndung und großem Medieninteresse konnten die Täter jahrelang nicht gefasst werden. Sie tarnten sich, indem sie ein perfektes Doppelleben führten. Hier Phantombilder, die die Ermittler veröffentlichten.

fekte Tarnung. Nach außen führt er – voll in das Dorfleben integriert – das Dasein eines braven Mannes. Dass er auf geraubten Millionen sitzt, ahnen weder Nachbarn noch Verwandte.

Der unauffällige Biedermann heißt Herbert Jacoby. In der Schänke »Himmeroder Hof« trinkt Jacoby regelmäßig sein Bier, und sonntags sitzt er beim Skat. Viele glaubten ihn gut zu kennen in seinem Stammlokal. Neben der Tür hängt sogar ein Bild von ihm.

Ein Gentleman sei er, erfährt man im »Himmeroder Hof«: »Allen hat er immer geholfen. Besonders bei Hochwasser.« Von dem vielen Geld hat keiner etwas geahnt. Bekannt ist aber auch, dass Jacoby in den letzten beiden Jahrzehnten nie gearbeitet hat. »Er ging oft mit seinem Hund spazieren«, sagt ein Gast, »ein Lebenskünstler eben.« Die Wirtin bezeichnet ihn als typischen Dorfmenschen.

Auch Herbert Jacobys Begegnungen mit dem Komplizen sind in seiner Straße und im »Himmeroder Hof« unbemerkt geblieben. Als die beiden Männer sich Anfang der siebziger Jahre kennen lernen, treffen zwei aufeinander, die sich bis dahin durch ein von Misserfolg bestimmtes Leben geschlagen haben. Zwischen den Gangstern hat es zu keiner Freundschaft gereicht. Ihr Verhältnis ist von Anfang an ein Zweckbündnis – zwei, die sich gesucht und gefunden haben.

Wilhelm Hudelmaier, der Kopf der Bande, stammt wie sein jüngerer Bruder aus einem schwäbischen Dorf nahe Stuttgart. In Schlichten scheint die Welt auf den ersten Blick ebenso in Ordnung zu sein wie in Jacobys Heimatort. Der Vater war hier einst Bürgermeister. Während der jüngere Bruder Dieter – auch er ein Meister der Tarnung – in das Elternhaus gezogen ist, war Wilhelm schon früh flügge. Die Nachbarn sind davon überzeugt, dass Dieter Hudelmaier unschuldig ist. »Von ihm kommt so was nicht«, sagen sie. Allerhöchstens sei er gezwungen worden mitzumachen. Und zwar von seinem Bruder Wilhelm, der schon in der Schule ein Spitzbub gewesen sei. Von dem ist auch in Schlichten bekannt, dass er schon mit 18 in der Schweiz einen Einbruch gemacht habe.

Alle frühen Banküberfälle, die Wilhelm Hudelmaier gemeinsam mit Herbert Jacoby machte, sind auffällig im näheren Umkreis von Schlichten abgelaufen. Kaum mehr als 30 Kilometer haben sie sich jahrelang bei ihren Taten von dem schwäbischen Städtchen entfernt. Trotzdem ist der schon früh straffällig gewordene Wilhelm Hudelmeier der Polizei nie als Verdächtiger aufgefallen.

Tatsächlich hat die Polizei kaum eine Chance, dem Kopf der Bande näher zu kommen. Wilhelm Hudelmaier setzt sich regelmäßig nach den Überfällen ins Ausland ab. Mit einem kanadischen Reisepass, ausgestellt auf den Namen William Meyer, reist er auch nach dem Schlecker-Coup wieder nach Amerika.

Wer ihn besser kannte, weiß, dass ihm das Leben in der schwäbischen Provinz immer zu spießig gewesen war. Die enge Umgebung und die Kleinstadt, das konnte er nicht ertragen. Er wollte raus. Möglicherweise mit allen Mitteln. Andere bezeichnen Wilhelm Hudelmaier als Getriebenen, der nie auch nur für ein Jahr an einem Ort bleiben konnte. Er musste einfach immer weiterziehen. Er braucht den Lebensstil, den er sich in Amerika leistet – teure Autos, Segeln, Frauen.

Mit den ergaunerten Millionen erfüllt sich Hudelmaier einen Traum. Das erbeutete Geld reicht bald nicht nur für ein Haus in Kalifornien, sondern auch für eine Segeljacht. Die Banküberfälle und Erpressungen, die ihm anscheinend mühelos von der Hand gehen, haben ihm ein Leben im Luxus ermöglicht.

Doch das Geld ist schneller verbraucht als geplant. Seine Versuche, das Vermögen legal und gewinnbringend anzulegen, scheitern kläglich. Und Wilhelm Hudelmeier hat keine Zeit mehr, alles zu genießen. Denn: Er ist schwer krank. Spätestens seit Mitte der achtziger Jahre weiß er, dass er an Leukämie leidet. Die Krankheit legt sich wie ein Schatten auf sein scheinbar ungezwungenes Leben. Der Krebs lässt ihn nicht mehr los. Anfang der neunziger Jahre muss er in die Klinik. Gegen die furchtbare Krankheit hilft Bestrahlung und Chemotherapie. Eine sehr langwierige und vor allem teure Behandlung. Es ist kaum vorstellbar, dass Hudelmeier versichert war. Hat er hier einen Teil der Beute für sein Überleben bezahlt?

Für William Thomas Meyer alias Wilhelm Hudelmeier sind nach seiner Entlassung aus der Klinik die wilden Jahre vorbei. Er zieht in eine Zwei-Zimmer-Wohnung in Mannheim. Das Geld wird knapp. Mit seinem Komplizen Jacoby plant er die nächste Tat. Für die erfolgreichsten Bankräuber in der Geschichte der Bundesrepublik, die immerhin 23 Jahre unerkannt geblieben sind, wird es die letzte sein.

Familie Renn

Elf Jahre nach ihrem Einbruch bei der Familie Schlecker schlägt die Bande wieder zu. Wieder ist ihr Ziel Ehingen, ein Haus in Schleckers unmittelbarer Nachbarschaft. Diesmal sind ihre Opfer zu Hause. Hudelmeier und Jacoby steigen direkt in das Schlafzimmer eines Ehepaars ein.

Durch ein Geräusch an der offenen Balkontür werden der Bankdirektor Roland Renn und seine Frau aus dem Schlaf geweckt. Doch sie sind schon nicht mehr allein, die beiden maskierten, bewaffneten Männer stehen mitten in ihrem Schlafzimmer. Das Ehepaar erlebt einen Albtraum. Sie erwachen im eigenen Bett, in dem sie sich sicher geglaubt haben, und blicken direkt in die Waffen der Gangster. Keiner der beiden ist in der Lage zu reagieren. Die Renns verstehen intuitiv, dass sie sich in dieser Situation besser ruhig verhalten.

Von den maskierten Männern geht eine Kälte aus, die die Opfer spüren. Selbst Roland Renn, dem Mut und Besonnenheit nachgesagt werden, hat innerlich die Waffen gestreckt und sich der Situation gebeugt.

Nachdem sie die ganze Nacht von einem der Männer im Schlafzimmer überwacht worden sind, wird das Ehepaar am darauf folgenden Morgen aufgefordert, aufzustehen und sich anzukleiden. Sie werden auf Schritt und Tritt beobachtet, selbst im Badezimmer. Zur Flucht bietet sich nie eine Gelegenheit.

Als die Renns sich das Frühstück zubereiten und den beiden Männern anbieten, daran teilzunehmen, lehnen diese dankend und wortkarg ab. Roland Renn und seine Frau spüren in diesem Moment – trotz der Sicherheit ihrer normalen und gewohnten Handgriffe am Morgen –, dass sie die Kontrolle über ihre Situation verloren haben. Doch Hudelmeier und Jacoby wirken nicht allein durch ihre Waffen. Die beiden überprüfen minutiös alle Möglichkeiten der unkontrollierten Kontaktaufnahme ihrer Opfer, sie fragen auch nach der Putzfrau und lassen sich Roland Renns Kalender zeigen, um ihn rechtzeitig seine Termine absagen zu lassen. In allem, was sie tun, wirken sie nicht nur überzeugend und souverän, sondern auch zu allem entschlossen. Höflich, sogar zuvorkommend, aber äußerst entschlossen. Das Ehepaar wird in der Vernehmung später eine gewisse Häuslichkeit zu Protokoll geben, die sich über den Tag mit den Erpressern eingestellt hat.

Am Nachmittag sind die Renns, von den Nachbarn unbemerkt, bereits seit 18 Stunden in ihrem eigenen Haus gefangen. Die Telefonanrufe muss Roland Renn von der Garage aus führen, um seine Termine abzusagen. Also ›von unterwegs‹. Von hier muss er auch mit einem seiner Mitarbeiter aus der Bank sprechen. Er soll ihn unter einem Vorwand zu sich nach Hause bitten. Wieder beziehen die Täter einen

Vertrauten ihrer Opfer mit ein. Alles scheint bis ins kleinste Detail geplant zu sein.

Nach Ankunft des Angestellten setzen die Gangster ihren Plan am frühen Abend fort. Ihr Ziel ist die Tiefgarage unter der Volksbank in Ehingen. Sie lassen den Vertrauten des Bankdirektors in seinem Wagen allein fahren. Die anderen sitzen in Renns Auto. Die Gangster haben ihre Strumpfmasken gegen aufgeklebte Bärte und Perücken ausgetauscht. Alle Geschäfte sind zu dieser Zeit bereits geschlossen. Die Volksbank hat einen eigenen, für ihre Kunden bequem zugänglichen Eingang von der Tiefgarage aus. Roland Renn hat natürlich die Schlüssel.

Sein Mitarbeiter ist für die Gangster ein wichtiger Bestandteil des Verbrechens. Nur er besitzt den zweiten Schlüssel, ohne den sich der Tresor der Bank nicht öffnen lässt.

Die Tat läuft präzise ab, wie ein Uhrwerk. Ein Punkt, der die Opfer gewaltig beeindruckt. Wie bei Hudelmaiers und Jacobys vorherigen Verbrechen machen ihre Opfer auch hier keinen Versuch, Widerstand zu leisten. Besonders Hudelmaier vermittelt das Gefühl, immer Herr des Geschehens zu sein. Seriös, zurückhaltend, scharfsinnig, ein Meister der leisen Töne.

Im Tresor befinden sich zu diesem Zeitpunkt fast 2 Millionen Mark. Die beiden Gangster räumen das Geld in drei Taschen und lassen Roland Renn mit seiner Frau im Vorraum des Safes gefesselt zurück. Der Angestellte wird gezwungen, als Geisel mitzufahren.

Nach Verlassen der Tiefgarage fällt den Gangstern auf, dass sie einen Fehler begangen haben. Eine der drei Taschen mit einem Teil der Beute ist nicht im Wagen, sondern in der Bank liegen geblieben. Ohne sich lange über die möglichen Risiken Gedanken zu machen, fahren Hudelmaier und Jacoby wieder zurück und schicken den Bankangestellten in die Bank, um die fehlende Tasche zu holen. Das Opfer ist derart von der Souveränität der Gangster beeindruckt und eingeschüchtert, dass er den Befehl ohne zu zögern ausführt und anschließend wieder zu ihnen in den Wagen steigt.

Seine unfreiwillige Reise endet aber schon bald am Rande eines Waldes. Er hat Todesangst und rechnet mit dem Schlimmsten. Entgegen seiner Befürchtungen wird er aber nicht getötet, sondern mit

Handschellen auf einem Hochsitz gefesselt. Nach einer knappen Stunde kann er sich selbst befreien. Der Angestellte wird unmittelbar nach der Tat aus seiner Position bei der Bank ausscheiden. Das Geschehen belastet ihn nachhaltig.

Die Täter verschwinden zunächst wieder spurlos. Immerhin erkennt die Polizei diesmal schnell eine Ähnlichkeit mit zwei vorangegangenen Fällen. Handschrift und Zeugenberichte weisen auf ein ähnliches Profil hin – wie bei der Schlecker-Entführung.

Der einzige Fehler

Über die gesamte Zeit ihrer Verbrechen ist die Polizei der Bande nie wirklich auf die Spur gekommen. Es gab auch keinen Zufall, der sie hier oder dort gerettet hätte. Diese Täter waren über 23 Jahre überhaupt nicht im Visier der Ermittler. Darum hatte keiner von ihnen je wirklich Angst vor Entdeckung. Im Gegenteil, sie waren sich sicher, nicht erwischt zu werden.

Das Schicksal der wohl raffiniertesten Verbrecher Deutschlands wird dann durch einen winzigen Fehler besiegelt. Bei der routinemäßigen Überprüfung aller Telefonate, die im Zusammenhang mit dem Überfall gestanden haben, gibt es einen Hinweis. Den fatalen, entscheidenden Fehler macht Herbert Jacoby in einer Telefonzelle. Von hier aus ruft er verabredungsgemäß die Familie des Bankangestellten an, um ihr mitzuteilen, wo der Familienvater versteckt sei. Was Jacoby nicht gewusst hat, war, dass sich mittlerweile auch noch Tage später rekonstruieren lässt, woher ein Gespräch gekommen ist. Sonst hätte er nicht nach diesem Anruf wieder zum Hörer gegriffen und nach Hause telefoniert.

Die Ermittler finden schnell heraus, zu wem der Anschluss des zweiten Telefonats gehört, und beginnen die Verdächtigen zu beschatten. Nach einigen Tagen verabredet sich Jacoby in einem edlen italienischen Restaurant in Mannheim mit Wilhelm Hudelmaier. Bei dem Treffen der Gangster hört die Sonderkommission mit. Zwei Beamte der Kriminalpolizei sitzen am Nebentisch. Und tatsächlich: Hudelmaier und Jacoby unterhalten sich über ihren letzten Coup in der Volksbank Ehingen. Ein Volltreffer. Über 10 Jahre hat die Soko auf diesen Moment gewartet. Auch zu dem dritten Täter gibt es bereits eine Adresse. Die 23-jährige Karriere der wohl raffiniertesten Verbrecher Deutschlands ist zu Ende.

Zwei Wochen nachdem sie den Ehinger Tresor ausgeräumt haben, ist es für Herbert Jacoby und seine Komplizen vorbei mit der Ruhe. Die Fahnder schlagen frühmorgens gleichzeitig in allen drei Wohnungen der Bankräuber zu. Die Täter werden wie ihre letzten Opfer im Schlaf überrascht. Ganz offensichtlich hatten sie nicht damit gerechnet.

Der Prozess

Kaum hinter Gittern, sorgen Jacoby und Hudelmaier für die nächste Überraschung: Sie gestehen auch ihre frühen Taten. Alles in allem haben sie 19 Raubüberfälle begangen und dabei eine Summe von insgesamt 20 Millionen Mark erbeutet.

Vor Gericht löst das Verfahren ein Medienspektakel aus. Jeder will die Männer sehen, die es geschafft haben, zwei Jahrzehnte lang unerkannt ein Verbrechen nach dem anderen zu begehen. Der Fall ist einmalig – sowohl wegen der Vielzahl der Straftaten als auch wegen des Trickreichtums der Täter. Man spricht über sie mit einem gewissen Respekt. Trotz der Schwere ihrer Vergehen werden sie sogar als Gentleman-Gangster gehandelt. Selbst der Anwalt der Nebenklage gesteht bei der ersten Begegnung mit Wilhelm Hudelmaier: »Das kann doch kein Erpresser sein. Das ist ein biederer, wackerer Schwabe! Der hatte Manieren, ein gepflegter, ganz ruhiger Mann und intelligent.« Erst beim Gespräch überkommt ihn das Gefühl, »dass das ein eiskalter Typ ist«.

Vor den Richter treten drei ältere Herren, die überhaupt nicht den Eindruck erwecken, dass sie das ihnen zugesprochene Gefährdungspotenzial beherbergen. Als Wilhelm Hudelmaier – inzwischen 64 Jahre alt – und Herbert Jacoby – 60 Jahre alt – sowie der jüngere Bruder Hudelmaiers – ebenfalls schon knapp 60 – das erste Mal den Saal betreten, ist die Überraschung auch bei den anderen Teilnehmern der Verhandlung groß. Ein Rentnerstammtisch.

Im Jahr der Verhandlung sind die meisten Taten der beiden Haupttäter Hudelmaier und Jacoby bereits verjährt. Sie kommen bei der Urteilsfindung nicht mehr zur Sprache. Trotzdem verhängt Richter Gros für ihre Karrieren jeweils 13,5 Jahre Gefängnis. Der Bruder Wilhelm Hudelmaiers kommt als Mittäter für immerhin 7,5 Jahre hinter Gitter. Für Wilhelm Hudelmaier bedeutet das Urteil lebenslänglich, er stirbt schon nach einem Jahr in Haft an den Folgen seiner Erkrankung.

Roland May

Der Elternmord von Morschen

Es ist ein warmer, angenehmer Frühsommerabend in der kleinen nordhessischen Gemeinde Morschen, rund 35 Kilometer südlich von Kassel. Am Südhang über dem gepflegten 4 000-Einwohner-Ort mit den vielen schmucken Fachwerkhäusern liegt eine weiße Villa. Ein repräsentatives Anwesen mit 35 Zimmern, offenem Kamin, Luxusmöbeln, Sauna und Swimmingpool, mit einer BMW-Limousine und einem BMW-Cabrio in der Garage, dazu 8 000 Quadratmeter Grund, geschützt von einem Zaun und einem grünen Wall aus Büschen, Fichten und Kiefern. Das Anwesen ist gesichert durch ein Alarmsystem, Bewegungsmelder und einen Schäferhund. Fast wie eine Festung. Das Haus gehört dem größten Arbeitgeber am Ort, Karl Baumgartner (die Namen von Opfern und Tätern wurden aus Gründen des Datenschutzes geändert), dem Eigentümer der Firma Heimag. Ein Millionen-Unternehmen mit 120 Mitarbeitern, das Präzisionsteile aus Kunststoff für Mercedes, Volkswagen und Bosch produziert.

Es ist Sonntag, der 15. Juni 1997, gegen 18 Uhr, als es am Tor der weißen Villa klingelt. Karl Baumgartner, der 58-jährige Firmenchef, ist im Garten und geht zum Tor. Dort stehen ein junger Mann mit Kurzhaarfrisur und seine blonde Freundin. Wie sich später herausstellen wird, handelt es sich um den 22-jährigen Wachmann Sascha Ricken und die 18-jährige Kellnerin Diana Kremer. Beide kommen aus Kassel.

»Was gibt's?«, fragt Baumgartner durch die Tür. Sascha antwortet höflich und mit etwas Verzweiflung in der Stimme: »Entschuldigen Sie vielmals die Störung, aber wir haben eine Autopanne an unserem

VW und leider kein Handy dabei. Dürften wir bei Ihnen kurz telefonieren, um Hilfe zu holen?«

Karl Baumgartner ist gut gelaunt. Nach einem kurzen Krankenhausaufenthalt wegen einer Nasenoperation ist er endlich wieder schmerzfrei und an diesem Wochenende gesund nach Hause entlassen worden. Schäferhund Xaver döst in seinem Zwinger. Baumgartner entriegelt die gesicherte Tür. »Kommen Sie mit ins Haus«, sagt er, »dort ist das Telefon.« Sascha und Diana betreten hinter dem Fabrikanten die Villa und schließen die Tür. Im Foyer, penibel aufgeräumt und mit Perserteppichen auf dem Fußboden, steht auf einem Tischchen das Telefon. Karl Baumgartner schaltet den Apparat frei und gibt den Hörer an den jungen Mann weiter. Sascha wählt eine Nummer. Plötzlich legt er wortlos auf und greift in seine Tasche. Er zückt ein Messer mit einer zwölf Zentimeter langen, sehr scharfen Klinge. Ein Messer, wie es Angler zum Filetieren von Fischen benutzen. Sascha stürzt sich auf den völlig überraschten Hausherrn.

Wahllos sticht er auf den 58-Jährigen ein, der sich verzweifelt wehrt. Er beißt Sascha in die Hand und ruft um Hilfe. Mit zwei blitzartigen Schnitten trennt ihm der Wachmann beide Halsschlagadern durch. Baumgartner bricht blutüberströmt zusammen. Er stirbt einen Minutentod. In diesem Moment kommt Renate Baumgartner, die 57-jährige Ehefrau des Unternehmers, aus dem Parterre-Schlafzimmer ins Foyer. Sie hatte sich hingelegt und durch die geschlossene Tür die Verzweiflungsschreie ihres Mannes gehört. Bekleidet ist sie nur mit T-Shirt und Slip. Starr vor Entsetzen sieht sie ihren toten Mann in einer riesigen Blutlache liegen. Die 18-jährige Diana hat bereits ein Messer mit Schlagringgriff und einer etwa 23 Zentimeter langen Klinge in der Hand. Sie sticht sofort auf Renate Baumgartner ein.

Die verletzte Frau versucht zu fliehen, doch sie kommt nicht bis zur Haustür. Denn jetzt greift Sascha Ricken ein. Der Mörder von Karl Baumgartner übernimmt auch diese Hinrichtung. Mit seinem Fischermesser sticht er der verzweifelt schreienden Frau mehrmals in den Rücken. Ihre letzten Worte sind: »Julia! Julia!« Dann schneidet er ihr die Kehle durch.

Das Foyer der Villa gleicht dem Mordszenario eines Horrorfilms. Auf den blutdurchtränkten Perserteppichen liegen bäuchlings die Leichen des Unternehmerehepaares. Sascha und Diana durchwühlen in den Parterre-Zimmern die Schränke und Kommoden. Sie ziehen Schubladen heraus und werfen sie auf den Boden. In einer Geldbörse finden sie 2 000 Mark Bargeld, das sie einstecken. Ebenso ein Bajonettmesser und eine Flasche teuren Parfums, das Diana an sich nimmt. Alle Schmuckstücke und Brillantringe, die sie finden, lassen sie jedoch liegen. Da die Kleidung des Mörders völlig mit Blut durchtränkt ist, holt Diana aus dem Schlafzimmerschrank eine Hose des ermordeten Karl Baumgartner, die Sascha Ricken ebenso anzieht wie einen in der Garderobe hängenden Designer-Mantel von Boss. Seine eigene Kleidung zieht er aus und stopft sie in eine schwarze Tasche, die er im Haus gefunden hat. Sascha und Diana ziehen die Haustür hinter sich zu, laufen durch den Garten und verlassen die Villa.

Es ist kurz vor 19 Uhr, als ein dunkelroter VW Derby mit hoher Geschwindigkeit die Ortschaft Alt-Morschen hinter sich lässt und damit auch jenes weiße Luxushaus, in dem zwei Menschen tot in ihrem Blut liegen. Die makabre Postanschrift der Mordvilla lautet übrigens: Am Galgenbusch 10. Hier hatte im Mittelalter der Henker des Dorfes sein grausames Handwerk verrichtet. Doch am Galgenbusch Nummer 10 waren zwei Menschen nicht nur hingerichtet, sondern bestialisch abgeschlachtet worden. In die dörfliche Idylle einer nordhessischen Kleinstadt hatte ein Kapitalverbrechen Einzug gehalten, dessen Einzelheiten sich noch in derselben Nacht wie ein Lauffeuer verbreiteten.

Kurz vor 22 Uhr an diesem verhängnisvollen Sonntagabend geht bei der örtlichen Polizei ein aufgeregter Anruf ein. Am anderen Ende der Leitung: die 20-jährige Ines, die ältere der beiden Adoptivtöchter der Unternehmerfamilie Baumgartner. Sie mache sich Sorgen um ihre Eltern, da sie telefonisch nicht erreichbar seien. Auch brenne kein Licht im Haus und im Anwesen, was völlig ungewöhnlich sei. Sie selbst stehe vor der Eingangstür, habe aber keinen Schlüssel. Auf ihr Klingeln habe es keinerlei Reaktionen gegeben. Schlusssatz von Ines: »Ich glaube, da ist was passiert. Bitte kommen Sie vorbei!« Auf Drängen der Polizei wird der Nachbar und Großcousin der Familie, Heinz Baumgartner (62), eingeschaltet. Zusammen mit dem örtlichen Feuerwehrkommandanten steigt er mit einer Leiter auf den Balkon der

Villa und tastet sich durch die geöffnete Tür und die Treppe abwärts ins Foyer. Was Heinz Baumgartner in der Diele des Hauses sieht, lässt ihn auch noch Jahre nach der Tat um Fassung ringen.

»Ich ging im Dunkeln die Treppe hinunter. Als ich nach dem Lichtschalter suchte, wäre ich beinahe auf die Leiche meines Cousins getreten. Der Anblick, der sich uns dann bot, war von einer solchen Brutalität und Grausamkeit, die ich mein Leben lang nicht mehr vergessen kann. Blut, Blut, überall Blut ...« Als kurz darauf Mordkommission und Spurensuche eintreffen, gibt es keinen Zweifel mehr. Kommissar Klaus Kaufmann von der Kripo aus Homberg muss etwas geahnt haben, als er zu einem Zeitungsreporter sagt: »Hier ist ein Doppelmord geschehen, der wie eine Hinrichtung aussah.«

Aber wer hatte ein Interesse, das Fabrikantenehepaar aus dem Weg zu räumen? War die Tat ein sozialer Racheakt, nachdem Karl Baumgartner vor einigen Monaten den Werkstattbereich seiner Firma aufgelöst und 21 Facharbeiter entlassen hatte? Oder war es ein Raubmord, worauf die durchwühlte Wohnung hindeutete? Aber: Alle wichtigen Wertgegenstände hatten die Täter unberührt gelassen – die Ölgemälde, den Schmuck, das Tafelsilber, die beiden BMW-Limousinen in der Garage. Gerüchte machten die Runde im Dorf. Das Verhältnis zwischen den Eltern Baumgartner und ihren beiden Adoptivtöchtern, der 20-jährigen Ines und der 16-jährigen Julia, sei äußerst belastet gewesen. Ines habe sogar die Enterbung gedroht, weil sie gegen den Willen der Eltern zu ihrem Freund, dem damals 24-jährigen Bundeswehrkoch Kai Kromberg, in dessen Mansardenwohnung in Morschen gezogen sei. Und Julia? Ihren Namen hatte Renate Baumgartner im Todeskampf gerufen. War das junge Mädchen zu einer solchen Bluttat fähig? Und war es nicht ihre ältere Schwester Ines gewesen, die am späten Sonntagabend die Polizei benachrichtigt hatte?

Fragen über Fragen. Zudem gab es ein auffallend sicheres Alibi, das sowohl Julia, Ines wie auch Kai für den Tattag und die Tatzeit hatten. Die drei waren am Sonntagnachmittag bei McDonald's im benachbarten Guxhagen gewesen. Anschließend waren sie mit dem Auto ins Gasthaus Kothe nach Euburg weitergefahren. Dafür gab es Zeugen. In der Gaststätte hatte Julia plötzlich über Unterleibsschmerzen geklagt. Eine mögliche Blinddarmreizung. Sicherheitshalber brachten

Kai und Ines sie ins nahe gelegene Krankenhaus Melsungen, wo sie
untersucht wurde. Der Dienst habende Arzt empfahl zur Beobach-
tung der Patientin einen stationären Aufenthalt, wozu es aber eines elterlichen Einverständnisses bedurfte. Ines Baumgartner versprach, zu
Hause in Morschen anzurufen. Was sie auch tat, niemanden erreichte
– und dann die Polizei einschaltete.

Aber wer in der Klinik war, konnte nicht zur selben Zeit im zehn
Kilometer entfernten Alt-Morschen einen Doppelmord begehen. Die
Kripo hielt sich bedeckt. Keine Auskünfte an die Presse über heiße
Spuren oder mögliche Tatverdächtige. Im Stillen aber waren die
Adoptivtöchter und Freund Kai längst im Visier der Fahnder. Sie wurden beschattet, ihre Telefonate abgehört. Drei Wochen nach der Bluttat dann die Sensation: In einer konzertierten Kripo-Aktion wurden
Julia, Ines und Kai in Morschen verhaftet – und in Kassel der Wachmann Sascha Ricken und dessen Freundin Diana Kremer. Der Staatsanwalt beschuldigte sie des gemeinschaftlichen Mordkomplotts aus
Habgier. Der zuständige Richter in Kassel ordnete Untersuchungshaft
für alle fünf an. Was sich den Ermittlungsbehörden jetzt durch Geständnisse, Verhöre, Zeugenbefragungen, Recherchen bei Verwandten und Mitschülern auftat, war ein Mosaik aus Wut, Hass und Enttäuschung, aus falschen Erwartungen und kollektiver Rache.

Eine Familientragödie, die so gar nicht in die Fachwerkidylle einer
beschaulichen hessischen Provinzstadt passte. Am Ende blieben Tote
und Mörder, Verurteilte und Verlierer.

Doch der Reihe nach.

Das Familienglück

Den mittelständischen Betrieb der Baumgartners in Morschen hatte
nach dem Krieg August Baumgartner gegründet. Das Ethos der Familie war: Arbeit, Arbeit, Arbeit. In diesem Sinne war auch der Sohn,
Karl Baumgartner, erzogen worden, der später die Firma übernahm
und sie zum bedeutendsten Betrieb der ganzen Umgebung ausbaute.
Seine Frau Renate, die geschäftstüchtige Tochter eines Kohlenhänd-

lers, war für die Buchführung zuständig. Eine dominante und manchmal auch harte Frau. Bei Verhandlungen war sie als Feilscherin gefürchtet. Ihr Schwager sagte über sie: »Renate zerhackt selbst den Pfennig am liebsten in drei Stücke.« Die Firma Heimag, die einen exzellenten Namen als Zulieferer für die Automobilindustrie hatte, florierte Jahr für Jahr. Als äußeren Ausdruck ihres Reichtums bauten sich die Baumgartners auf einem Hügel über dem Ort eine großzügige weiße Villa. Doch auf das materielle Glück der Baumgartners fiel ein Schatten: Trotz sehnlichsten Kinderwunsches blieb die Ehe ohne Nachwuchs. Renate Baumgartner konnte keine Kinder bekommen.

»Wir wollen unbedingt Kinder. Allein schon, um unseren Betrieb weiter in der Familie zu halten«, hatte Karl Baumgartner vor der Verwandtschaft und am Stammtisch immer betont. Wie ernst es ihm damit war, zeigte die Tatsache, dass er in seine neue Villa demonstrativ zwei Kinderzimmer einbauen ließ. Außerdem beantragten die Eheleute die Genehmigung zur Adoption.

Und sie hatten Glück. Die arme hessische Großfamilie eines arbeitsunfähigen Frührentners, der bereits fünf Kinder hatte, sah erneutem Nachwuchs entgegen. Da der tief gläubige Mann und seine schwangere Frau aus religiösen Gründen eine soziale Indikation und damit die Abtreibung ihres sechsten Kindes ablehnten, entschlossen sie sich zur Freigabe für gut situierte Adoptiveltern. Das Kind sollte, wenn schon ohne die leiblichen Eltern, in gesicherten materiellen Verhältnissen aufwachsen. Bereits wenige Tage nach seiner Geburt im Januar 1977 wurde das Baby der Frührentnerfamilie, ein Mädchen, auf Vermittlung des Jugendamtes von dem kinderlosen Unternehmerehepaar aus Morschen adoptiert.

Das kleine Mädchen, das ihre leiblichen Eltern nie kennen lernen sollte, hieß jetzt Ines Baumgartner. Ihr Adoptivvater Karl Baumgartner war glücklich wie ein leiblicher Vater. Der Fabrikant, den man im Dorf bislang nur als fanatisch für seinen Betrieb arbeitenden Workaholic kannte, präsentierte sich seiner Umgebung jetzt als stolzer Papa. Sein Großcousin Heinz erinnerte sich: »Er schob geradezu begeistert den Kinderwagen durch die Ortschaft, und er zeigte Ines voller Stolz auch seinen Angestellten im Betrieb. Sogar einen Baby-Rucksack hat er sich zugelegt, um die Kleine spazieren zu tragen. Karl und

Renate waren richtig glücklich.« Da das Ehepaar Baumgartner weiter in der Geschäftsführung ihrer Firma engagiert war, kam die Patentante Helene Riemenschneider als Babysitterin ins Haus. Ein Glücksgriff. Denn die kleine Ines liebte ihre »Deida«, wie sie ihre Betreuerin nannte, über alles. Auch der Wechsel in den Kindergarten ab dem dritten Lebensjahr verlief völlig problemlos. Die Kleine war allseits beliebt, und Mutter Renate verwöhnte ihr »Püppchen« mit teurer Kinderkleidung und Spielzeug.

Doch die Familienplanung der Baumgartners war mit Ines noch nicht abgeschlossen. Am liebsten hätte das Ehepaar als zweites Kind einen Sohn gehabt, um die männliche Erbfolge im Betrieb zu sichern. Kurz darauf eröffnete das Jugendamt den Baumgartners die Möglichkeit einer weiteren Adoption. Eine 19-jährige hessische Abiturientin war schwanger geworden und wollte ihr Kind nach der Geburt freigeben. Das Jugendamt bestimmte die Baumgartners als Adoptiveltern und räumte ihnen sogar ein »Rückgaberecht« ein, wenn das Baby ein Mädchen werden sollte. Es wurde ein Mädchen. Doch als Karl Baumgartner im Januar 1981 das wenige Tage alte Kind zum ersten Mal im Arm hatte, sagte er unter Tränen: »So ein unschuldiges Würmchen kann man doch nicht einfach zurückgeben. Dann haben wir eben zwei Töchter. Und eine von ihnen wird es schon packen, den Betrieb zu übernehmen.« Seine Ehefrau Renate sah es genauso. So adoptierten die Baumgartners ihr zweites Mädchen: Julia. Im Garten des Luxushauses am Galgenbusch wurde ein eigener Kinderspielplatz für Ines und Julia angelegt mit einem kleinen Holzhäuschen, der »Villa Kunterbunt«.

Doch so ungezwungen, lustig und anarchisch wie in der berühmten Original-»Villa Kunterbunt« von Pipi Langstrumpf sollte es in der weißen Villa der Baumgartners nicht zugehen.

Der Familienkonflikt

Während Ines unbeschwert heranwuchs und mit sechs Jahren in die Grundschule von Morschen kam, kränkelte Julia. Sie litt unter spastischer Bronchitis und mehreren Allergien, die später immer wieder zu

Das Unternehmer-Ehepaar Karl und Renate Baumgartner wurde Opfer eines Mordkomplotts – oganisiert von den eigenen Adoptivtöchtern.

längeren Fehlzeiten in der Schule führten und sich auch negativ auf ihre schulischen Leistungen auswirkten. Doch gerade wegen ihrer gesundheitlichen Labilität war Julia das behütete Nesthäkchen der Familie. Außerdem war sie stark auf ihre große Schwester fixiert. Hier entstand im Kern der große Bruch mit den Eltern.

Was die Eltern bewogen hatte, ihrer größeren Tochter Ines bereits mit sechs oder sieben Jahren zu erzählen, dass sie ein Adoptivkind sei, ist heute nicht mehr rekonstruierbar. Auch Julia wurde schon als Erstklässlerin damit vertraut gemacht, dass »Mama und Papa« nicht ihre leiblichen Eltern waren. Zunächst blieben diese Klarstellungen über ihre Herkunft ohne negative Konsequenzen bei den beiden Töchtern. Zur großen Freude ihres Adoptivvaters interessierte sich Ines sehr für den Betrieb und äußerte sogar den Wunsch, später Werkzeugmacherin zu werden. Karl Baumgartner sah in ihr bereits die künftige Firmenchefin. Hinzu kamen ihre zufrieden stellenden Leistungen auf der Gesamtschule, wo ihr Vorrücken nie gefährdet war. Doch trotz ihrer überdurchschnittlich hohen Intelligenz war Ines keine Musterschülerin. Zum großen Ärger ihrer Mutter. Renate Baumgartner, die – bedingt durch ihr schlechtes Gehör – eine sehr laute Aussprache hatte, neigte zu cholerischen Ausbrüchen, wenn Ines mit mäßigen Noten nach Hause kam oder schnippisch wurde.

Später hat Ines behauptet, sie sei öfters geohrfeigt oder sogar mit dem Kochlöffel verprügelt worden, was aber nie bewiesen wurde. Das Verhältnis der Mutter zur älteren Tochter jedenfalls war belastet. Der Vater, bedingt durch seine berufliche Überlastung, spielte zu Hause nur eine marginale Rolle, obwohl ihn sein Anwalt und Freund Horst Goetjes immer wieder aufgefordert hatte: »Dein Job ist nicht alles. Du musst dir mehr Zeit für die Kinder nehmen.« Allerdings sagte er auch: »Renate und Karl Baumgartner haben ihre beiden Töchter wirklich geliebt. Doch sie hatten Schwierigkeiten, diese Liebe richtig zu vermitteln.« Und die Schwierigkeiten mit Ines nahmen zu.

Als 13-Jährige wechselte das Mädchen von der Gesamtschule in ein Internat, wo sie während der Woche wohnte und nur am Wochenende heimkam. Ines war froh, nicht mehr täglich mit der Mutter konfrontiert zu sein. In ihr keimte der heimliche Wunsch, ihre leiblichen, aber unbekannten Eltern kennen zu lernen. Die Entfremdung von den Adoptiveltern schritt weiter voran. Sie verschärfte sich, als dem Mädchen gestattet wurde, als 16-Jährige im Rahmen des Schüleraustausches für ein Jahr nach South Portland im US-Bundesstaat Maine zu gehen. Ines empfand die amerikanische Gastgeberfamilie viel angenehmer als ihre eigene daheim in Morschen. Nach ihrer Rückkehr eskalierte die Situation: Ines wechselte vom Internat auf ein Gymnasium im Nachbarort Melsungen – und sie lernte ihren ersten festen Freund kennen. Kai, fast fünf Jahre älter, war Koch bei der Bundeswehr, stammte aus zerrütteten elterlichen Verhältnissen und wohnte in Morschen bei seinem Großvater, einem ehemaligen Grundschulrektor. Er trug gerne Jeans und Lederjacke, sammelte Messer und Schlagstöcke, und er träumte davon, einmal als Schwarzer Sheriff für »Law and Order« sorgen zu können. Freunde beschrieben ihn als ruhig – »und ein bisschen rechts«.

Die Eltern von Ines waren entsetzt über die Liaison ihrer Tochter. Karl Baumgartner, in seinem Denken völlig von der Sorge um die Zukunft seines Betriebes geprägt, reagierte diktatorisch: »Ein Koch als Schwiegersohn? Niemals!« Auch Renate Baumgartner versuchte, ihrer Tochter die Beziehung mit Kai auszureden. Die Eltern erreichten nur das Gegenteil. Ines äußerte später: »Ich habe erst eine Familie, seit ich mit Kai zusammen bin.« Auch ein Vermittlungsversuch des Vaters, Kai über eine Umschulung in seine Firma einzubinden, misslang. Kai lehnte die Eltern von Ines und deren Berufsleben ab. Am Tag ihres 18. Geburtstages zog Ines von zu Hause aus – und bei Kai ein. Mitten in der Gemeinde Morschen. Der Auszug von Ines zu ihrem »unstandesgemäßen Freund« war das Tuschelthema in dem kleinen hessischen Ort. Ines stellte sich demonstrativ vor ihren Freund, dem sie rhetorisch und intellektuell überlegen war. Zum Zeichen ihrer gegenseitigen Zuneigung verlobten sie sich wenige Monate später. Gleichzeitig löste Ines einen persönlichen Sparkassenbrief über 20 000 Mark auf, um damit die Bankschulden von Kai zu bezahlen und ihm eine Autostereoanlage sowie einen Computer zu finanzieren.

Ihre Adoptiveltern reagierten entsetzt und sperrten Ines das Konto. Erst unter Einschaltung eines Rechtsanwalts setzte Ines durch, dass ihr die Eltern monatlich 500 Mark überwiesen. Doch ihr Hass auf die Eltern wuchs. In ihrem Freundeskreis in Morschen, die sich als eine »Clique« bezeichnete, beschwerte sie sich immer massiver über ihre »stinkreichen Eltern«, die kein Geld herausrückten und ihrem Freund und ihr nicht einmal eine vernünftige Wohnung zahlten: »Sie lehnen mich ab, weil ich nicht ihr Kind bin!«

Daheim in der weißen Villa nahmen die Probleme zu. Auch Julia, die Jüngere, begann zu rebellieren. Vor allem der autoritäre und laute Erziehungsstil der Mutter verschreckte das Mädchen. Da Julia – im Gegensatz zu Ines – eine schlechte Schülerin war, schaffte sie trotz permanenter Nachhilfestunden das Gymnasium nicht. Auch nicht die Realschule. Letztlich blieb Julia, zum Entsetzen ihrer ehrgeizigen Mutter, nur der Hauptschulabschluss. Das musisch begabte Mädchen kam manchmal verweint zu ihrer Klavierlehrerin Charlotte Blumenstein, doch sie blieb verschlossen. Die Musikpädagogin konnte ihr nicht helfen: »Alle meine Bitten, zwischen ihr und der Mutter zu vermitteln, hat Julia mit den Worten ausgeschlagen, es hätte sowieso keinen Sinn.«

Die einzige Person, die von Julia ins Vertrauen gezogen wurde, war Ines. Es imponierte der Jüngeren, wie die ältere Schwester die Auseinandersetzung mit den starken Eltern aufgenommen und kompromisslos durchgezogen hatte. Dazu noch der demonstrative Auszug aus der elterlichen Wohnung. Das war stark. Einfach cool. Ines wiederum bestärkte die kleine Schwester, es ihr nachzumachen – und die Eltern beim Jugendamt anzuzeigen. Die Tragödie nahm ihren Lauf.

Die stark pubertierende, damals 14-jährige Julia rief beim Jugendamt an und klagte über unerträgliche häusliche Verhältnisse: »Beim Mittagessen liegt neben dem Teller meiner Mutter immer ein Kochlöffel, mit dem sie mich regelmäßig verdrischt. Und mein Vater steigt mir hinterher. Er hat mir bereits an den Busen und an den Po gefasst. Ich kann nur noch duschen, wenn ich vorher das Badezimmer absperre.« Das zuständige Jugendamt Homberg, das auch für die Adoptionen zuständig war, reagierte sofort und schickte eine Sozialpädagogin zum persönlichen Gespräch mit Julia nach Morschen.

Das Mädchen blieb bei seiner Version und beschuldigte den Vater auch noch zusätzlich, er trinke zu viel. Obwohl die erfahrene Jugendpädagogin einige Zweifel an der Schilderung der familiären Verhältnisse durch Julia hatte, wurde entschieden, das Mädchen mit Einverständnis der Baumgartners zunächst für die Zeit der sechswöchigen Sommerferien bei einer Pflegefamilie in einer Nachbargemeinde unterzubringen. Julias Adoptiveltern, die erst wenige Tage nach dieser Entscheidung von einer Industriemesse zurückgekommen waren, fielen aus allen Wolken, als sie Post vom Jugendamt erhielten. Besonders der Vater war bis ins Mark erschüttert, als er die Vorwürfe las. Wahrscheinlich ist er darüber nie hinweggekommen. Und wahrscheinlich, so zeigte die spätere Entwicklung, waren die Vorwürfe auch erstunken und erlogen. Um ihr »Nesthäkchen« Julia wieder zurückzubekommen, willigte Mutter Renate in alle Vorschläge des Jugendamtes ein: Therapiegespräche mit einer Psychologin, Verzicht auf jegliche Disziplinierungsmaßnahmen gegenüber Julia. Sogar den lange gewünschten Hund, den Schäferhund Xaver, sollte sie bekommen. So kam Julia am Ende der Sommerferien zurück.

Die Eltern bemühten sich um ihre jüngste Tochter. Es wurde viel geredet und gelacht. Selbst Ines, dem »enfant terrible«, stellten die Eltern den Kauf eines BMW-Cabrios in Aussicht. Doch der Familienfrieden hielt nur wenige Wochen. Dann wurde es wieder lauter und schriller zwischen den Töchtern und ihren Eltern. Erstmals nahm Ines gegenüber Freunden auch den Satz in den Mund: »Die müssen weg!« Gemeint waren ihre Eltern. Diese Freunde, so sagten sie später vor Gericht aus, hätten das damals nicht ernst genommen. Aber es wurde Ernst. Blutiger Ernst.

Mordgedanken, Mordversuche

Die ältere Schwester Ines, das steht heute zweifelsfrei fest, war aufgrund ihres fast irrational gesteigerten Hasses und bedingt durch ihre Intelligenz die treibende Kraft gegen ihre Adoptiveltern – bis hin zur letzten Konsequenz. Julia, die Jüngere, fixiert auf die Schwester, abgeschreckt durch die autoritär-gefühlskalte Mutter und massiv verunsichert durch ihre eigene Existenz als (adoptiertes) Kind/Fremdkind/Nichtkind, lehnte sich emotional auf – nicht rational im Handeln, aber radikal im Reden. In einem plötzlichen Gefühlsausbruch gegenüber ihrer Tante Gudrun brach es einmal aus ihr heraus: »Ich hasse meine Mutter. Ich könnte ihr ein Messer in den Rücken rammen.« Auch ihre Schulkameradinnen Nicole und Alexandra erinnerten sich übereinstimmend: »Julia hatte manchmal Tage, da hatte sie richtige Mordfantasien und sagte, am liebsten würde sie ihre Mutter töten. Aber wir haben dem keine Bedeutung beigemessen.«

Bei Ines saß der Stachel des Hasses und der Drang zum Handeln tiefer. Sie war reifer als die labile Julia, und sie wusste, dass sie vom Erbe der Baumgartners weitgehend ausgeschlossen werden konnte. Geld oder Leben? Geld und Leben! Eine Todesmelodie.

Der Englischlehrer von Ines am Gymnasium, Siegfried Bohn, war zufällig der Wahrheit samt ihren grausigen Konsequenzen am nächsten gekommen – ohne dass er es wusste oder auch nur erahnen konnte. Im Unterricht hatte Bohn die preisgekrönte Erzählung des amerikanischen Schriftstellers Truman Capote behandelt: *In Cold*

Blood (Kaltblütig). Der Tatsachenroman schildert die grausame Ermordung einer vierköpfigen Farmerfamilie durch zwei Ex-Sträflinge,
die sich von dem Raubmord eine Millionenbeute erhoffen, nur 40
Dollar finden, dann verhaftet und schließlich hingerichtet werden.
Die Schüler sollten einen Aufsatz über die Motive der Mörder schreiben. Ines hingegen erfand, scheinbar völlig aus dem Zusammenhang
gerissen, einen Jungen reicher Eltern, der ständig zwischen Vater und
Mutter hin- und hergeschoben wurde, um Aufmerksamkeit bettelte,
aber nicht beachtet wurde.

»No attention« (»keine Aufmerksamkeit«) – diese Formulierung
zog sich wie ein roter Faden durch den Aufsatz von Ines, den der Lehrer als glatte Themaverfehlung einstufte. »Heute weiß ich, dass der
arme reiche Junge nur ein Synonym von Ines für Ines war und ein
Hilferuf«, sagte Englischlehrer Bohn später. Aber da war es schon zu
spät.

Ines und ihr Freund Kai waren spätestens seit Anfang 1996 dazu
übergegangen, sich konkrete Gedanken über ein Mordkomplott gegen die Adoptiveltern Baumgartner zu machen. In Gesprächen mit
Freunden ihrer Clique zeigte sich Ines bestens informiert über den
mutmaßlichen Geld- und Immobilienbesitz der Familie, den sie inklusive verschiedener Patentrechte summa summarum auf maximal 80
Millionen Mark schätzte. Das wären 40 Millionen Mark pro Schwester. Eine realistische Zahl. Außerdem wusste sie, dass es noch kein
Testament gab. Im Falle des Ablebens ihrer Adoptiveltern wären Ines
und ihre jüngere Schwester die Alleinerben des Vermögens. Noch. Sofern die Eltern nicht plötzlich einen Notar einschalteten. Ines ent-
schloss sich zu handeln.

Gegenüber ihrer »Szene«-Freundin Simone schilderte sie in drasti-
schen Worten die »ausbeuterische Haltung« ihrer millionenschweren
Eltern, die ihr und Kai keinen Pfennig gönnen würden – »obwohl mir
ein Teil des Vermögens zusteht«. Und dann, so erinnerte sich Simone,
hätten in Ines' Augen »die Dollar-Zeichen aufgeleuchtet«. Es blieb
nicht bei den Dollar-Zeichen. Ines nannte konkrete Beträge: 50 000
bis 100 000 Mark würden sie und Kai einem Killer bezahlen, der die
Adoptiveltern aus dem Wege schaffte.

Freundin Simone versprach, sich umzuhören – »obwohl ich das alles natürlich für totalen Blödsinn hielt«. Zur Kripo allerdings ging sie nicht. Es meldete sich zwar in den nächsten Wochen ein »Mafia-Killer« telefonisch auf dem Handy von Kai, der versprach, für 250 000 Mark den Auftrag durchzuführen. Zu einem Treffen mit dem geheimnisvollen Mr. X aber kam es nicht.

Mittlerweile waren Ines und Kai auf eine andere Idee gekommen: Mord durch Gift – und durch Julia. Die kleine Schwester wurde jetzt gezielt in das Komplott eingeweiht. Und sie war in ihrem pubertären Zorn auf die Mutter damit einverstanden. In einem Baumarkt kauften Ines und Kai im Winter 1996/97 ein als Sonderangebot deklariertes Rattengift, das aus Haferkörnern und einem rosa Pulver bestand. In Kais Wohnung wurde das Gift gesiebt. Die Körner, offensichtlich der Köder für die Ratten, wurden ausgesondert, das rosafarbene Pulvergift blieb als Konzentrat zurück. Julia, die bei der Aktion dabei war, bekam den Auftrag von Ines, für ihre Eltern ein scharfes Nudelgericht à la »Penne arrabiata« zu kochen, und der Pasta-Sauce das unverdünnte Rattengift beizumengen. Julia kochte gerne – und tat, was ihr aufgetragen worden war. Die Gift-Pasta war ein Reinfall. Sowohl Karl Baumgartner wie auch Renate aßen nur ein paar Gabeln von den Nudeln und gaben die »ungenießbaren Spaghetti« an die Köchin Julia zurück, die das vermeintliche Todesmahl sicherheitshalber in der Toilette wegspülte. Die Eltern zeigten keinerlei toxische Reaktionen auf die Pasta, was Julia in mehreren Telefonaten ihrer enttäuschten Schwester halbstündig mitteilen musste. Der erste Giftanschlag war gescheitert.

Es folgte der nächste Mordversuch. Zwei Monate später. Februar 1997. Diesmal durfte nichts schief gehen. Ines nahm ihren Freund Kai in die strategische Pflicht. Der Bundeswehrkoch wählte tatsächlich den direkten Weg – und zog seinen vorgesetzten Feldwebel ins Vertrauen. Der marschierte auch nicht zur Kripo, sondern leistete so genannte »Kameradschaftshilfe«. Mit Unterstützung eines weiteren Freundes wurde ein neues Gift beschafft: das Extrem-Insektizid E 605. Wieder sollte die kleine Schwester Julia ein Todesmahl kochen. Diesmal mit dem tödlichen Insektenmittel. Wieder ging der Plan daneben. Julia hatte die Sauce mit dem tödlichen Gift zu lange köcheln lassen. Durch die Erhitzung verflüchtete sich die toxische Konzentration. Außerdem fand »Papa« Karl Baumgartner, dass die Sauce »irgendwie sandig schmeckt«. Er ließ das Essen zurückgehen. »Mama« Renate reagierte genauso. Julia entschuldigte sich für ihr kulinarisches Missgeschick und schüttete den ganzen E-605-Cocktail ins Klo. Auch der zweite Giftanschlag war gescheitert. Doch die Mordpläne blieben bestehen. Es folgte der nächste Akt.

Das Mordkomplott

Kai Kromberg hatte sich entschlossen, bei der Industrie- und Handelskammer in Kassel einen Fortbildungskurs zu belegen, um den Ausbildungsschein für Lehrlinge zu erlangen. Nach seinem baldigen Ausscheiden bei der Bundeswehr wollte er weiter als Koch arbeiten und strebte eine Leitungsposition in einer Großküche an. Seine Freundin Ines begleitete ihn häufig nach Kassel. Während Kai seine Kurse absolvierte, bummelte Ines durch die nordhessische Bezirkshauptstadt und verkehrte regelmäßig in Cafés der Fußgängermeile »Königsgalerie«. Hier traf sie die damals 18-jährige Diana Kremer wieder, die in einer Crêperie als Bedienung jobbte. Über eine gemeinsame Bekannte aus der Internatszeit von Ines hatten sie sich schon früher locker kennen gelernt.

Jetzt redeten sie intensiver über ihre persönlichen und privaten Probleme. Diana war wie Ines ebenfalls ein Adoptivkind, hatte ihre Ausbildung zum Fachabitur abgebrochen und war als Jugendliche in die Drogenszene abgerutscht. Sie konsumierte zwar regelmäßig Haschisch, gelegentlich auch LSD und Heroin, aber ein Junkie war sie nicht. Aufgrund ihres ähnlichen Kinderschicksals fasste Ines schnell Vertrauen zu Diana, erzählte von ihrem Elternhass – und über ihre Mordpläne. »Kennst du nicht jemanden aus der Szene, der meine Adoptiveltern aus dem Weg räumt?«, fragte sie eines Tages die neue Freundin. Die nickte mit dem Kopf und sagte nur: »Ich glaube, da kann ich dir helfen.« Das war im Mai 1997.

Bereits Anfang Juni 1997 trafen sich die Freundinnen wieder, denn Diana hatte Neuigkeiten: »Ich habe einen Freund, der gerade zu mir gezogen ist. Der macht's!« Der – das war Sascha Ricken, damals 22

Jahre alt, als Wachmann in der »Königsgalerie« beschäftigt, wo er für die Sicherheit in der Tiefgarage, besonders der Frauenparkplätze, verantwortlich war. Sascha, ein Scheidungskind und bei den Großeltern aufgewachsen, hatte – wie Ines' Freund Kai Kromberg – eine Ausbildung zum Koch gemacht. Nach der Gesellenprüfung hatte er keine Stelle bekommen und sich schließlich als Wachmann in der »Königsgalerie« einstellen lassen. Bereits mit 18 hatte er eine drei Jahre ältere Filipina geheiratet, die mit ihm einen kleinen Sohn hatte und die er wegen Diana verließ. Sascha, ein notorischer Angeber, hatte sich seiner neuen Freundin und ihrem Auftrag, einen Killer für die Eltern von Ines zu suchen, gleich als der geeignete Mann angeboten: »Ich habe schon vor Jahren in St. Pauli einen Zuhälter mit einer Pumpgun aus den Schuhen gepustet!«

Mit dieser Visitenkarte stellte Diana ihren Freund den Auftraggebern vor. Ines und Kai waren mit der Wahl zufrieden. Weniger allerdings mit seinen ersten Mordplänen. Sascha Ricken schlug zunächst vor, ein »Attentat nach Art der Russen-Mafia« durchzuführen. Er wollte den BMW des Ehepaares Baumgartner mit einer Sprengstoffladung bestücken und diese per Fern- oder Zeitzünder zur Explosion bringen. Da aber die Beschaffung eines geeigneten Plastiksprengstoffes zu schwierig und zu riskant erschien, kam Sascha auf die Idee, das Ehepaar gezielt mit seinem 22er-Kleinkalibergewehr zu liquidieren. Dagegen erhoben Ines und Kai allerdings Einspruch: »Wir sind beide im Schützenverein und schießen mit Sportpistolen vom Kaliber 22. Damit lenkst Du doch sofort den Verdacht auf uns.« Man einigte sich auf einen makabren Kompromiss: Sascha sollte sich auf die Schnelle eine andere Schusswaffe mit Schalldämpfer besorgen, ins Wohnhaus der Eltern einsteigen und sie töten. Jetzt war der Mordplan gemeinsam verabschiedet. Aber noch nicht die Bezahlung.

Ines bot Sascha 2 Prozent von ihrem zu erwartenden Erb-Bruttoanteil von 40 Millionen Mark. Dies war Sascha zu wenig. Wie seine Freundin Diana später im Polizeiverhör gestand, einigte man sich auf 5 Prozent oder maximal zwei Millionen Mark für den Doppelmord. Das Geld sollte nach Auszahlung der Erbschaft in unverdächtigen Teilbeträgen und durch Auslandstransaktionen überwiesen werden. Und man fasste eine gemeinsame Investition als Zukunftssicherung ins Auge: den Kauf eines Restaurants mit Diskothek auf der spanischen Ferieninsel Mallorca. Speziell die beiden gelernten Köche Kai und Sascha waren Feuer und Flamme für diesen Plan. Unmittelbar nach diesem Gespräch am Samstag, dem 7. Juni 1997, besuchten Ines und Kai in der Kasseler »Königsgalerie« ein Zeitschriftengeschäft und kauften das Hochglanzheft *Bellevue*. Untertitel: *Europas größtes Immobilienmagazin*. Noch beim Durchblättern im Laden wurden die ersten Angebote aus Mallorca geprüft.

Bereits am nächsten Tag, einem Sonntag, traf sich das Quartett zu einem Kinobesuch wieder. Ines nutzte das Treffen, um Sascha klarzumachen, dass der Mordplan keinen Aufschub mehr duldete. Sie selbst wollte ihre jüngere Schwester Julia nicht nur in das Komplott einweihen, sondern sie zur aktiven Mitarbeit bewegen. Julia sollte dafür sorgen, dass die Alarmanlage ausgeschaltet war, wenn Sascha über das Garagendach in die weiße Villa am Galgenbusch einsteigen sollte. Außerdem musste die Balkontür offen stehen, damit der Mörder unbemerkt ins Haus eindringen konnte. Die vier trennten sich mit der verbindlichen Festlegung der Tatzeit: In der Nacht von Freitag auf Samstag der kommenden Woche, also vom 13. auf den 14. Juni 1997, sollte der Doppelmord an den Baumgartners in deren Villa ausgeführt werden. Zur letzten Instruierung von Details und zur Übergabe eines Lageplans sowie einer Wohnungsskizze der Villa vereinbarten die vier ein letztes Treffen am Vorabend des Mordvorhabens, das am Donnerstagabend, dem 12. Juni, auch stattfand. Alle Details wurden noch einmal besprochen.

Julia war eingeweiht. Sie sollte sich in ihrem Zimmer aufhalten und über ihr Handy den Kontakt nach außen halten. Ihre Schwester Ines drängte an diesem Abend besonders energisch auf die Tatausführung, da sich ihre familiäre Situation zugespitzt hatte. Am Nachmittag desselben Tages war sie in der weißen Villa ihrer Eltern von ihrer Adoptivmutter zu einer Aussprache bestellt worden. In diesem Gespräch hatte die Mutter sie beschworen, sich gegen Kai und für den Betrieb zu entscheiden. Ansonsten hätten sich die Baumgartners dazu entschlossen, die Firma nach ihrem Tod in eine Stiftung zu überführen und Ines zu enterben. Ein Testamentsvertrag sollte in der kommenden Woche bei einem befreundeten Notar aufgesetzt werden. Ines müsse bis Anfang der Woche erklären, auf welcher Seite sie stehe. Dies war das definitive Todesurteil für Renate und Karl Baumgartner.

Ines war jetzt nicht nur zum letzten Schritt entschlossen. Sie hatte auch schon das Alibi für sich und ihren Freund Kai organisiert. In einem gemieteten BMW 520i wollten sie am Freitagvormittag zunächst nach Nürnberg fahren, wo sich Kai zu einem beruflichen Vorstellungsgespräch angemeldet hatte. Danach würde das Paar einen Wochenendurlaub in noblen Hotels Südbayerns verbringen – bei permanentem Handy-Kontakt mit dem »Exekutionskommando«. Folgende Aufgabenverteilung war geplant: Ines und Kai, die Auftraggeber, waren zwecks perfektem Alibi in Bayern unterwegs, Sascha und Diana waren als nach außen völlig unbekanntes operatives Duo im Einsatz, Julia hielt als Informantin in der Villa die Stellung. Ihr Kommunikationsmittel: das Handy. Am Freitagvormittag, noch während der Autobahnfahrt nach Bayern, rief Julia per Handy bei Ines an. Ihr Adoptivvater Karl Baumgartner war überraschend wegen eines operativen Eingriffs an der Nase ins Krankenhaus gekommen und werde erst am Samstag wieder entlassen. Ines aktivierte sofort die Handy-Konferenz mit Diana und Sascha. Die geplante Tat musste um 24 Stunden verschoben werden. Neuer Termin für den Doppelmord an den Eltern: die Nacht von Samstag auf Sonntag, also vom 14. auf den 15. Juni 1997.

Um die Eltern in Sicherheit zu wiegen, rief Ines von unterwegs bei ihrer Mutter an, schilderte ihr die Schönheit der Fahrt und kündigte ihre Rückkehr für Sonntag in Morschen an. Es war in der Tat eine schöne Fahrt, denn Kai und Ines steuerten nach dem Pflichttermin in Nürnberg das südbayerische Garmisch-Partenkirchen an, wo sie im Hotel Sonnenbichl übernachteten. Am Samstag fuhren sie weiter nach München und mieteten sich in einer Luxussuite des Nobelhotels Bayerischer Hof ein. Preis pro Nacht: 1 200 Mark. Sie zahlten bar und legten bereitwillig ihre Ausweise an der Rezeption vor. Ihr Alibi musste wasserdicht sein.

Unterdessen bereitete sich Sascha Ricken auf seine Tat vor. Er hatte sich ein Gewehr besorgt, besuchte am Samstagabend mit seiner Freundin Diana in Kassel noch eine private Party und machte sich kurz vor Mitternacht mit seinem VW Derby allein auf den Weg zur weißen Villa am Galgenbusch in Morschen. Doch dort war alles ganz anders, als er es sich vorgestellt hatte. Die gesamte Außenbeleuchtung des Anwesens war eingeschaltet, der Schäferhund im Zwinger bellte, und Renate Baumgartner kam erst gegen drei Uhr nachts von einer privaten Feier nach Hause. Auch ihr Ehemann, der wegen seiner frisch operierten Nase zu Hause geblieben war, war noch wach. Denkbar schlechte Voraussetzungen also für einen unbemerkten nächtlichen Einstieg in die Villa. Sascha Ricken kauerte stundenlang mit seinem Gewehr in einem Gebüsch vor der Villa – und als weit nach Mitternacht auch noch eine Polizeistreife vorbeifuhr, hatte er genug. Er fuhr wieder ab nach Kassel.

Am nächsten Morgen – es war Sonntag, der 15. Juni 1997 – erfuhren Ines und Kai in ihrer Luxussuite in München per Handy vom vorläufigen Scheitern der Aktion. In einer Telefonkonferenz mit Diana, Sascha und Julia vereinbarten sie, die Tatzeit auf den frühen Abend dieses Sonntags festzulegen. Diesmal sollten Sascha und Diana gemeinsam in Aktion treten – nicht mit Schusswaffen, sondern mit Messern. Julia würde am Nachmittag ganz offiziell das Haus verlassen und ihren Eltern sagen, dass sie sich mit Ines und Kai träfe. Die Alarmanlage sollte sie entschärfen und den Haustürschlüssel in den an diesem Tag unbenutzten Zeitungsbriefkasten an der Außenseite des Gartentors legen. Da Sascha Ricken nur über eine auffällig geschnürte Rocker-Lederhose verfügte, sollte ihm Kai nach seiner Rückkehr aus München unauffällige Kleidung vorbeibringen. Denn die geplante Tatzeit war noch am hellen Tag, und ein Leder-Rocker könnte auffallen in dem kleinen, spießbürgerlichen Ort. Der Countdown des Mordszenarios lief an.

Am Sonntagmittag ging das Ehepaar Baumgartner im Ort zum Essen. Als sie am frühen Nachmittag in ihre Villa am Galgenbusch zurückkehrten, war »Nesthäkchen« Julia schon ausgeflogen. Auf dem Telefontischchen im Foyer hatte sie einen Brief hinterlassen: »Liebe Mama, lieber Papa, ich bin zu Ines. Bleibe auch zum Abendessen. Gruß Julia.« Den Schäferhund hatte sie in den Zwinger gesperrt – und im scheinbar leeren Zeitungsbriefkasten am Gartentor lag ein Hausschlüssel ...

Unterdessen waren Kai und Ines mit ihrem schnellen Miet-BMW aus München in ihrer Morschener Ein-Zimmer-Wohnung eingetroffen, wo Kai ein paar unauffällige Klamotten in eine Tasche packte. Dann fuhr er mit Ines und Julia ins benachbarte Guxhagen. Zu McDonald's direkt an der Autobahnabfahrt der A 7. Es war jetzt kurz nach 17 Uhr. Während die beiden Schwestern ins Lokal gingen und mehrere Burger, Pommes frites und Coca-Cola orderten, traf sich Kai auf dem Parkplatz mit Sascha und Diana. Er übergab die Kleider an Sascha, der sich im Auto rasch umzog. Dann verließen Diana und Sascha in ihrem dunkelroten VW Derby den McDonald's-Parkplatz und fuhren in Richtung Morschen. Kai winkte ihnen kurz hinterher, nachdem er ihnen zuvor noch »Alles Gute« gewünscht hatte.

Gegen 18 Uhr stehen Sascha und Diana vor dem Gartentor der weißen Villa der Unternehmer-Familie Baumgartner. In der Hand hält Sascha einen Schlüssel, den er im Zeitungsbriefkasten gefunden hat. Doch der Schlüssel passt nicht. Es ist der Haustürschlüssel, aber nicht der Schlüssel zum Gartentor. Sascha blickt Diana an. Fast zeitgleich greifen sie in ihre Taschen und fühlen die Messer. Sie nicken sich zu. Dann drückt Sascha den Klingelknopf. Es ist ein warmer, angenehmer Frühsommerabend in der kleinen nordhessischen Gemeinde Morschen, als sich am Galgenbusch Nummer 10 die Tür für den Henker öffnet ...

Epilog

An jenem Sonntagabend ging gegen 19.30 Uhr bei Kai ein Handy-Anruf ein. Es war Sascha Ricken. Seine News war denkbar knapp: »Es hat geklappt. Aber es gab eine große Sauerei.« Zwei Tage später lag ein Kondolenzbrief an Julia und Ines im Briefkasten der weißen Villa. Absender: Sascha Ricken und Diana Kremer aus Kassel, die den beiden Mädchen ihr Beileid zum Ableben der Eltern ausdrückten. Auf einem Extrazettel hatten sie notiert: »Meldet euch!« Doch die beiden Töchter, die auf so scheinbar tragische Weise zu Waisen geworden waren, hatten zunächst zwei andere Dinge im Sinn: den Auftrag an den Steinmetz für einen pompösen Grabstein – und die gerichtliche

Beantragung der Erbscheine. Besonders dafür interessierte sich still und heimlich auch die Kripo. Und für die Beziehungen von Julia und Ines zu einem Kasseler Pärchen, das in der »Königsgalerie« jobbte.

Zur feierlichen Beerdigung des Ehepaares Baumgartner standen die beiden Töchter noch tief bewegt in der ersten Reihe. Der 70 000 Mark teure Marmorgrabstein hatte die Form des Eingangstores der weißen Villa und war symbolisch einen Spalt geöffnet. Auf dem Gedenkstein prangte in großen Lettern ein Sinnspruch des Firmengründers August Baumgartner, ausgesucht von seinen Enkelkindern Ines und Julia für die ermordeten Adoptiveltern:

> Was jetzt schläft, erwacht auch wieder,
> Nach Dunkelheit kommt wieder Licht,
> Erkenne, Mensch, dies immer wieder,
> Sei dankbar und verzage nicht.

Wenige Tage nach der Beerdigung wurden Ines Baumgartner, Julia Baumgartner und Kai Kromberg in Morschen festgenommen, einen Tag später erfolgte in Kassel die Verhaftung von Diana und Sascha Ricken. Diana legte ein schonungsloses und umfassendes Geständnis ab, das Teilgeständnisse der vier anderen Verhafteten und zahlreiche Zeugenaussagen in wesentlichen Teilen bestätigten. Die Anklageerhebung lautete daraufhin gegen Kai, Ines und Julia auf zweifachen Mordversuch und zweifachen Mord, gegen Sascha und Diana auf zweifachen Mord. Mordmotiv in allen Fällen: Habgier.

Am 28. Januar 1998 begann vor dem Landgericht Kassel der Mordprozess gegen Ines, Julia und Diana, die nach dem Jugendstrafrecht behandelt wurden, sowie gegen Sascha und Kai, die unter Erwachsenenstrafrecht gestellt wurden. Ausführliche psychologische Gutachten erklärten alle fünf Angeklagten für voll schuldfähig, Ines Baumgartner mit einem Intelligenzquotienten von 130 sogar für überdurchschnittlich intelligent.

Nach 35 Verhandlungstagen sprach das Landgericht Kassel im November 1998 die Urteile: Sascha Ricken erhielt eine lebenslange Freiheitsstrafe mit der zusätzlichen Feststellung einer besonderen Schwere der Schuld; Kai Kromberg wurde zu einer lebenslangen Freiheitsstrafe verurteilt; Ines Baumgartner erhielt die Jugendhöchststrafe von zehn

Jahren; ihre Schwester Julia bekam sieben Jahre und zehn Monate; Diana wurde zu sieben Jahren Jugendstrafe verurteilt.

In einem weiteren Prozess wurden Ines und Julia Baumgartner für erbunwürdig erklärt, wonach sie keinerlei Ansprüche auf die Hinterlassenschaft ihrer ermordeten Adoptiveltern hätten. Nach Verbüßung von zwei Dritteln ihrer Jugendstrafen befinden sich Diana und Julia heute wieder auf freiem Fuß.

Rudolf Schröck

Aus Gründen des Datenschutzes wurden die Familiennamen der Opfer und der Täter geändert.

Mord in der Karibik

»Ich habe mir nur eines gewünscht – ich wollte noch einmal die Sonne am Horizont aufgehen sehen!« Mehr als zwei Jahrzehnte später schildert Michael Wunsch seinen Todeskampf auf der deutschen Segelyacht Apollonia. »Ich wollte das Schiff auf meinen eigenen Beinen wieder verlassen. Das habe ich mir während der letzten drei Tage immer wieder geschworen ...« Diese Tage, geprägt von Angst und Ungewissheit, an die Michael Wunsch zurückdenkt, waren das Ende einer Traumreise, die drei Wochen zuvor, am 26. November 1981, begonnen hatte. Michael Wunsch, Betriebswirt und heute Holzkaufmann, war damals 25 Jahre alt. Nach mehr als zwei Jahrzehnten begegnet er während der Dreharbeiten für die ARD-Dokumentation zum ersten Mal wieder der »Apollonia« – in einer Bucht der Karibikinsel Grenada. Als Schiff des Todes sorgte sie monatelang für Schlagzeilen. Ihr neuer Eigner, ein amerikanischer Aussteiger, erfährt erst jetzt, Jahre nach dem Kauf, welche Tragödie an Bord tatsächlich geschah.

Der Traum vom neuen Leben

Der 26. November 1981, ein Donnerstag, ist ein strahlend schöner Tag. Im Logbuch der Apollonia steht: 100-prozentig wolkenfreier Himmel, ein Hoch von 1 023 Millibar, leichte Winde aus Nordost. Traumhafte Bedingungen für einen Start in ein neues Leben, für den

Schiffseigner und dessen Freundin, Herbert Klein und Gabriele Humpert, den Navigator Paul Müller und dessen langjährige Lebensgefährtin Dorothea Maier, genannt Doris. (Die Namen des zweiten Paares wurden aus Gründen des Persönlichkeitsschutzes geändert.) Und zunächst unbeschwerte Urlaubsgefühle für die beiden zahlenden Gäste an Bord, Michael Wunsch und Dieter Giesen. Das Ziel heißt Karibik.

Es wird ein Segeltörn, der ins Verderben führt. Von den sechs Seglern, die am 26. November 1981 von Gran Canaria lossegeln, werden bei der Ankunft eine Woche vor Heiligabend im Hafen Careenage in Bridgetown auf Barbados nur noch vier am Leben sein, einer von ihnen, Michael Wunsch, schwer verletzt. Hier endet die Horrorfahrt der Apollonia.

Michael Wunsch wird mit einem Bauchdurchschuss ins Queen-Elisabeth Hospital gebracht, wo ein Ärzteteam tagelang um sein Überleben kämpft. »Es war ein Unfall«, berichten die übrig gebliebenen Crew-Mitglieder von den tragischen Ereignissen auf See. Gabriele Humpert, die Freundin des Schiffseigners Herbert Klein, sei bei einem Sturm über Bord gegangen. Der, offensichtlich unter Schock stehend, habe sich mit einem Revolver bewaffnet, die Mannschaft bedroht und den Schuss auf Michael Wunsch abgegeben. Klein sei bei einem Handgemenge mit seinem Navigator, der versucht habe, ihm den Revolver zu entreißen, selbst über Bord gegangen.

Diese Version präsentieren die drei den misstrauisch gewordenen Ermittlern im Police Headquarter von Bridgetown. Der erste Reporter aus Deutschland, der *Stern*-Journalist Teja Fiedler, der noch kurz vor Weihnachten auf Barbados ankommt, meint jedenfalls, ihnen glauben zu können. »Obgleich manches am Verhalten der drei Crew-Mitglieder merkwürdig war. Ich habe sie immer nur zusammen gesehen«, erinnert sich Fiedler heute. Auch dem Chefermittler der Polizei von Bridgetown, Winfield Cummings, fällt damals auf: »Sie wollten nur zusammen vernommen werden.« Das Logbuch der Apollonia weist Ungereimtheiten auf, Angaben stimmen nicht, ein paar Seiten fehlen – und dennoch: Die Wahrheit wäre vermutlich auf ewig in den Tiefen des Meeres verschollen, hätte nicht einer der überlebenden Segler seine Angst überwunden und sein Schweigen gebrochen.

Denn in Deutschland am anderen Ende des Atlantik wartet damals die Ehefrau des Schiffseigners, Birgitt Klein, seit Tagen vergeblich auf Nachricht. Beunruhigt durch einen Funkspruch, der über Radio Nordsee verbreitet wurde, in dem es hieß, von der deutschen Yacht seien Besatzungsmitglieder unter nicht geklärten Umständen verschollen, erstattet sie eine Vermisstenmeldung bei der Polizei. Die verweist die besorgte Ehefrau an das auswärtige Amt, hier wiederum ist nichts über den Fall bekannt. Sie erhält den Rat, mit dem deutschen Honorarkonsul auf Barbados Verbindung aufzunehmen. Und nun erfährt Birgitt Klein die Version von dem angeblichen Unfallgeschehen. Sie weiß wohl, dass es einen Revolver auf dem Schiff gab, will jedoch nicht glauben, dass ihr Mann die Mannschaft mit der Waffe bedroht hat. »Niemals. Nie und nimmer!« Birgitt Klein, die die Ungewissheit nicht länger erträgt, reist wenige Tage später in die Karibik, wo Michael Wunsch ihr die Wahrheit sagt. Der Vermisstenfall wird ein Fall für die Mordkommission.

Drei Wochen ist die Apollonia auf dem Atlantik unterwegs – 21 Tage zwischen Gran Canaria und der Karibik. Das Schicksal hat eine Crew zusammengewürfelt, die in ihr Unglück segelt. Ein tödliches Gebräu, sagt später ein Gutachter. Nach 18 Tagen auf dem Atlantik wird aus einem Traum ein Albtraum. Aus oberflächlicher Freundschaft wird Hass, der zwei Menschen das Leben kostet. Die Geschichte der deutschen Yacht Apollonia ist zum Teil die Geschichte der Zeit, in der sie sich zuträgt.

Es ist Anfang der achtziger Jahre. Den Traum von der einsamen Insel träumen viele, die nach dem wahren Sinn im Leben suchen, materieller Erfolg ist nicht mehr alles. »Aussteigen« ist »in«. Ein Traum, den sich nur wenige leisten können. Der erfolgreiche 34-jährige Speditionskaufmann Herbert Klein aus Krefeld will für sich und seine neue Lebenspartnerin Gaby Humpert, eine 25-jährige Kosmetikerin, diesen Traum verwirklichen. Die junge Frau an Kleins Seite, ohne Mutter aufgewachsen, aus bescheidenen Verhältnissen stammend, liebt ihn und ist bereit, mit ihm im wahrsten Sinne des Wortes ans andere Ende der Welt zu gehen.

Wenige Jahre zuvor hatte sich Herbert Kleins Frau Birgitt von ihm getrennt. Sie war 16, er 17, als sie sich kennen lernten, Anfang 20, als sie heirateten. Dass eine so junge Liebe es schwer haben würde, ahnten beide nicht. Zehn Jahre später hatte Birgitt das Gefühl, etwas im Leben versäumt zu haben, und wollte die Trennung. Die enge Freundschaft zueinander blieb, aber die Enttäuschung über die zerbrochene Beziehung und die Sehnsucht nach einem Neubeginn, irgendwo weit weg von der Vergangenheit und den schmerzlichen Gefühlen, treiben ihn in die Ferne. »Wir waren vorher schon öfter in der Karibik, und nach unserer Trennung dachte er, was soll ich hier noch?«, erinnert sich Birgitt Klein.

Herbert Klein hat einen Plan. Er will in der Karibik ins Chartergeschäft einsteigen. Was er dafür braucht, wird im Frühjahr 1981 in der Zeitschrift *Die Yacht* inseriert: Ein 16,5 Meter langes, prachtvolles Segelschiff, die Wappen von Bremen, mahagonigetäfelt, mit genügend Platz für eine Crew und acht Chartergäste, zum Verkauf angeboten von der gleichnamigen Segelgemeinschaft. »Ich hab ihn selten so übermütig und begeistert gesehen«, berichtet die Ehefrau, die ursprünglich Klein und seine Freundin Gaby auf der ersten Reise mit der neuen Yacht in die Karibik begleiten sollte. »Ein traumhaftes Schiff!«, schwärmt auch heute noch Michael Wunsch.

Herbert Klein lässt Hochglanzprospekte drucken – lange bevor die Apollonia die Palmenbuchten der Karibik erreicht. Der neue Schiffseigner lässt »das Wappen« monatelang nach eigenen Vorstellungen in einer Bremer Werft umbauen. Aus dem Trainingsschiff der Segelkameradschaft Wappen von Bremen wird die noble Yacht Apollonia, die ihrer Besatzung Glück und Freiheit bringen soll. Der Schriftführer der Bremer Segelkameradschaft Heino Frese übergibt das Schiff Ende August 1981 an Herbert Klein: »Der neue Eigner war für mich ein Sunnyboy, ein netter, freundlicher Mensch, der höchstwahrscheinlich sich keine großen Gedanken über die Hintergründe eines Chartergeschäfts gemacht hat, in der Karibik. Aber aufgrund seines einnehmenden Wesens hätte ich ihm das durchaus zugetraut.« Mit der Apollonia von der Werft in Bremen-Lesum in Bremerhaven angekommen, überlässt der Mann von der Segelkameradschaft Wappen das Schiff seinem neuen Besitzer, dessen Crew und dem Schicksal.

Herbert Kleins Segelerfahrung reicht bei weitem nicht aus, um das Schiff allein über den Atlantik zu bringen. Auf heimatlichen Gewäs-

*Die Segelyacht Apollonia – frühere Wappen von Bremen –
wurde auf dem Atlantik zu einem Todesschiff.*

sern hat er einen Segelschein gemacht und seine jetzige Crew – darunter ein ausgezeichneter Skipper, der wie Klein Zukunftspläne in der Karibik hat, und Kleins Ausbilderin – kennen gelernt und angeheuert. Eine Crew, mit der man problemlos den Atlantik überqueren kann. Der erste Törn führt von Bremerhaven nach Gran Canaria. Das traumhaft schöne Schiff ist 14 Jahre alt. Die früheren Besitzer haben auf dem ehemaligen Wappen von Bremen unter anderem fünf Weltumsegelungen gemacht. Ausfälle ohne Ende nerven die Mannschaft – Wassereinbrüche, Ärger mit der Bordelektrik, ein defektes Funkgerät.

Herbert Klein, der Schiffseigner ohne große Segelerfahrung, der erst an Bord ein richtiger Hochseesegler werden will, hat auch noch ein anderes, gravierendes, ein zwischenmenschliches Problem – ausgerechnet mit dem Mann, den er als Skipper angeheuert hat, der das Sagen an Bord und der für eine Zukunft auf der Apollonia seine Existenz in Deutschland aufgegeben hat. Von seinem Skipper, so hatte Herbert Klein sich vorgenommen, wollte er während der Überfahrt lernen; an Bord hat er aber doch zu große Hemmungen, dem anderen, der ihm weit überlegen ist, das einzugestehen. Das führt zu Spannungen. Klein will seinen erfahrensten Mann, den Skipper, der die Entscheidungen auf dem Schiff trifft, entlassen. Der Rest der Mannschaft versucht vergeblich, zwischen den beiden zu vermitteln. Nach der Ankunft auf Gran Canaria aber bringt ein Maschinenschaden den Zeitplan der Mitsegler so durcheinander, dass sich die Mannschaft und Herbert Klein schließlich trennen. Im Yachthafen von Pasito Blanco ist erst einmal Endstation. Der Krefelder und seine Freundin haben ein tolles Schiff, aber keine Crew mehr. Dazu der *Stern*-Reporter Teja Fiedler: »Ja, und dann haben sie irgendwie die fatale, sagen wir mal: die Todes-Crew, angeheuert ...«

Die Todes-Crew

Im Hafen von Pasito Blanco auf Gran Canaria treffen Herbert Klein und Gaby Humpert ein anderes Paar: Paul Müller, 42 Jahre alt, und Dorothea Maier, sieben Jahre jünger, eine gelernte Friseuse. Müller, Ex-Hubschrauberpilot bei der Bundeswehr, ist Fahrer bei der Hamburger S-Bahn. Dr. Hans Janknecht, damals Oberstaatsanwalt, erinnert sich gut an Müller: »Er war ein sehr ernster Mensch, ein pedantischer Mensch, ein Mensch, der alles sehr genau nahm. Der gelernt hatte, Risiken auszuschalten, wenn solche vorhanden waren. Fast hätte ich auch gesagt, ein bisschen ein Beamtentyp.« Ein pingeliger Typ, der sich absichern will, im Grunde unsicher.

Paul Müller, wegen seiner Statur und des Vollbarts »der Seewolf« genannt, der so viele Träume hat, dem aber nie der große Wurf gelingen wollte, hat wie Herbert Klein ein Ziel: die Karibik. Und einen Berufswunsch: Schiffseigner mit eigenem Charterunternehmen. Segeln ist für den ehemaligen Berufssoldaten eine Leidenschaft. Disziplin und Durchhaltevermögen, beides hat er während seiner Zeit als Hubschrauberpilot und Stabsunteroffizier gelernt. Dorothea Maier, die ihren Freund über alle Maßen liebt, ist ebenfalls bereit, ihm »bis ans Ende der Welt zu folgen«.

Paul Müller lernt 1980 den Besitzer der Orion, einen erfahrenen Segler, kennen, kündigt den verhassten Job bei der Bundesbahn, investiert die gesamten Ersparnisse und auch die seiner Freundin in das Segelunternehmen, um gemeinsam zu einer Weltreise aufzubrechen. Nach einigen Verzögerungen geht es im Frühjahr 1981 endlich los: von Kiel aus zunächst nach Gran Canaria. Auf dem Schiff jedoch wird heftig gestritten. Schon nach kurzer Zeit spitzt sich das ungute Verhältnis zu dem Kapitän und den anderen Mitreisenden dermaßen zu, dass das Paar am Ende von Bord gejagt wird. Der Kapitän der Orion sagt später aus, er habe von Anfang an Schwierigkeiten mit dem Verhalten Müllers gehabt und ihn nur genommen, weil er keinen anderen der Gäste als Navigator einsetzen konnte. Müller sei kein guter Segler gewesen, dafür aber ein brauchbarer Navigator. Aber »rechthaberisch und geltungsbedürftig«. Paul Müller und seine Freundin Doris sind vorerst mit ihren Träumen gestrandet. Ihre Einlagen für den gesamten Trip – so steht es im Vertrag – sind verloren. Die Atlantiküberquerung endet auch für sie, bevor sie überhaupt richtig begonnen hat: auf Gran Canaria. Sie stehen in dem Urlauberparadies vor dem Nichts. Aus der Traum von der Weltreise?

Da lernen sie am Kai von Pasito Blanco den Speditionskaufmann Herbert Klein kennen. Hans Medenwald von der Kripo Bremen, der den Fall zur Klärung auf den Tisch bekommen wird: »Für die war es eben ein Geschenk des Himmels, dass ein Eigner kommt und sagt ›Ich brauch Mitsegler in die Karibik.‹ Und für ihn, für den Eigner, war es ein Geschenk des Himmels, dass er jemanden findet, der technisch wohl sehr begabt war und auch vom Segeln so viel Kenntnis hatte, um diese Überfahrt zu machen.«

Auf der Apollonia ist die Situation völlig anders als zuvor auf der Orion. Herbert Klein ist im Vergleich zu dem Kapitän der Orion, der sein halbes Leben auf seinem Schiff verbracht hatte, viel zu unerfahren, um Müller die Führungsposition streitig machen zu können. Müller ist derjenige, den Klein braucht, und zunächst auch der Einzige. Und: Müller – dem später ein Gutachter hohe Intelligenz, überdurchschnittliche Fähigkeiten sowie überdurchschnittlich hohe Leistungsbereitschaft, um angestrebte Dinge für sich zu erreichen, attestiert – reagiert sofort unter Einsatz all seines Könnens. Er leitet die Reparaturen auf dem Schiff und führt sie größtenteils selber aus. Er macht sich unentbehrlich. Für Paul Müller und dessen Lebensgefährtin scheint nun kurzerhand alles gut zu werden.

Anzunehmen ist, dass der Schiffseigner seinem späteren Navigator Versprechungen machte, er könne nach der Atlantiküberquerung auf dem Schiff bleiben – und er, Klein, werde ihm ein Zeugnis ausstellen. Aber Herbert Klein ist vorsichtiger geworden und will nicht noch einmal in eine Situation hineingeraten, in der er sich einem anderen an Bord ausliefert beziehungsweise auf Grund seiner Unerfahrenheit auf dem eigenen Schiff einem anderen die Führung überlässt. Hinzu kommt, dass Klein tatsächlich der Meinung ist, auf dem ersten Törn eine ganze Menge gelernt zu haben. Jedenfalls ist er als Eigentümer des Schiffes nicht mehr bereit, ein zweites Mal einen anderen neben sich zu dulden. Zudem will Klein zusammen mit Gaby auf der Apollonia leben. Da ist bestenfalls noch Platz für den dritten Mann, nicht auch noch für dessen Freundin. Inwieweit Paul Müller seine Position realistisch einschätzt, ist nicht bekannt. Dass aber Müllers Position im Verlauf der Überfahrt – sicherlich nicht ohne sein Zutun – deutlich schwächer wird, daran besteht kein Zweifel.

Nach einem Einbruch auf dem Schiff, bei dem Kleins Hab und Gut, sein Pass und sämtliche Kreditkarten abhanden kommen, muss Herbert Klein noch einmal nach Deutschland reisen, um sich neue Ausweispapiere und Bargeld zu besorgen. Er ist enttäuscht, deprimiert und niedergeschlagen – aufgeben oder die Schiffsüberführung um ein Jahr verschieben, worum ihn seine Ehefrau noch vor dem Abflug am Flughafen Düsseldorf bittet, will er nicht. Hier sieht ihn Birgitt Klein zum letzten Mal: »Er hat viel von diesem Paul gesprochen. Das habe ich einem Freund erzählt, und der sagte: ›Er kann doch nicht mit diesem Pärchen alleine lossegeln. Dazu ist er viel zu unerfahren. Er braucht noch mindestens zwei Mitsegler!‹«

Die zwei Mitsegler, sie haben Kleins Anzeige in der Zeitschrift *Yacht* gelesen – »Mitsegler für eine Atlantiküberquerung gesucht« – und sich daraufhin gemeldet, treffen Mitte November 1981 auf Gran Canaria ein. Es sind junge Männer vom Bodensee – Michael Wunsch, 25, der gerade sein Betriebswirtschaftsstudium erfolgreich abgeschlossen hat, und Dieter Giesen, 29, der in Konstanz ein In-Lokal betreibt.

Frei, unabhängig, unbekümmert und sorglos wollen sie sich eine Auszeit gönnen. Wunsch heute: »Also das, wovon jeder Segler träumt, das schöne Schiff, lag da, und der Eigner, Herbert Klein, seine Freundin Gaby, das waren nette Menschen. Mein Freund Dieter Giesen und ich, wir haben uns gleich wohlgefühlt. Es war genau so, wie wir es uns gewünscht hatten.« Eine überraschende Wendung für Kleins Navigator Paul Müller, der noch immer glaubt, den Törn mit dem Schiffseigner und den beiden Frauen alleine anzutreten.

Trügerische Idylle

Die Crew ist komplett. 4 000 Seemeilen über den Atlantik liegen vor ihnen. Westwärts mit dem Passatwind. Michael Wunsch, der leidenschaftliche Segler, der als 10-Jähriger schon an Regatten teilgenommen und gewonnen hat, und Dieter Giesen, der es sich einfach nur gut gehen lassen will. Ihnen fällt der Abschied von Europa nicht schwer. Nach Weihnachten wollen sie bereits wieder daheim in Deutschland sein. Der zielstrebige, aber im Leben immer wieder gescheiterte Perfektionist Paul Müller. Ein Mann, der keine großen Sprüche klopft, der, wenn er etwas sagt, es auch meint und danach handelt, der von Menschen, die ihn kennen, ernst genommen wird. Der Ziele, die er sich setzt, »unbeirrbar«, gleichsam im Alleingang nimmt. Dorothea Maier, die Frau, die zu ihm aufblickt. Die das Schicksal still und viele schmerzliche Erfahrungen gefügig gemacht haben. Die in Paul Müller jemanden gefunden hat, der, was auch immer er tut, richtig handelt. Er ist ihr »Traummann«, wird sie über ihn sagen. Dazu: die lebensfrohe 25-jährige Gaby Humpert. »Wenn Gaby kam, ging die Sonne auf,« erzählt Michael Wunsch. Sie will jeden Augenblick in vollen Zügen genießen, als ahne sie, es würden nur noch wenige gezählte Momente sein. Und Herbert Klein, der erfolgsverwöhnte Schiffseigner, der möglicherweise den Aufgaben und der Verantwortung an Bord gewachsen zu sein meint, es aber vermutlich nicht wirklich ist. Menschen und Charaktere, wie sie unterschiedlicher nicht sein können.

»Die Crew, die hier aufeinander trifft, ist eine hochexplosive Mischung«, wird eine Zeitung schreiben. Tage und Wochen auf wenigen Quadratmetern aufeinander angewiesen. Es gibt kein Zurück. Um sie herum nur das Meer. Wie Herbert Klein und Gabriele Humpert wollen Michael Wunsch und Dieter Giesen genießen. Die beiden Mitsegler sind es, denen bereits vor der Abreise zum ersten Mal »eine schulmeisterliche Art« an Müller auffällt, insbesondere dem im Segeln unerfahrenen Schiffseigner Klein gegenüber.

»Am Mittwoch, vor dem Auslaufen,« berichtet Michael Wunsch während seiner ersten polizeilichen Vernehmung Ende Januar 1982, »sind wir mit Gabriele Humpert zur dortigen Polizeistation gegangen und haben den Beamten erklärt, dass wir am nächsten Mittag auslaufen wollten und dass sie bis 14 Uhr die von Herbert Klein gekaufte Schusswaffe mitbringen müssten ...« Die Waffe, einen Revolver, den Klein mit der Munition bis zum Auslaufen des Schiffes bei der Polizei deponieren musste, hatte der einige Tage zuvor gekauft, weil er seit dem Einbruch im Hafen Angst hat. Als zwei spanische Polizeibeamte am darauf folgenden Tag pünktlich die Waffe samt Munition zum Schiff bringen, um sie an Klein auszuhändigen, geschieht dies vor den Augen aller später Beteiligten. Keinem entgeht der Streit zwischen Schiffseigner und den Polizisten, nachdem Klein feststellt, dass die Hälfte der Munition fehlt.

Bis zum Morgen des 13. Dezember 1981 bleibt der Revolver in der Koje des Schiffseigners Herbert Klein unter Verschluss. Der fragt noch seine Mannschaft – scherzhaft, wie seine Witwe anmerkt: »Eine andere Waffe gibt es doch nicht?!« Die Antwort lautet Nein. Doch es gibt eine zweite Waffe, von der Herbert Klein nichts ahnt. Der Navigator Paul Müller hat sie mit an Bord gebracht und in seinem Werkzeugkasten versteckt. Wann und weshalb er sie sich besorgt hat, bleibt ungeklärt.

Als die Apollonia am 26. November 1981 endlich mit Kurs nach Westen ausläuft, ist es ein strahlend schöner Tag. »Es hat sich relativ schnell ein ganz normales Leben an Bord eingespielt, die Rollen waren verteilt, jeder hatte seine Aufgabe.« Michael Wunsch und Dieter Giesen erleben unbeschwert die Auszeit vom Alltag. Paul Müller hingegen nimmt das Segeln bitterernst. Schon kurz nach dem Auslaufen kommt es zu dem ersten Ärger. Ausgerechnet Doris, Pauls Freundin, die Angst vor Wasser hat und zudem nicht schwimmen kann, soll ein schwieriges Segelmanöver mitmachen, was ihr nicht gelingt. Dafür muss sie sich vor allen anderen die schlimmsten Vorwürfe von Paul gefallen lassen. Nach diesem als persönliche Blamage empfundenen Versuch lässt er keine Gelegenheit aus, insbesondere Herbert Klein, aber auch die restliche Crew zurechtzuweisen und zu kritisieren. Müller macht keinen Hehl daraus, dass er als der beste Segler das Sagen an Bord hat. Wieder und wieder müssen sich die anderen anhören, dass an Bord der Orion alles besser war. Klein muss unentwegt Kritik einstecken. Wiederholt meint der Navigator, er habe nur bei Klein angeheuert, weil er dem Eigner der Orion in die Karibik hinterherfahren wolle, um sein Geld zurückzubekommen.

Ansonsten ist die Stimmung an Bord gut, das Wetter tagelang strahlend schön, man kommt schnell voran. Das Verhalten des Navigators, der zwanghaft verbissen seine Vorstellungen von Ordnung, Disziplin und Gehorsam auf See durchsetzen will, wird hingenommen. Das Steuer muss rund um die Uhr besetzt sein. Der Schiffseigner macht die Wacheinteilung und lässt die Paare gemeinsam Wache gehen. »Eine fatale Fehlentscheidung«, vermutet Heino Frese von der Bremer Segelkameradschaft. »Das führt leicht zu einer Cliquenbildung, und hätte Klein die Paare getrennt, problematische Persönlichkeiten miteinander Wache gehen lassen, hätte das möglicherweise die Einstellung zueinander verändert.«

Für einen Disziplinsegler halten Wunsch und Giesen den Navigator. Sie nehmen es mit Uhrzeiten und pünktlichen Wachablösen nicht ganz genau. »Wachvergehen« wirft Müller den beiden vor. Schulmeisterlich überwacht Müller jeden Handgriff seiner Mitsegler. Die Wäsche in seiner Koje »ist auf Kante gemacht«. Dazu Klein einmal: »Wir sind hier nicht auf der Gorch Fock!« Und Michael Wunsch: »Wir sind hier nicht auf dem Kasernenhof.« Kaum einer, bis auf Doris Maier, seine Freundin, merkt, wie bitter ernst es Paul Müller ist, dass er andererseits aber nicht anders kann, aus seiner Haut nicht herauskommt.

Die Situation auf der Apollonia ist nicht vergleichbar mit der ihm gewohnten und vertrauten Kaserne, wo Disziplin und Ordnung herrschen, die fest strukturiert war und wo jeder seine Ausbildung, seinen genauen Platz, seine Vorgesetzten und seine Untergebenen hatte. Dort gab es keine Unwägbarkeiten. Die Situation an Bord ist in jedem dieser Punkte entgegengesetzt. Hier kommt es in erster Linie auf Partnerschaft, mitmenschliches Auskommen, Respekt und Rücksichtnahme an. Werte wie Beliebtheit spielen hier eine Rolle, und Paul Müller ist nicht beliebt. Die Situation ist nicht strukturiert, nicht einmal die hierarchische Ordnung. So hat Klein den jungen Michael Wunsch als Skipper in die Check-in-Papiere eingetragen, einfach so. Damit ist Wunsch in der Rangordnung neben dem Besitzer des Schiffes die Nummer eins an Bord. Möglicherweise tat Klein das, ohne auch nur einen Gedanken darüber zu verlieren, wie sehr er Paul, den er »nur« zum Navigator machte, damit verletzte – oder er wollte ihn auf diese Weise in seine Schranken weisen. Aber gravierender ist, dass sich Fronten bilden, in einer Situation, in der man aufeinander angewiesen ist. Mahlzeiten werden nicht mehr regelmäßig gemeinsam eingenommen.

Mitten auf dem Atlantik, an einem wieder einmal strahlend schönen, windstillen Tag, gehen Herbert Klein und Gaby im Meer schwimmen. Gegen alle Regeln der Seefahrt und der Vernunft. Oberstaatsanwalt Dr. Hans Janknecht: »So etwas kann man in einer stillen Bucht vor der Côte d'Azur machen, wenn es nicht so furchtbar windig ist und das Land noch in Sicht ist, vielleicht. Aber nicht auf hoher See.« Und Fiedler, der *Stern*-Reporter:

»Nach 50 oder 100 Metern sieht man den nicht mehr, wenn man Pech hat. Und wenn man Pech hat, findet man den nie wieder. Und das hat wohl den Paul so Schritt für Schritt, immer mehr in die Richtung gebracht, dass er gesagt hat: ›Dieses ist ein Irrsinnsboot, ich muss hier klar Schiff machen‹ – im wahrsten Sinne des Wortes. Es ging immer darum, dass die anderen in den Augen von Paul und Doris keine richtigen Seeleute waren.«

Ein anderes Mal setzt sich Herbert Klein in den Bootsmannstuhl und lässt sich an der Bordwand ins Wasser eintauchen. Dieter Giesen und Michael Wunsch machen es ihm nach.

Paul und Doris, die sich ihm kritiklos unterordnet, sondern sich ab und werden mehr und mehr von den anderen abgelehnt. Wunsch:

»Wenn man sich untereinander klar ist, dann wird Disziplin zur Schikane. Und wir haben das als schikanös empfunden.« Schikaniert fühlt sich vor allem Herbert Klein. Die Situation auf dem Schiff eskaliert, als Paul Müller schließlich auch die Freundin des Eigners beleidigt. Angeblich hat er Zigarettenasche in seinem Essen gefunden, das ihm schon vorher nicht schmeckte. Gaby Humpert ist die Köchin an Bord. Die 25-Jährige nennt er eine »stinkfaule Schlampe«. Wunsch: »Das hat ihn unheimlich gestört, und sie hat trotzdem geraucht. Auch noch extra vor ihm. Wir haben ihn belächelt, weil eigentlich an Bord alles klappte.« Doch in der Nacht zum 3. Dezember gerät das Schiff in einen Sturm.

»Zwischen 22 und 23 Uhr wurden wir von Herbert Klein geweckt. Paul Müller hatte zu diesem Zeitpunkt Wache, und wir, Dieter Giesen und ich, sollten Paul ablösen«, sagt Michael Wunsch in seiner polizeilichen Vernehmung aus. Es kommt wegen eines Segelmanövers zu einem Disput zwischen Klein und seinem Navigator, in dessen Verlauf sich Wunsch und Giesen den Anweisungen Müllers widersetzen. Dazu Wunsch in seiner ersten Vernehmung: »Ich habe hier zum ersten Mal bemerkt, dass Paul vom Segeln keine Ahnung hat.« Müller zieht sich – ohne eine Reaktion zu zeigen – in seine Koje zurück. Wunsch heute:

»Ich hab drauf bestanden, dass das Großtuch unten bleibt, nachdem das letzte Reff auch noch zu viel war, haben wir es geborgen. Und es war die richtige Entscheidung. Und Paul, für Paul war das eben nichts, und dann hat er sich während des Sturms, hat er sich in seine Koje verdrückt und hat gar nicht mehr reagiert. Ich denke auch, dass er als großer Held, der er für seine Doris war, nach diesem Sturm einige Kratzer abgekriegt hatte.«

Der 13. Dezember

Im Verlauf der darauf folgenden Tage nehmen die Auseinandersetzungen an Bord zu. Der Ton wird schärfer, Paul Müllers Stimme lauter und aggressiver. Nicht Klein müsse das Kommando an Bord haben, sondern er. Klein muss sich auf dem eigenen Schiff mit Häme und Spott überschütten lassen. Gabriele Humpert wird immer häufiger das Ziel von Müllers Aggressionen. »Du hast hier nichts verloren«, herrscht er sie an. »Bist du Grace Kelly?!« Überhaupt empfindet er die Welt als ungerecht. Als es eines Morgens um das Zubereiten des Frühstücks geht, behauptet Paul Müller, seine Freundin Doris tue alles an Bord, werde von der gesamten Crew ausgenutzt. Gaby Humpert hingegen, wirft er dieser wieder vor, sei »stinkfaul«. Herbert Klein will daraufhin nicht mehr, dass man gemeinsam mit Paul und Doris frühstückt.

Ein anderes Mal entdeckt Müller, nachdem er aufgestanden ist, eine leere Champagnerflasche. Es ist kein Tag wie jeder andere, sondern der Tag, an dem die halbe Wegstrecke zurückgelegt worden ist und an Bord das so genannte Bergfest gefeiert werden soll. Der Navigator unterstellt der Crew, sie haben ohne ihn und Doris gefeiert. Teja Fiedler: »Es war wirklich, glaub ich, eine ganz langsam sich ansammelnde kritische Masse, die dann aber irgendwann den Punkt überschritten hat, wo es dann zu dieser Kettenreaktion der Gewalt gekommen ist.« Gegen Ende der Reise wird immer deutlicher, dass »Paul und Doris bald kein Dach überm Kopf mehr haben würden«. In Müller wächst der Hass.

13. Dezember, es ist ein Sonntag, der 18. Tag auf See. Schon früh am Morgen kommt es zu einem heftigen Streit zwischen Herbert Klein und seinem Navigator. Die Tragödie an Bord ist unvermeidbar. Bis Barbados sind es noch 500 Seemeilen. Nur drei Tage, dann ist Land in Sicht. Wunsch:

»Wir haben nicht bedacht, wie wichtig diese Regeln für ihn sind. Und trotzdem sag ich immer, es war keine Katastrophenstimmung auf dem Schiff. Wir waren in Hochstimmung, wir waren wirklich bis Minuten vorher in Hochstimmung. Es kam wirklich aus heiterem Himmel, und wir haben uns wirklich nicht vorstellen können, dass so etwas passiert. Selbst fünf Minuten vorher noch nicht.«

Wunsch und Giesen haben kurz zuvor die vorgeschriebene Wache von Paul übernommen. Paul Müller fühlt sich von Klein wieder einmal ungerecht behandelt. Er verschwindet unter Deck und ruft wenige Augenblicke später den Schiffseigner zu sich herunter. Dort zieht

Müller plötzlich eine Waffe. Der Revolver in seiner Hand, den er jetzt auf Herbert Klein richtet, ist die zweite Waffe auf dem Schiff, von der die anderen nichts ahnen. Er zwingt Klein, ein leeres Blatt Papier mit dem Briefkopf der Apollonia zu unterschreiben und ihm den anderen Revolver auszuhändigen. Paul Müller kündigt an, dass Herbert Klein und Gabriele Humpert den Tag nicht überleben werden.

Gegen Mittag ruft Herbert Klein aus dem Cockpit nach Wunsch:

»Ich bin, kurz bevor Paul mit der Pistole vor uns stand, auf dem Vorschiff gelegen und hab einen Brief an meine Eltern geschrieben, als mich dann der Herbert nach hinten rief und mir kurz erzählte, was unter Deck geschehen war. Als wir dann alle hier hinten versammelt waren, hat Paul uns unter vorgehaltener Waffe erklärt, dass wir jetzt noch ein Bier trinken könnten und eine Zigarette rauchen und dass wir dann sterben müssten.«

Zehn Minuten Zeit gibt er ihnen.

Wunsch und Giesen sagen zu Doris: »Doris, du kannst da doch nicht zuschauen!« Sie antwortet laut Giesen: »Der Paul, der weiß schon, was er macht.« Stunden qualvoller Angst vergehen und Stunden der Hoffnung, Paul doch noch zu besänftigen, an seine Vernunft zu appellieren. Dieter Giesen versucht es immer wieder mit beruhigenden Worten. Vergeblich. Wunsch: »Die Gabi hat öfters gefragt: ›Warum muss ich sterben? Wieso?‹ Und dann hat er ihr zum Vorwurf gemacht, ja, weil sie beim Essenrichten Zigaretten geraucht hätte, und er hätte Asche in seinem Teller gefunden.« Wunsch und Giesen, die das mehr oder weniger aus den Augenwinkeln verfolgen, versuchen den Anschein zu geben, als würden sie die üblichen Tätigkeiten an Bord routinemäßig verrichten. Sie wollen nach eigenen Aussagen zum einen die Situation nicht weiter eskalieren lassen. Paul Müller erklärt ihnen: »Ich habe ab sofort die Führung des Schiffes übernommen, alles hört auf mein Kommando.«

Michael Wunsch beginnt als Erster auf Paul einzureden; sinngemäß soll er laut späterer Zeugenvernehmung gesagt haben: »Ich bin nicht bereit, das mitzumachen.« Dieter Giesen gibt Paul zu bedenken, dass er aus der Sache nicht mehr herauskommen würde, er solle damit aufhören. Man könne miteinander reden, dann werde sich alles klären lassen. Herbert Klein fügt noch hinzu, Müller würde ab sofort keine ruhige Minute haben, auch er müsse einmal schlafen. Wunsch: »Und es ging über

Stunden. Er hat uns, vor allem die Gabi und den Herbert, gedemütigt. Er hat sie wirklich gequält.« Herbert Klein bettelt am Ende um sein Leben, bietet seinem Navigator das Schiff an. Bis Paul plötzlich dem Schiffseigner eine Waffe in die Hand drückt. Herbert Klein und Gaby Humpert müssen sich vor den Mast setzen. Klein soll seine Freundin und dann sich selbst erschießen. Herbert Klein bringt das nicht übers Herz. Michael Wunsch: »Paul antwortete darauf, dass er, sinngemäß, dass er zu feige wär. Dann hat er ihn gefragt: ›Na bist du zu feige dazu?‹ Dann sagt er, ich weiß noch, der Herbert: ›Ja ich bin zu feige.‹«

Paul Müller ordnet an, dass Gaby Humpert das Abendessen zubereiten soll. Man will noch gemeinsam essen, hofft insgeheim, die Situation würde sich entspannen. Niemand bringt einen Bissen runter. Doris Maier verschwindet wortlos unter Deck in ihrer Koje. Paul, der Navigator, nimmt einen Platz auf der Kante des Deckhauses ein, von wo aus er alle und alles übersehen kann. Wörtlich sagt er: »Ich habe viele Unglückstage im Leben gehabt, heute ist der 13. Dezember, heute ist Euer Unglückstag.« Spätestens aufgrund dieser Äußerung und der Nennung des Datums wird zu diesem Zeitpunkt allen klar, dass er es ernst meint.

Herbert Klein versucht Fassung zu bewahren. Ruhig fordert er seinen Navigator auf, zu sagen, »wo ihn der Schuh drückt, man könne alles aus der Welt schaffen – es gibt immer eine Lösung«. Woraufhin Paul Müller beginnt, Gabriele Humpert mit wüsten Vorhaltungen und Beleidigungen zu beschimpfen. Wunsch erinnert sich an ihre letzten Worte: »Muss ich deswegen sterben?« Was Müller klar bejaht.

Wunsch und Giesen versuchen, Doris durch Zurufe dazu zu bewegen, auf ihren Lebensgefährten einzuwirken und ihn zur Vernunft zu bringen. Doch sie reagiert nicht. Die beiden suchen noch einmal das Gespräch mit Paul. Der sagt, ohne seinen Platz auch nur einmal zu verlassen, den Blick auf Gabriele Humpert und Herbert Klein gerichtet: »Ich habe vor vier Stunden entschieden, das zu tun, und ich kann nicht zurück. Heute werden für 10 Mark Menschen umgebracht, wenn hier einer über Bord geht, dann kräht kein Hahn danach.« Der Terror geht weiter.

Wunsch: »Wir haben uns nur ganz kurz gesagt, entweder der oder wir, wir müssen was tun. Und der Herbert sagte mir: ›Ich mach ihn kalt. Entweder der oder ich, sonst kommen wir hier nicht lebend raus.‹« Michael Wunsch schreit Paul an: »Bitte, bitte, lass das!« Paul wendet sich erstmals von seinen Geiseln ab, richtet die Waffe auf Wunsch und spannt dabei den Abzug. In diesem einen, kurzen Moment der Unachtsamkeit schlägt Klein mit einem Pumpenschwengel Müller auf den Kopf – für den um sein Leben bangenden Herbert Klein ein letzter verzweifelter Versuch, der Lage Herr zu werden. Klein flüchtet. Wunsch versucht im selben Augenblick, Doris von hinten zu packen und über Bord zu werfen. In seiner Not sieht Michael Wunsch nur diesen einen Ausweg. Der Navigator, blutüberströmt, schießt sofort und trifft Michael Wunsch. Der bricht schwer verletzt zusammen. Dieter Giesen kann nicht eingreifen. Denn schon Sekunden später drückt Paul Müller wieder ab. Mit einem weiteren gezielten Schuss tötet er Kleins Freundin Gabriele Humpert, die nur ein, zwei Meter von ihm entfernt das Geschirr vom Abendessen abräumt. Wunsch: »Ich sah, wie er Gaby direkt in den Kopf schoss.«

Der schwer verletzte Michael Wunsch stellt sich tot. Dieter Giesen ist unter dem Eindruck der schrecklichen Ereignisse wie paralysiert. Wunsch:

»Herbert Klein hat sich irgendwo auf der Backbordseite versteckt. Es war schon dunkel. Doris hatte eine Taschenlampe und hat ihn unter Deck gesucht. Paul stand mittlerweile vorne in der Nähe vom Mast, und Doris hat ihn vorne in der Segelkammer gefunden: Herbert ist durchs Vorluk hochgeklettert ... und sie hat ihn mit der Taschenlampe ausgeleuchtet, dass Paul ihn sieht. Paul rief ihm zu: ›Komm mal her und schau mal, was mit deiner Gabi passiert ist!‹ Im gleichen Moment hat er geschossen. Herbert stand mit dem Rücken zur Reling und die Wucht der Kugel hat ihn hinterrücks über Bord gehen lassen«

Das karibische Meer, das für Herbert Klein und seine Freundin Gaby ein Traumziel war, wird für beide zum Grab. »Doppelmord ohne Leichen« titelt später eine Zeitung.

Dieter Giesen, der immer noch um sein Leben fürchtet, versorgt seinen Freund Michael, der schwer verletzt an Deck liegt. Und er muss Paul helfen, Blut und andere Spuren zu beseitigen. Müller selbst beseitigt am gleichen Abend eine Patronenhülse, die im Holz stecken geblieben ist, als er Gaby Humpert erschoss. Michael Wunsch: »Eine ganz schlimme Szene für mich war ... Dieter musste Paul helfen, Gaby über Bord zu werfen. Das Bein der toten Gaby streifte dabei über mein Gesicht. ... Dieses Gefühl werde ich nie vergessen. Das verfolgt mich auch heute noch ...« Müller verfasst einen Unfallbericht: »Gabriele Humpert ist bei einem Sturm von einer Welle über Bord gespült worden. Seitdem lief Herbert Klein – offensichtlich völlig verwirrt – nur noch bewaffnet an Bord herum. Bei einem Streit an Deck kam es zu einem Handgemenge. Zwei Schüsse lösten sich aus Kleins Revolver. Eine Kugel trifft Wunsch in die Brust – die andere den Schiffseigner selbst, der dabei über die Reling ins Wasser stürzt.« Der Unfallbericht ist unterschrieben von Dieter Giesen, Dorothea Maier, genannt Doris, und Paul Müller.

Wunsch: »Er hat uns gedroht, wenn wir die Wahrheit erzählen würden, würde er in Frankfurt für 100 Mark am Bahnhof einen Killer kriegen, und solang wir leben, müssten wir damit rechnen, dass er uns umbringt.« Für den schwer verletzten Michael Wunsch und den völlig verängstigten Dieter Giesen werden die letzten drei Tage auf See zur Hölle. Der eine fürchtet, noch vor der Landung zu sterben, der andere, von Müller als Zeuge doch noch beseitigt zu werden. Doch der braucht ihn, um die Yacht nach Barbados steuern zu können und um der Polizei seine Version zu präsentieren – Unfall statt Mord.

Unfall oder Mord?

Bridgetown: einst Piratennest und Umschlagplatz für Sklaven. Barbados: schon vor 20 Jahren Trauminsel für Aussteiger und Weltumsegler. Am vierten Tag läuft das Todesschiff in den Hafen Careenage in Bridgetown ein. Michael Wunsch wird in die Klinik gebracht. Abenteuerliche Geschichten über Unfälle und andere Dramen auf See kennt der damalige Chefermittler Winfield Cummings zur Genüge. Die Apollonia wird zunächst einmal von der Polizei sichergestellt; Dieter Giesen, Paul Müller und Doris Maier stehen unter Arrest, dürfen die Insel vorerst nicht verlassen, können sich aber frei bewegen.

»Ich wollte das Schiff auf meinen eigenen Beinen wieder verlassen. Das habe
ich mir während der letzten drei Tage immer wieder geschworen.«
Opfer Michael Wunsch bei der Ankunft in Bridgetown.

Die Ermittler befragen die drei übrigen Mannschaftsmitglieder bis sie
eine Variante haben, die sie glauben können – oder wollen.

Das mysteriöse Drama auf See schlägt auch in Deutschland hohe
Wellen. Die *Stern*-Redaktion wittert als erste, dass sich hinter den
Schlagzeilen eine gute Story verbirgt. An Heiligabend fliegt ein Re-
porter in die Karibik. Teja Fiedler:

»Die Polizei zeigte sich nicht besonders kooperativ. Also ging ich auf eigene
Faust los, erreichte den Hafen und traf auf die drei Crew-Mitglieder. Sie berichteten von dem Sturm und wie es zu dem Unfall gekommen war, bei dem

der vierte Überlebende – Wunsch – verletzt und der Schiffseigner Klein bei einem Handgemenge ums Leben kam. Ich durfte die drei auf der Apollonia fotografieren, und wir verabredeten uns sogar für den nächsten Tag wieder. Aber dazu sollte es nicht mehr kommen.«

Am zweiten Weihnachtsfeiertag werden Paul Müller, Dorothea Maier und Dieter Giesen von den Behörden in ein Flugzeug gesetzt und nach Europa abgeschoben. Dazu Winfield Cummings, der Chefermittler im Police Headquarter von Bridgetown: »Ich hatte den Eindruck, dass sich die deutsche Polizei der Sache annehmen würde.« Michael Wunsch bleibt als einziges Besatzungsmitglied auf der Karibikinsel zurück.

Im Flugzeug treffen die drei von der Apollonia den Reporter Teja Fiedler wieder. Trotz der langen Reise und der intensiven Gespräche gibt es für den keinen Anlass, an der ihm präsentierten Version zu zweifeln. Nur ein kleiner Zwischenfall lässt ihn kurz aufhorchen. Als er sich die Beine vertreten will, fragt er Dieter Giesen noch einmal nach Details. Der flüstert dem Reporter etwas zu, was Fiedler für den Rest der Reise zu denken gibt: »Sollte ich etwas anderes zu sagen haben, bist du der Erste, der es erfährt«, sagt sinngemäß in diesem unbeobachteten Moment der spätere Zeuge Dieter Giesen. Als aber bei der Ankunft weder Staatsanwalt noch Polizeibeamte die drei von der Apollonia erwarten, sind auch Fiedlers Zweifel verflogen. In der Stern-Redaktion in Hamburg schreibt er kurz darauf unter der Überschrift »Tödliche Träume« exakt die Version, die ihm die Crew »als Wahrheit verkauft hat«.

Unbehelligt von den deutschen Ermittlungsbehörden, ist sich Paul Müller seiner Sache absolut sicher und macht wenige Tage nach der Rückkehr nach Deutschland den entscheidenden Fehler. Birgitt Klein:

»Er hat mich zu Hause angerufen ... Ich war so entsetzt. Er sei Paul, und er wäre mit meinem Mann mitgesegelt und die ganze Sache wäre ganz furchtbar, aber er sei jetzt mittellos und er hätte auch alles reingesteckt in das Schiff ... und außerdem wollte er den letzten Wunsch meines Mannes erfüllen – er wollte ihm das Schiff noch nach Bequay bringen und bräuchte dazu natürlich auch Geld. Er hätte meinem Mann in Gran Canaria 25 000 Mark gegeben. Dafür habe er einen Schuldschein von meinem Mann bekommen. Ich wollte die Unterschrift sehen. Und mein Mann unterschreibt mit vollem Namen –

Herbert Klein, ausgeschrieben –, und daran erinnere ich mich ganz genau, auf dem Schuldschein stand ›H. Klein‹.«

Ein paar Tage später hält Birgitt Klein das Papier in Händen. Es ist die Unterschrift, die Herbert Klein leistete, als der Revolverlauf auf ihn gerichtet war. Paul Müller hat den Text noch an Bord verfasst. Misstrauisch geworden, bringt die Witwe Kleins die Ermittlungen ins Rollen. Birgitt Klein: »Ich bin nach Barbados geflogen und bin mit der Polizei aufs Schiff. Ich war wirklich in dem Wahn, mein Mann hätte mir eine Nachricht hinterlassen, als er so in Not war, als er so bedroht worden ist, dass man das findet. Ich hab natürlich nichts gefunden, gar nichts gefunden.« Aber Birgitt Klein findet zu Michael Wunsch, der, nachdem er aus dem Krankenhaus entlassen wurde, bis zu seiner Abreise bei einem befreundeten Ehepaar untergekommen ist. Sie beschwört ihn, ihr die Wahrheit zu sagen. Michael Wunsch bricht nun endlich sein Schweigen. Zuvor aber muss Birgitt Klein ihm das Versprechen geben, die Behörden auf Barbados nicht zu informieren, damit er ungehindert die Insel verlassen kann. In Deutschland will Wunsch einen Anwalt nehmen und sich der Polizei offenbaren.

Am 14. Januar 1982 fliegt Michael Wunsch nach Europa zurück – einen Tag zuvor hat er Birgitt Klein die Wahrheit erzählt. Für die genauen Umstände interessiert sich daheim bereits die Bremer Kripo. Die Apollonia ist in der Hansestadt im Schifffahrtsregister eingetragen – dort liegt auch die Zuständigkeit der Polizei. Müllers Unfallbericht passt nicht zu den Ermittlungen. Auch wenn sich das mysteriöse Geschehen unter der Sonne des Äquators abgespielt hat, an Land versucht man, das Drama auf See zu rekonstruieren. Ein paar Seiten im Logbuch der Apollonia fehlen – Müllers Bericht über das Wetter am angeblichen Tag des Unfalls wird überprüft. Die Angaben sind falsch.

Trotz Todesängsten vertrauen sich Michael Wunsch und Dieter Giesen tatsächlich ihren Anwälten an. Hans Medenwald, der Mordermittler, erinnert sich, als hätte sich der Fall gerade erst zugetragen:

»Und dann passierte etwas, womit ich überhaupt nicht gerechnet hab: Mich rief abends spät der Staatsanwalt Dr. Janknecht an und teilte mir mit, dass er gerade einen Anruf bekommen hätte von einem Anwalt dieser jungen Leute vom Bodensee, und der habe ihm erzählt, dass der spätere Beschuldigte den

Eigner, Herrn Klein, und auch die Lebensgefährtin von ihm erschossen habe.«

Wolfgang Rau, damals wie heute Leiter der Dienststelle, fügt hinzu: »Und alles, was dieser Zeuge, Wunsch, jetzt sagte, passte. Er beschrieb eine Situation an Bord, die letztendlich zu so einem Drama führen muss. Ich hatte dann nur noch dafür zu sorgen, dass die richtigen Kriminalbeamten die so beschriebenen Menschen vernehmen. Und hatte dann die Hoffnung, dass auch diese letztendlich die Wahrheit sagen.«

Paul Müller und seine Freundin müssen nach Bremen kommen. Beide ahnen nicht, dass bereits wegen Doppelmordes ermittelt wird. Wolfgang Rau:

»Als der Beschuldigte mit seiner Freundin mein Zimmer betritt, konnte ich es mir nicht ersparen zu fragen, wann er angereist sei und wo er übernachte, und er nannte ein Hotel in der Innenstadt, in dem wir ein paar Jahre zuvor mal ein Tötungsdelikt hatten, zum Nachteil eines Portiers. Und ich konnte mir dann nicht verkneifen zu sagen: ›Wenn das mal gut geht, wir hatten dort ein Tötungsdelikt‹ – und ich merkte, wie sein Gesicht fahl wurde.«

Paul Müller, der die Freiheit auf See so liebte, verlässt das Bremer Polizeipräsidium in Handschellen. Ein paar Stunden zuvor hat seine Freundin gestanden.

Im November 1982 kommt es in Bremen zum Prozess. Oberstaatsanwalt Dr. Hans Janknecht, der den Prozess eröffnete: »Ich hab den Hauptangeklagten in der Hauptverhandlung über mehrere Tage erlebt. Und wenn Sie mich damals gefragt hätten, unter der Vorraussetzung, ich hätte nicht gewusst, was man ihm vorwirft, ich hätte nicht geglaubt, dass ihm eine solche schwere Bluttat angelastet werden muss.« Die Anklage lautet zweifacher Mord und ein versuchter Mord.

Als Nebenkläger durchlebt Michael Wunsch während des wochenlangen Prozesses im Bremer Schwurgerichtssaal das furchtbare Geschehen an Bord der Apollonia noch einmal. Auch die Witwe des Schiffseigners, Birgitt Klein, sitzt als Nebenklägerin im großen Schwurgerichtssaal Bremen. Sie empfindet keinen Hass, sie will die Menschen sehen, die ihrem Mann und dessen Freundin das angetan haben: »Mein Mann war ein so stolzer Mensch. Das Schlimmste für mich war, dass er so um sein Leben betteln musste, und da war keine Gnade zu erwarten ...«

Müllers Aussagen werden an jedem der Prozesstage zerpflückt – und auch die Angaben seiner sieben Jahre jüngeren Freundin, die nach Einschätzung der Gutacher psychisch von dem dominierenden Lebensgefährten abhängig war. Versuche, dem tragischen Verlauf eine andere Wendung zu geben, habe sie nicht gemacht – sagt der Anklagevertreter. Dazu Dr. Janknecht: »Wenn man sich vorstellt, dass sie selbst auch die Tat hätte begehen können, das ist unmöglich, das hätte sie nicht gemacht. Sie ist die typische Gehilfin eines Mörders. Nicht mehr, aber auch nicht weniger.« Die Frau, die zusah, während ihr Freund zwei Menschen erschoss und einen dritten schwer verletzte, wird zu zwei Jahren und drei Monaten Haft verurteilt. Nach 12 Monaten ist sie wieder auf freiem Fuß.

Gutachter sollen klären, ob Paul Müller, als er die Drohung an Bord aussprach, die Absicht hatte zu töten. Darüber besteht bis zuletzt keine einheitliche Meinung. Dagegen spricht nach Ansicht eines psychologischen Sachverständigen, dass Müller nicht das wahrmachte, was er zuerst angekündigt hatte, und dass sich die Situation an Bord über Stunden hinzog. Für diese Annahme sprechen laut Gutachten auch die Aussagen der Zeugen Wunsch und Giesen: Paul Müller schien erleichtert, als ihm die Entscheidung zu handeln gleichsam durch die Initiative Kleins, ihn mit dem Pumpenschwengel anzugreifen, abgenommen wurde. Müller »brauchte nur noch zu reagieren, und das konnte er, blitzschnell und wirksam«. Milderungsgründe oder einen Ausschluss der Schuldfähigkeit kann das Gericht aber bei Paul Müller, der keine Vorstrafen hat, nicht erkennen. Dr. Hans Janknecht: »Es war für mich eindeutig und klarer Mord. Da ist kein Zweifel. Und zwar ein Mord, ein vollendeter Mord an zwei Menschen und ein weiterer versuchter Mord.«

Mit dem Urteil »Lebenslange Haft« zieht die Justiz einen Schlussstrich unter ein Drama auf See. Zum Ende des Prozesses am 22. Dezember 1982 schreibt die *Süddeutsche Zeitung* unter der Überschrift »Eine Jacht im Sturm der Aggressionen«: »Es ist das Ende eines Dramas, das viele literarische Vorbilder hat, aber in der Rechtsgeschichte der Bundesrepublik beispiellos ist.« Die Bremer Justiz begnadigt den Verurteilten nach 17 Jahren Haft aufgrund einer positiven Sozialprognose.

Danuta Harrich-Zandberg

Der Schmücker-Mord

Im Herbst 1971 zieht ein junger Mann von Bad Neuenahr nach Berlin um. Er hat ein gutes Abitur in der Tasche und ist als Student der Geschichte an der Freien Universität eingeschrieben, doch das Studium ist nicht das wichtigste Motiv für den Umzug. In Westberlin ist etwas los. Hier schwelt Revolte, und in Berlin will der zwanzigjährige Ulrich Schmücker die Leute finden, mit denen er eine neue Welt schaffen kann.

Keine drei Jahre später, in der Nacht vom 4. zum 5. Juni, finden amerikanische Soldaten bei einer Übung im Berliner Grunewald einen schwer verletzten jungen Mann. Er hat einen Kopfdurchschuss und ist nicht mehr bei Bewusstsein. Hilfe ist nicht mehr möglich, Ulrich Schmücker stirbt noch am Ort. Der Tod des jungen Mannes wird zum längsten und teuersten Strafprozess in der deutschen Justizgeschichte führen – und zu einem Skandal, der das Vertrauen in Geheimdienste und Justiz nachhaltig erschüttert.

Der Beginn einer traurigen Karriere

Er war ein spät geborenes Kind: Sein Vater war schon 51 Jahre alt, die Mutter 37, als Ulrich Schmücker am 4. August 1951 zur Welt kam. Der schmächtige, intelligente Junge war ehrgeizig. Sein Vater, ein Sportlehrer, wollte einen kräftigen, gut trainierten Kerl aus ihm machen, und Ulrich belastete seinen Körper über seine Grenzen hinaus, doch diese Grenzen waren eng gesetzt. Die Gesundheit des Jungen war labil, eine schlecht ausgeheilte Tuberkulose hätte jederzeit wieder ausbrechen können. Ulrich Schmücker entwickelte andere Interessen. Die Familie lebte inzwischen in Bad Neuenahr, einem ruhigen kleinen Städtchen zwischen Weinbergen, und Ulrich Schmücker wurde in der evangelischen Jugend aktiv. Er wollte Pfarrer werden. Außerdem entwickelte er eine Liebe zur Musik, mit Leidenschaft spielte er Gitarre.

In der evangelischen Jugend fand er auch einen Freund, der für einige Jahre die Rolle eines älteren Bruders einnahm: Mit Hubertus Raabe konnte Ulrich Schmücker über Gott und die Welt sprechen, und sie spielten zusammen in einer Band, denn auch im verschlafenen Neuenahr tat sich etwas in der zweiten Hälfte der sechziger Jahre. Eine neue Musik begeisterte Schmücker und seine Freunde. Ein Freund Schmückers hatte früh ein Haus in der Innenstadt geerbt, hier konnten die jungen Leute üben, in dem Haus entwickelte sich so etwas wie eine Kommune. Hier wurde auch politisch diskutiert, und die Nachbarn waren nicht sonderlich erbaut über die laute Musik und die Langhaarigen in ihrer Umgebung. Ulrich Schmücker wohnte jedoch weiter gleich um die Ecke bei seinen Eltern, und auf den wenigen Bildern, die aus dieser Zeit erhalten sind, ist kein Revoluzzer zu sehen: Ein weicher, sensibler Junge schaut eher schüchtern in die Welt. Bei Auftritten der Band trug er ein Samtjackett und hatte ein wenig dandyhaft ein Chiffontuch um den Hals geschlungen.

1969 ging Ulrich Schmücker für ein Schuljahr in die USA. In diesem Jahr änderte er sich radikal: Er erlebte Rassendiskriminierung und das Elend in den Armenvierteln; der Hurrapatriotismus und die Propaganda für den Vietnamkrieg stießen ihn ab, für ihn war das »Faschismus«. Seine Mitschüler hielt er für dumm und borniert. Aus seinen Briefen wird deutlich, dass Ulrich Schmücker angefangen hatte, viel Marihuana zu rauchen, und er glaubte nicht mehr an eine friedliche Verbesserung der Welt. Er spielte er mit dem Gedanken, zu Hause in die soeben gegründete DKP einzutreten.

Doch nach seiner Rückkehr schien sich doch recht wenig verändert zu haben. Ulrich Schmücker besuchte weiter die Schule und machte wieder Musik mit seinen Freunden. Allmählich löste sich der Kreis jedoch auf. Immer mehr Leute verließen Bad Neuenahr, um zu studie-

Ulrich Schmücker während der Schulzeit: Der sensible, eher schüchterne Jugendliche wollte Pfarrer werden. Stattdessen schlug er wenig später eine kurze und erfolglose Laufbahn als Terrorist ein.

ren, und speziell nach Berlin zog es viele aus der Clique. Schmücker machte 1971 ein gutes Abitur und ging ebenfalls nach Berlin. Zwei alte Freunde aus der Heimatstadt waren die erste Anlaufstelle, aber es zeichnete sich bald ab, dass man unterschiedliche Wege ging. Die beiden studierten ernsthaft, der Alltag, eine Freundin und der künftige Lebensweg waren wichtiger als die Politik. Ulrich Schmücker war das alles zu bürgerlich. Auch an der Freien Universität hielt es ihn nicht lange. Die Reste der Studentenbewegung lösten sich gerade in die so genannten »K-Gruppen« auf – Kaderparteien, die vor allem damit beschäftigt waren, untereinander über den richtigen Weg zur Weltrevolution zu streiten. Ulrich Schmücker ging stattdessen zu den »Undogmatischen«, aus denen sich später die Sponti-Szene, aber auch die »Bewegung 2. Juni« entwickelte. In dieser eigenartigen Szene mischten sich anarchistische und kommunistische Theorieversatzstücke, aber die Tat war ohnehin wichtiger. Vor allem aber war diese Szene nicht auf die Universität und Bürgerkinder wie Ulrich Schmücker beschränkt. Hier machten Jugendliche aus Kreuzberg und Moabit mit, Arbeiterkinder, die sehr konkrete Probleme und Nöte hatten, junge Arbeiter, die plötzlich eine andere Perspektive sahen, als nach der Schicht in der Kneipe zu saufen oder den Rest des Lebens in einer Hinterhofwohnung mit der Frau zu streiten. Entwurzelte waren dabei, denen zu dämmern begann, warum sie in Suff und Kriminalität abrutschten, aber auch Künstler, junge Mädchen, die noch etwas anderes suchten als einen wohlsituierten Mann, der sie ernährt, und eben Studenten, denen das Theater der K-Gruppen zu absurd erschien und die wirklich etwas tun wollten..

Ein Freund aus Neuenahrer Zeiten ist schon in dieser Szene: M. – er wohnt im »Sozialistischen Zentrum« in Moabit. Schon in Neuenahr haben er und Ulrich Schmücker Musik miteinander gemacht, und an diesem Punkt machen sie weiter: Clemens Kuby, Student an der Film- und Fernsehakademie, dreht seinen später preisgekrönten Abschlussfilm über eine Besetzung in Kreuzberg. M. spielt die Hauptrolle, Schmücker ist in den dokumentarischen Teilen zu sehen, zusammen machen sie die Musik zum Film.

Doch die künstlerische Arbeit reicht Schmücker nicht. Er schließt sich der »Schwarzen Hilfe« an. Die Gruppe betreut Menschen, die wegen politischer Aktivitäten mit Polizei und Justiz in Konflikt geraten sind, aber auch »soziale Gefangene«, also normale Kriminelle. Vor allem aber gehört die Schwarze Hilfe zum radikaleren und militanteren Teil einer Szene, in der noch alles bunt gemischt ist. Die einen machen später in Bürgerinitiativen, der Friedens- und der Ökobewegung weiter, andere wollen mit allen Mitteln das »Schweinesystem« bekämpfen. Bunt-fantasievolle Sponti-Aktionen stehen neben einem ausgeprägten Kult revolutionärer Gewalt. Eine gefährliche Dynamik durchzieht die gesamte Szene: Ein eigenartiger Wettbewerb, wer radikaler und konsequenter das System bekämpft, treibt viele Aktivisten zu immer extremeren Positionen und immer militanteren Aktionen. Manchmal ist es eher dem Zufall, einem beiläufigen Gespräch in der Kneipe oder der gerade aktuellen Liebesbeziehung zu verdanken, ob jemand aus dieser Militanzspirale aussteigt oder ob er später als Terrorist auf den Fahndungsplakaten zu sehen sein wird. Eine Bewegung, die sich eher kulturkritisch einfach »Blues« nannte oder in Veräppelung der kommunistischen Kaderparteien als »Zentralrat umherschweifender Haschrebellen« firmierte, sieht sich plötzlich in einem Kampf, in dem Menschen sterben. Zwei Mitglieder der Szene, Thomas Weißbecker und Georg von Rauch, werden erschossen, als Polizisten versuchen, sie festzunehmen – offiziell in Notwehr, doch in der Szene gilt das als »Polizeimord«.

In dieser Umgebung bewegt sich der sanfte Ulrich Schmücker. Er passt nicht so ganz zu den Lederjackenträgern, die ungehemmt ihr Kämpferimage pflegen. Er ist gern gelitten, er sagt kluge Dinge und macht sich nützlich, aber man nimmt ihn nicht ganz für voll. Militante und vor allem riskante Aktionen macht man lieber ohne ihn. Ulrich Schmücker ist der richtige Mann für das Malen von Wandbildern.

1972 tritt eine neue Gruppe auf: Die »Bewegung 2. Juni« übernimmt die Verantwortung für Brandanschläge und für ein Bombenattentat, bei dem ein Mensch getötet wurde. Nachdem in Nordirland britische Soldaten unbewaffnete katholische Demonstranten erschossen haben, legen Mitglieder des »2. Juni« eine Bombe im britischen Yachtclub in Berlin. Eigentlich sollte der Sprengkörper detonieren, während sich niemand im Club aufhielt, doch ein Bootsbauer fand zufällig die Bombe, wollte sie sich genauer ansehen und löste sie dabei aus.

Zu dieser Gruppe stößt Ulrich Schmücker im März 1973, seine Kontaktpersonen sind Monika Berberich und Inge Viett, die auch schon in der »Schwarzen Hilfe« eine wichtige Rolle spielte. Zu dieser Zeit begeht die Gruppe mehrere Banküberfälle, um die Kriegskasse zu füllen, doch Schmücker ist nicht dabei. Er besorgt für das erbeutete Geld Sprengstoff. Zweimal bastelt er eine Bombe beziehungsweise einen Brandsatz, doch keine Bombe geht los – warum, ist bis heute nicht bekannt.

Im April 1973 laufen Meldungen durch die Presse, dass in der Türkei zwei ehemalige Studentenführer hingerichtet werden sollen, die eine militante Gruppe gegründet haben. Die Mitglieder des »2. Juni« in Berlin wollen ein Fanal setzen. Diesmal wollen sie eine Bombe am türkischen Generalkonsulat in Bonn legen.

Am 6. Mai fahren Inge Viett, Harald Sommerfeld, Wolfgang Knupe und Ulrich Schmücker in Berlin los. Im Kofferraum des Wagens liegen der vorbereitete Sprengsatz sowie Batterien, Funkgeräte, Chemikalien und Elektrowerkzeug, um den Zünder zu bauen. Die Aktion verläuft jämmerlich. In Köln versuchen die Gruppenmitglieder, einen Mercedes zu stehlen, schaffen es aber nicht, das Türschloss zu knacken. Dann verfährt sich Ulrich Schmücker auch noch, wieder geht Zeit verloren, deshalb wählt er schließlich für die Übernachtung das nah gelegene Neuenahr, doch er hat den Schlüssel zur elterlichen Wohnung nicht dabei. Wahrscheinlich will er die Eltern spät nachts nicht herausklingeln. Er stellt den Wagen auf einem öffentlichen Parkplatz im Neuenahrer Stadtzentrum ab, ein paar Meter von der elterlichen Wohnung entfernt, und die vier Insassen versuchen, noch ein bisschen im Auto zu schlafen. Doch im ruhigen Zentrum einer Kleinstadt, und das zu einer Zeit, in der ein Bürger im Bett liegt, fällt das Auto mit seinen vier Insassen der Polizei auf. Am Morgen wird der Wagen kontrolliert. Die Polizisten schauen auch in den Kofferraum. Die vier Insassen des Autos lassen sich festnehmen, ohne Widerstand zu leisten, und werden zunächst in das Koblenzer Gefängnis gebracht, Schmücker kommt bald in die Haftanstalt Diez an der Lahn.

Die Arroganz des klugen Kindes

Damit endet die kurze, erfolglose Karriere des Ulrich Schmücker als Terrorist. Nun könnte seine Laufbahn als »politischer Gefangener« beginnen, doch Ulrich Schmücker verletzt von Anfang an eine Grundregel, die gerade die »Schwarze Hilfe« jedem immer wieder einbläute, der mit Polizei und Justiz zu tun bekam: »Maul halten!« – auf keinen Fall eine Aussage machen, sich nicht auf Diskussionen einlassen, auch nicht versuchen, Entlastendes vorzubringen, denn alles gibt der Polizei Informationen und kann womöglich gegen einen verwendet werden. Entlastendes kann immer noch der Verteidiger vorbringen. Ulrich Schmücker versucht jedoch, sich herauszureden. Er distanziert sich von den Bombenattentaten, erklärt, dass er nicht gewusst hätte, was da im Kofferraum des Autos liege, und dass er nur seine Eltern besuchen wollte.

Bei Schmücker werden in diesem Moment Charakterzüge deutlich, die den Rest seines Lebens eine Rolle spielen werden: Er ist der nette Junge, der mit jedermann redet, mit jedem gut auskommen und überall dazugehören will. Dahinter steckt aber auch die Arroganz des klugen Kindes, das glaubt, jedermann überreden und täuschen zu können – und gerade deshalb selbst immer wieder ausgetrickst wird.

Aus Berlin reist ein Mann an, der sich zunächst als Sonderbeauftragter des Senats zur Aufklärung von Sprengstoffanschlägen vorstellt. Die Besucherbücher des Gefängnisses weisen jedoch aus, dass der Mann, der sich Peter Rühl nennt, einen Ausweis des Berliner Landesamtes für Verfassungsschutz vorgelegt hat. Es handelt sich um den Verfassungsschutzmitarbeiter Michael Grünhagen, Spezialist für alles, was links ist.

Das erste Gespräch ist ein Abtasten: Rühl deutet an, dass er ohnehin gut über die Szene Bescheid wisse, das er sich nur genauer informieren wolle. Schmücker stellt sich dumm, mit Inge Viett hätte er nur ein »Fick-Verhältnis« gehabt; gleichzeitig bekräftigt er, dass er niemanden verraten oder belasten werde. Rühl betont, dass alle Informationen vertraulich behandelt würden, und nebenbei winkt er mit der Möglichkeit von Hafterleichterungen oder gar einer Haftentlassung. Schmücker schließt die Möglichkeit weiterer Kontakte nicht aus. Ein Anfang ist gemacht.

Die beiden treffen sich immer wieder und führen lange politische Diskussionen, Rühl überrascht Schmücker mit immer neuen Details, die er schon aus dem Innenleben der »Bewegung 2. Juni« kennt, er deutet an, dass Harald Sommerfeld schon ausgepackt hätte, er malt Ulrich Schmückers Zukunft als Gefangener in schwärzesten Farben,

*Der Verfassungsschutzbeamte Michael Grünhagen alias Peter Rühl besuchte
den inhaftierten Ulrich Schmücker. Zwischen beiden entwickelte sich eine
zwiespältige Beziehung; trotz allen Taktierens hielt der Kontakt lange.
Später überlegte Schmücker »Rühl« zu töten, um sich in der linken Szene
zu rehabilitieren.*

sollte er nicht kooperieren. Für den anderen Fall winkt Rühl mit der
Möglichkeit, dass Schmücker weiter studieren könnte und auch noch
ein bisschen Geld dazubekäme.

Tatsächlich leidet der sensible Ulrich Schmücker an der Ohnmacht des Gefangenendaseins und den kleinen und großen Schikanen, denen er ausgesetzt ist. Seine Mutter hat erreicht, dass er wegen
seiner schwachen Gesundheit jeden Tag einen Liter Milch in die
Zelle bekommen soll. Sie hat die Milch auch schon bezahlt, aber
wochenlang erhält Schmücker trotz ständiger Nachfragen und Interventionen nichts, bis eines Tages ein Wärter die Zelle mit Milchtüten
vollstellt: Die Milch mehrerer Wochen wird an einem einzigen Tag
ausgegeben.

Ulrich Schmücker lässt sich auf die Angebote des Besuchers ein,
zum Schein, wie er in einem später geschriebenen Gedächtnisprotokoll festhält, und er scheint das auch selbst zu glauben. Er gibt Infor-

mationen preis, von denen er meint, dass sein Gegenüber sie ohnehin schon weiß, er betont, dass seine Aussagen nicht vor Gericht oder gegen seine Genossen verwendet werden dürfen. Rühl sagt ihm das zu.

Der Damm ist gebrochen. Rühl bearbeitet Schmücker nach allen Regeln der Kunst. Mal zeigt er sich enttäuscht und droht mit Abbruch der Beziehung, dann wieder erörtert er mit Schmücker sogar die Möglichkeiten einer fingierten Flucht aus dem Gefängnis und eine Zukunft als Agent in der Szene. Schließlich legt Schmücker ein umfangreiches schriftliches Geständnis ab.

Er wird nach Berlin verlegt, am 7. Februar 1973 wird gegen ihn vor dem Landgericht Moabit verhandelt. Der Prozess ist eine reine Formsache, das Urteil ist zwischen allen Beteiligten abgesprochen. Ulrich Schmücker wird zu zwei Jahren und sechs Monaten Haft verurteilt. Wegen seiner angegriffenen Gesundheit erhält er Haftverschonung und kommt sofort auf freien Fuß. Als mildernd hat das Gericht angerechnet, dass der Angeklagte ohne Rücksicht auf dadurch entstehende Gefahren für sein Leben ein umfassendes Geständnis abgelegt hat. In dieser Hinsicht ist das Urteil prophetisch. Das Leben Ulrich Schmückers wird noch ein Jahr und vier Monate dauern.

Er zieht zunächst wieder bei seinem alten Freund G. aus Bad Neuenahr ein. Zwei Tage nach dem Prozess bekommt Schmücker Besuch von einem Kriminalpolizisten. Der rät ihm, Berlin zu verlassen und jeden Kontakt zur linken Szene zu meiden. Es meldet sich aber auch Peter Rühl alias Grünhagen. Er will Schmücker an der Straße des 17. Juni im Tiergarten treffen. Schmücker mobilisiert seine Neuenahrer Freunde G. und A. Sie sollen heimlich den Treff fotografieren, Schmücker will Rühl enttarnen und sich so in der linken Szene rehabilitieren. Die beiden lassen sich darauf ein. Sie postieren sich mit einer Kamera im Tiergarten und warten auf den Geheimdienstler. Doch der kommt nicht. Den Geheimdienst-Amateuren entgeht, dass Rühl den Treffpunkt überwachen lässt. Später legt Rühl Ulrich Schmücker gestochen scharfe Fotos der beiden Hobby-Agentenjäger vor, um ihm zu beweisen, dass er nicht so leicht auszutricksen ist.

Rühl bricht den Kontakt nicht ab, mehrmals ruft er an. Aber was will der Geheimdienstler noch von jemandem, der nach seinem Geständnis als V-Mann eigentlich »verbrannt« ist? Der Berliner Verfassungsschutz wird sich später zu rechtfertigen versuchen, das sei die übliche »Nachsorge« gewesen, man hätte Ulrich Schmücker nur beim Ausstieg in ein normales Leben unterstützen wollen. Die Akten sprechen eine andere Sprache. Rühl/Grünhagen legt am 15. März 1973 einen Vermerk an, nach dem der Informant Ulrich Schmücker den Tarnnamen »Kette« bekommt. Eine Hilfe zum Ausstieg?

Schmücker besucht seine Familie in Bad Neuenahr, und auch da telefoniert ihm Rühl hinterher, die beiden führen lange Gespräche. Ulrich Schmücker erklärt seiner Mutter, er wolle nur austesten, wie weit der Geheimdienstler mit seinen Angeboten gehe. Sogar von einem Studium in Oxford sei die Rede gewesen. Der junge Mann diktiert seiner Mutter ein 34-seitiges Gedächtnisprotokoll seiner Kontakte mit Rühl. Er will sich damit rechtfertigen und darlegen, er seinerseits habe nur versucht, den Geheimdienstler auszuforschen. Schmücker erkennt nicht, dass dieses Gedächtnisprotokoll auf viele seiner Genossen wie ein Geständnis des Verrats wirken muss. Er trifft sich wieder zum Musizieren mit seinen alten Freunden, und sie diskutieren über seine Zukunft. In Schweden könnte er fern von seinen Schwierigkeiten wieder studieren, es gäbe sogar eine erste Anlaufadresse, aber Ulrich Schmücker schlägt dieses Angebot aus. Er will zurück nach Berlin, er will zurück in die linke Szene.

Das scheint zunächst auch zu gelingen. Die Leute der »Bewegung 2. Juni« sitzen im Gefängnis oder sind untergetaucht, die Fluktuation in der Szene ist groß, denn für manchen sind die wilden, freien Jahre in Kreuzberg nur eine Zwischenstation, bis der bürgerliche Ernst des Lebens beginnt. Schmücker findet eine Unterkunft, lernt neue Leute kennen und vor allem einen neuen Freund: Götz Tilgener.

Der lange Schatten der Vergangenheit

Tilgener ist ein schwieriger Charakter, seine Kindheit ist geprägt von der Auflehnung gegen den brutalen, autoritären Vater, von Ausreißversuchen, schulischen Katastrophen und verpassten Möglichkeiten. Er trinkt und nimmt Tabletten, zwischen seinen Drogenexzessen be-

kommt er sein Leben kaum in den Griff. Dennoch genießt Götz Tilgener ein gewisses Ansehen in der Szene, denn er spielt perfekt das Spiel
»Wer ist der Radikalste im ganzen Land?«. Er jongliert geschickt mit
den paar Versatzstücken linker Theorie, die er sich angelesen hat, und
reißt in Gesprächsgruppen immer wieder das Wort an sich.

Der großsprecherische Tilgener nimmt den eher introvertierten Ulrich Schmücker unter seine Fittiche. Schmücker fragt den scheinbar
erfahrenen Freund, wo er eine Waffe herbekommen könne, er wolle
Rühl bei einem Treffen erschießen und damit seine Rückkehr in den
Untergrund einleiten. Tilgener ist beeindruckt. Schmücker fragt auch
seinen alten Freund M. aus Neuenahr nach einer Pistole, doch der
reagiert wütend und erklärt Schmücker, er soll solchen Quatsch lassen, in der Szene hätte er sowieso keine Chance mehr – es wäre besser
für ihn, irgendwo zu studieren. Die Freundschaft zerbricht.

Auf Tilgeners Vermittlung zieht Schmücker in eine Wohngemeinschaft in der Kreuzberger Zeughofstraße ein. Der umtriebige Freund
beschafft Meldepapiere, mit denen Schmücker unter einem anderen
Namen lebt – noch ist ja die restliche Haftstrafe offen, der Vollzug offiziell nur wegen Schmückers Gesundheit ausgesetzt. Der Haftbefehl
gegen Schmücker wird schließlich wieder in Kraft gesetzt, doch den
Verfassungsschutz stört das nicht, Rühl bleibt weiter in loser Verbindung.

Es beginnt eine eigenartige Zwischenzeit. Schmücker kifft viel, oft
sitzt er in der Wohngemeinschaft in einer Ecke und spielt Gitarre,
seine Zukunftspläne sind unklar und wechselnd. Aber er gehört wieder dazu, er ist wieder Teil der Szene. Eine Liebesbeziehung in der
Wohngemeinschaft beginnt, das Mädchen wird schwanger, und die
beiden wollen das Kind auch bekommen.

Doch schließlich wird Schmücker wieder von seiner Vergangenheit
eingeholt. Was wirklich geschah, ist in einem 16 Jahre währenden
Prozessmarathon nie ganz aufgeklärt worden. Vieles, das bekannt
wurde, beruht auf Beschreibungen von Beteiligten, die ein großes
Interesse haben, etwas zu verschleiern. Es bleiben also Lücken, die
möglicherweise niemals mehr geschlossen werden können.

Die WG, in der Schmücker lebt, ist verbunden mit einer Wohngemeinschaft in Wolfsburg. Deren Zusammensetzung ist etwas unge-

wöhnlich. Mehrere junge Leute – die meisten sind noch Schüler und aus bürgerlichem Haus – leben zusammen mit einer Frau, die schon Mitte dreißig ist: Ilse trägt nach einigen kurzen Ehen erst den Familiennamen Bongartz, dann Jandt und schließlich Schwipper. Sie hat als einfache Arbeiterin ihre persönliche Emanzipation in der Politik gefunden, hat sich aus einer konventionellen Ehe und der Maloche freigestrampelt und ist mit einer Zwischenstation bei den Jungsozialisten in der radikalen Szene gelandet. Sie hat eine Liebesbeziehung mit Götz Tilgener, und so lernen auch Schmücker und seine Freundin die Wolfsburger Wohngemeinschaft kennen. Ilse und das junge Paar verstehen sich gut, eine Freundschaft entsteht.

Ilse und ihre Kommune sind allerdings auf dem Absprung in den »bewaffneten Kampf«. Auf Umwegen knüpfen sie Verbindungen zur »Bewegung 2. Juni« und erwähnen irgendwann auch Ulrich Schmücker als zuverlässigen Genossen. Prompt kommt die Anweisung aus dem Untergrund, Schmücker auf keinen Fall zu vertrauen und ihn von allen Informationen fernzuhalten, da er auf jeden Fall ein Verräter und wahrscheinlich auch ein Spitzel sei. In Schmückers Umgebung klingeln die Alarmglocken. Die alte Geschichte hat ihn wieder eingeholt

Götz Tilgener glaubt Ulrich Schmücker zunächst, dass an den Vorwürfen nichts dran ist, aber die Wolfsburger haben genauere Informationen bekommen. Die Fehlschläge bei allen Aktionen des »2. Juni«, an denen Schmücker beteiligt war, nähren den Verdacht, dass er von vornherein ein Agent des Verfassungsschutzes gewesen sein könnte. Auch Schmückers Wohngemeinschaft in Kreuzberg hat inzwischen erfahren, dass nach der Festnahme in Neuenahr mehrere Durchsuchungen und Verhaftungen in Berlin stattfanden, die möglicherweise auf Informationen von Schmücker beruhen. Außerdem ist Ulrich Schmücker längst zu einer Belastung der Kommune geworden: Er hängt nur herum, ist ständig bekifft und lebt auf Kosten der anderen. Schmücker fliegt aus der WG, seine Freundin trennt sich von ihm. In Neukölln, abgelegen vom Kreuzberger Kiez, zieht er in Anfang April in eine Eineinhalbzimmerwohnung.

Schmücker ist jetzt isoliert, doch er will weiter an der »revolutionären Bewegung« teilnehmen, er will sich noch immer rehabilitieren.

Tilgener soll dabei helfen, er soll das Gedächtnisprotokoll lesen, das Schmücker nach seinem Gefängnisaufenthalt angefertigt und bei linken Anwälten deponiert hat. Doch was Schmücker als Dokument zu seiner Entlastung versteht, ist für Tilgener ein Eingeständnis des Verrats.

Die Wolfsburger Kommunemitglieder fahren nach Berlin, und Schmücker wird »vorgeladen«. Er soll sich rechtfertigen. Vorher inszenieren die Beteiligten ein Agentenspiel. Schmücker trifft Tilgener in einer Kneipe und wird von ihm zum Treffpunkt gebracht. Auf dem Weg werden die beiden von zwei Mitgliedern der Wolfsburger Kommune observiert, um herauszufinden, ob Schmücker Agenten des Verfassungsschutzes im Schlepptau hat. Auch in der Szene-Kneipe »Tarantel«, in der das Verhör stattfinden soll, sitzen Leute aus der Wolfsburger Kommune wie zufällige Gäste, um den Raum zu überblicken.

Der Wirt hinter dem Tresen, Volker von Weingraber, ist als besonders enger Vertrauter von Ilse Jandt in alles eingeweiht. Er hat bereits eine elektrische Reiseschreibmaschine besorgt, mit der das Ergebnis des Verhörs protokolliert werden soll. Erst viele Jahre später wird bekannt, dass der Mann – mit vollem Namen Volker Weingraber Edler von Grodeck – ein V-Mann des Verfassungsschutzes ist. Er kommt aus dem Zuhälter- und Kriminellenmilieu und hatte sich selbst dem Verfassungsschutz angedient. Gerade seine kriminelle Vergangenheit und sein Waffenfetischismus schaffen ihm Vertrauen in der Szene. Bei Weingraber wohnen die Wolfsburger, wenn sie nach Berlin kommen, er kutschiert sie mit seinem VW-Bus durch die Gegend und kennt alle ihre Pläne. Weingraber meldet jeden ihrer Schritte sofort an den Geheimdienst weiter.

Allerdings trauen die Verfassungsschützer ihrem V-Mann nicht ganz, er ist zu ehrgeizig und neigt zu Alleingängen. Deshalb sitzen zwei Agenten des Landesamtes für Verfassungsschutz in der »Tarantel« und beobachten die Szenerie. Die Wolfsburger Amateurobservateure achten darauf, ob jemand Schmücker und Tilgener gefolgt ist, und kommen nicht auf die Idee, dass der Verfassungsschutz längst im Lokal sitzt. Den Geheimdienstlern wiederum fällt nicht auf, dass Schmücker beobachtet wird. Weingraber hinter seinem Tresen überblickt alles, was im nicht besonders vollen Lokal abläuft, und fast alle Anwesenden beobachten die drei Menschen, die sich an einem Tisch in einer Ecke unterhalten. Nur Ulrich Schmücker glaubt, dass er ein vertrauliches Gespräch mit Ilse Jandt und Götz Tilgener führt.

Wieder versucht er sich zu rechtfertigen. Ilse Jandt macht ihm Hoffnungen: Vielleicht bekomme er noch eine Chance, sich über die Arbeit für eine revolutionäre Bewegung im Ausland, zum Beispiel für die IRA, zu rehabilitieren. Aber erst müsse sein Verhalten genau überprüft werden. Irgendwann läuft das Gespräch aus dem Ruder. Tilgener sollte eigentlich den Betrunkenen spielen, ist jedoch tatsächlich sturzbesoffen. Schmücker nimmt in seine Eineinhalbzimmerwohnung die Erwartung mit, dass alles wieder ins Lot kommt.

Auf Leben und Tod

Inzwischen ist der Verfassungsschutz höchst alarmiert. Weingraber hat ein Exemplar von Schmückers Gedächtnisprotokoll weitergegeben. Eine Veröffentlichung dieses Protokolls wäre den Geheimdienstlern äußerst unangenehm. Wieder einmal wird den Verfassungsschützern deutlich, dass keiner weiß, welches Spiel Schmücker spielt. Wahrscheinlich weiß er selbst nicht, was er ist: Revolutionär, Agent, Doppelagent – oder nur ein Spielball unterschiedlicher Interessen?

Letztlich geht es um die »Bewegung 2. Juni«. Für die einen könnte die Entlarvung und Bestrafung eines »Verräters« die Eintrittskarte in den inneren Kreis des Untergrunds sein, für die andern bietet Schmücker eine Möglichkeit, eine Blamage auszuwetzen. Inge Viett ist nämlich aus dem Gefängnis ausgebrochen, mit der Entführung des CDU-Politikers Peter Lorenz und der Freipressung von Häftlingen der RAF hat die »Bewegung 2. Juni« eben erst den Rechtsstaat vorgeführt. Fieberhaft und erfolglos suchen Polizei und Verfassungsschutz den harten Kern der Gruppe. Genau in dieser Situation ist jemand in Berlin präsent, mit dem zumindest Inge Viett noch eine Rechnung offen hat. War Ulrich Schmücker ein Lockvogel? Es wäre ganz einfach gewesen, ihn aus dem Verkehr zu ziehen, schließlich war der Haftbefehl gegen ihn längst wieder in Kraft. Stattdessen wird er systematisch observiert, und Volker Weingraber berichtet minutiös von den Aktivitäten der selbst ernannten Rächer, die es auf Schmücker abgesehen haben. Auch dem Verfassungsschutz muss klar sein, dass es inzwischen um Leben und Tod geht.

Götz Tilgener tippt auf der Schreibmaschine des Verfassungs-schutzagenten einen Fragebogen, den Schmücker brav ausfüllt, dann ergeht das Urteil: Ulrich Schmücker sei ein Verräter und deshalb hin-zurichten. Es gibt auch schon einen Plan: Schmücker soll in seiner Heimat erschossen werden, und seine Leiche soll dort deponiert wer-den, wo sein angeblicher Verrat begann: auf dem Parkplatz in Bad Neuenahr. So erzählt es Götz Tilgener später dem *Panorama*-Repor-ter Stefan Aust. Tilgener soll als Wiedergutmachung für seine lange Unterstützung des Verräters den tödlichen Schuss abfeuern.

Inzwischen ist aber eine neue Person in der Gruppendynamik der Wolfsburger Kommune aufgetaucht: Jürgen Bodeux. Aus bürgerli-chem Haus kommend, hat er eine Karriere als Schulversager hinter sich, eine Lehre abgebrochen und auch schon in der Drogenszene ver-kehrt, bevor er in die Politik einstieg. In Köln hatte er die »Schwarze Hilfe Porz« aufgezogen, die eigentlich nur aus ihm selbst bestand. Von eigenartigem Umgang mit Spendengeldern ist die Rede. Bodeux beherrscht die revolutionäre Großmäuligkeit noch besser als Tilgener, und er verdrängt Tilgener bei Ilse Jandt.

Tilgener hat schon die Kommandoerklärung getippt, in der der Mord an Ulrich Schmücker gerechtfertigt wird – wieder auf der Schreibmaschine des Verfassungsschutzagenten –, doch danach steigt er aus. Er will Ulrich Schmücker nicht ermorden. Der Plan läuft wei-ter. Schmücker wird schriftlich zu einem Treffen im Kottenforst bei Bonn bestellt, es gehe um seine Rehabilitierung und die Vermittlung zu einer revolutionären Gruppe im Ausland. Alles scheint zu klappen wie geplant – doch Ulrich Schmücker erscheint nicht am geplanten Hinrichtungsort. Dafür gibt es bis heute zwei Erklärungen: Schmü-cker lebte unter anderem Namen, vielleicht hat ihn darum der Brief nie erreicht, sondern ging versehentlich an den tatsächlichen Namens-inhaber. Schmückers Jugendfreund Hubertus Raabe erinnert sich je-doch daran, dass Schmücker um diese Zeit tatsächlich in Bonn war.

Raabe war inzwischen Pfarrer, er und seine Frau gingen mit Schmücker in eine Pizzeria, dort entspann sich ein intensives Gespräch, bis Schmücker schließlich sagte, eigentlich hätte er ja noch einen Termin im Kottenforst, aber jetzt habe er keine Lust mehr, da hinzugehen. Raabes Frau, eine Bonnerin, wunderte sich noch über den sonderbaren Treffpunkt.

Schmücker wird in dieser Zeit als verwirrt, antriebslos und zeitweise deprimiert beschrieben. Möglicherweise hat ihm das das Leben gerettet – für sehr kurze Zeit.

In Berlin erhält Schmücker eine Warnung von jemandem aus dem inneren Kreis des »2. Juni«: Er solle auf keinen Fall versuchen, wieder mitzumachen, sondern so schnell wie möglich abhauen. Schmücker ist offensichtlich hin und her gerissen. Freunden erzählt er, er werde bald im Ausland revolutionär aktiv werden, gleichzeitig nimmt er Kontakt zu seinem V-Mann-Führer Rühl/Grünhagen auf und erzählt ihm, dass er sich von Leuten aus der Linken bedroht fühle. Er nennt auch Namen – allerdings andere als die der späteren Angeklagten – und verlangt wieder einmal eine Pistole, diesmal, um sich zu schützen. So zumindest steht es in den bekannt gewordenen Aktenvermerken Grünhagens, doch diese Vermerke wurden erst nach Schmückers Tod angefertigt. Das Verhalten des Berliner Landesamtes für Verfassungsschutz in der Zeit unmittelbar vor Schmückers Tod wird für mehr als eineinhalb Jahrzehnte die Gerichte beschäftigten.

Die Wolfsburger sind inzwischen wieder in Berlin, wieder haben sie sich bei dem V-Mann Volker Weingraber einquartiert. Jeder ihrer Schritte wird vom Verfassungsschutz observiert, und auch Schmücker wird ständig beschattet. Am 3. Juni 1974, es ist Pfingstmontag, beobachten die Geheimdienstler, wie Ilse Jandt und Jürgen Bodeux an der Krummen Lanke, einem See am Rand des Grunewalds, spazieren gehen. Genau an diesem Ort wird Ulrich Schmücker in der übernächsten Nacht ermordet werden. Für den nächsten Tag gibt es jedoch keine Observationsprotokolle, obwohl eine schriftliche Anweisung zur Beschattung vorliegt. Am Morgen ruft Weingraber an, die Wolfsburger würden sich seinen Wagen ausleihen, und der Leiter des Landesamts für Verfassungsschutz wird später erklären, er habe den Observationsbefehl mündlich widerrufen, um den V-Mann Weingraber nicht dem Verdacht auszusetzen, er sei ein Spitzel.

Bekannt ist noch, dass Schmücker an diesem Tag einige Stunden in einem Hotel jobbt, die Arbeit hat er vor einiger Zeit durch Vermittlung seines Freundes G. gefunden. Das Hotel liegt direkt neben der Zentrale des Verfassungsschutzes und nicht weit von der Krummen Lanke. Nach einigen weiteren Stunden finden die amerikanischen Soldaten den sterbenden Ulrich Schmücker auf einem Waldweg direkt an der Krummen Lanke.

Bald darauf kursiert eine Kommandoerklärung zu Schmückers Tod. Sie beginnt mit den Worten: »in den frühen morgenstunden des heutigen tages wurde der konterrevolutionär und verräter ulrich schmücker von einem unserer kommandos hingerichtet. schmücker war von einem tribunal der bewegung 2. juni wegen seiner aussagen vor staatsschutzbehörden der BRD und west-berlin zum tode verurteilt worden.«

Die Erklärung versetzt vielen Szenemitgliedern einen Schock. Die brutale und gleichzeitig abstrakte Sprache der Kommandoerklärung stößt sie ab. Viele hatten auf die eine oder andere Weise persönlichen Kontakt mit Schmücker gehabt, sein Tod ist nichts Abstraktes, und wenn man auch allgemein die Bestrafung von »Verrätern« billigt, geht Mord einem Teil der Szene zu weit. Eine erbitterte Diskussion entspinnt sich, manche ziehen die persönliche Konsequenz und steigen aus der militanten Politik aus. Die Stadtguerilla und die legale politische Bewegung driften weiter auseinander. Doch dieser Klärungsprozess wird bald überdeckt von den Auseinandersetzungen um die juristische Bewältigung des Mordes an Ulrich Schmücker.

Ermittlungen im Mordfall Schmücker

Die Mordkommission nimmt die Ermittlungen auf. Sie wird dabei vom Verfassungsschutz unterstützt. Ein Verbindungsmann hält ständigen Kontakt zu den ermittelnden Beamten. In einem Brief teilen die Verfassungsschützer den Kriminalpolizisten mit, dass die Täter in der Wolfsburger Kommune zu suchen seien.

Es gäbe noch andere Richtungen, in die man ermitteln könnte. Da sind zum Beispiel die Leute aus der Szene, von denen Schmücker gegenüber Rühl/Grünhagen gesagt hatte, sie würden ihn verfolgen und bedrohen. Ein Tatmotiv hätten auch die Mitglieder des inneren Kreises des »2. Juni«, die sich irgendwo in Berlin versteckt halten. Polizei und Staatsanwaltschaft konzentrieren sich jedoch von Anfang an auf die Spur, die der Verfassungsschutz vorgegeben hat. Weil gerichtsverwertbare Beweise fehlen, setzt Staatsanwalt Przytarski darauf, die Gruppe erst einmal in Haft zu nehmen, in der Hoffnung, dass einer der Täter umfällt und ein Geständnis ablegt. Doch in einem Rechtsstaat darf man niemanden ohne triftigen Grund einsperren, also greift die Staatsanwaltschaft zu Tricks.

Ilse Jandt wird in Wolfsburg als Zeugin vorgeladen. Schon das ist rechtsstaatlich bedenklich, denn sie gilt zu diesem Zeitpunkt bereits als die Hauptverdächtige. Sie wird gefragt, ob sie die Krumme Lanke kenne, und verweigert auf den Rat ihres Anwalts die Aussage, um sich nicht selbst zu belasten, schließlich darf niemand zu einer Aussage gegen sich selbst gezwungen werden. Mit der Begründung, als Zeugin sei sie zur Aussage verpflichtet, wird Ilse Jandt in Beugehaft genommen. Jahre später wird die Berliner Justiz ein deswegen eröffnetes Ermittlungsverfahren wegen Freiheitsberaubung im Amt gegen Staatsanwalt Przytarski einstellen. Die Ermittlungen hatten sich hingezogen, bis der Vorwurf verjährt war.

Allzu lange kann man Ilse Jandt auf diese Weise nicht festhalten. Der erste Versuch ist fehlgeschlagen. Dann kommt ein scheinbarer Zufall den Ermittlern zu Hilfe: Zwischen Wolfsburg und Braunschweig wird ein VW Käfer im Straßengraben gefunden. Es sieht nach einem simplen Fall von Fahrerflucht aus, doch die Polizei entdeckt im Kofferraum des Wagens eine Pistole, ein abgesägtes Kleinkalibergewehr, Einbruchswerkzeug und Einbruchspläne sowie ein Sparbuch von Jürgen Bodeux. Nun liegt ein Grund für Haftbefehle vor.

Später wird sich herausstellen, dass der vermeintliche Zufallsfund inszeniert war: V-Mann Weingraber hatte im Auftrag des Berliner Verfassungsschutzes den Wagen mit falschen Papieren gemietet, das belastende Material, das ihm teilweise von den Wolfsburgern anvertraut worden war, darin deponiert und dann den Wagen absichtlich in den Graben gefahren. Weil die örtliche Polizei den Unfallwagen zunächst einfach auf ihrem Hof abstellte, war ein dezenter Hinweis bei den Kollegen nötig, sie mögen doch bitte mal in den Kofferraum schauen.

Jetzt kann ein richtiger Haftbefehl gegen Ilse Jandt und Jürgen Bodeux ergehen. Zweien der Wolfsburger Jugendlichen wird in dieser Zeit vorgeworfen, auf einer Baustelle zwei Säcke Kalk gestohlen zu haben, die Berliner Staatsanwaltschaft lässt ihre Drähte spielen, und ein Wolfsburger Richter erlässt wegen dieser Bagatelle Haftbefehl gegen die beiden.

Schon nach kurzer Zeit passiert, was die Staatsanwaltschaft erhoffte: Einer packt aus, und zwar Jürgen Bodeux. Seine Geständnisbereitschaft wird zunächst geheim gehalten. Der Inhalt seiner Geständnisse ändert sich in den folgenden Monaten mehrfach, doch die Ankläger haben ihren Kronzeugen. Ergänzt werden seine Geständnisse durch die Aussagen von Götz Tilgener, der für kurze Zeit wegen Nichtanzeige einer Straftat in Haft kommt und ebenfalls schnell gesprächig wird. Beide machen entgegen ihren früheren Großsprechereien ganz schnell genau das, was sie bei Ulrich Schmücker als todeswürdiges Verbrechen ansahen.

Im April 1975 gibt der wieder freigelassene Tilgener dem damaligen Fernsehjournalisten Stefan Aust ein Interview. Fünf Tage nach der Sendung im NDR-Magazin *Panorama* wird er tot aufgefunden. Zunächst glaubt jedermann an Mord von der einen oder anderen Seite, doch die schließlich amtliche Version, dass Tilgener seinem übermäßigen Konsum von Alkohol und Tabletten erlegen sei, wird nie widerlegt.

Am 6. Februar 1976 beginnt der Prozess. Der Fall scheint klar, für die Verhandlung sind 15 Tage angesetzt. Die Verteidiger ahnen, dass der Verfassungsschutz in die Geschichte verwickelt ist. Einige mutmaßen sogar, dass die Geheimdienstler den Mord beobachtet haben oder daran beteiligt waren. Harald Remé, einer von Ilse Jandts Anwälten, hält das für wilde Spekulation, einige Jahre später wird er in diesem Fall nichts mehr ausschließen. Die Verteidigung konzentriert sich auf den Kronzeugen Bodeux und versucht zu rekonstruieren, was Bodeux wann gestanden hat, und vor allem, warum er überhaupt ein Geständnis ablegte. Die Anwälte halten es für möglich, das Bodeux V-Mann war und sich vielleicht sogar als Agent Provocateur betätigte. Doch Bodeux ist in diesem ersten Verfahren Angeklagter. Er belastet auf Nachfragen von Richtern und Staatsanwälten seine früheren Freunde, macht aber von seinem Aussageverweigerungsrecht Gebrauch, sobald die Verteidiger seine Anschuldigungen durch Nachfragen überprüfen wollen. Die Anwälte beharren trotzdem auf ihren Fragen. Darüber kommt es zu heftigen Auseinandersetzungen mit dem Vorsitzenden Richter, der den Fall möglichst bald abschließen will.

Prozessbeobachter haben früh den Eindruck, dass Gerichte und Staatsanwaltschaft große Mühe darauf verwenden, die Angeklagten zu verurteilen, ohne den Fall wirklich aufzuklären: Beweisanträge der Verteidigung werden reihenweise abgelehnt; wichtige Akten kommen der Verteidigung nur durch Zufall zur Kenntnis, weil ein Polizist als Zeuge sich verplappert; die Unterlagen des direkt beteiligten Verfassungsschutzes werden verweigert. Richter und Staatsanwälte unterstützen diese Blockade. Im Laufe der Zeit werden sich um den Schmücker-Prozess Dutzende von Verwaltungsgerichtsverfahren gruppieren, in denen die Verteidiger Auskunft von allen möglichen Dienststellen zu erzwingen versuchen.

Die Anklage hat es aber auch nicht leicht. Bis auf einen saßen alle Angeklagten zum Tatzeitpunkt nachweislich im Zug von Berlin nach Wolfsburg oder hatten Wolfsburg gar nicht verlassen. Auch der Wolfsburger – mit dem Spitznamen Wölli –, der nicht mit den Übrigen zurückfuhr, hat fast ein Alibi. Zeugen, die den Schuss gehört haben wollten, und auch die ursprünglichen Untersuchungen eines Gerichtsmediziners geben einen Tatzeitpunkt an, zu dem auch Wölli schon im Zug nach Hause saß. Nur mühsam gelingt den Staatsanwälten ein wackliger Nachweis, dass der tödliche Schuss auch früher gefallen sein könnte, Wölli also als Schütze infrage kommt.

Die Annahme, dass die zur Tatzeit weit entfernten Kommunemitglieder mit dem Mord einverstanden und deshalb an ihm beteiligt gewesen seien, stützt sich auf die widersprüchlichen Aussagen des Kronzeugen Bodeux, der sichtlich bemüht ist, den eigenen Tatbeitrag herunterzuspielen, und auf die Angaben des toten Götz Tilgener, die nicht mehr überprüft werden können.

Am 22. Juni 1976 ergeht das Urteil: Die Angeklagten werden des gemeinschaftlichen Mordes für schuldig befunden. Ilse Jandt wird zu lebenslänglicher Haft verurteilt, Wölli erhält acht Jahre Jugendstrafe, die anderen Kommunemitglieder Jugendstrafen von vier und fünf Jahren. Auch Bodeux wird zu fünf Jahren Jugendstrafe verurteilt. Er nimmt als Einziger sein Urteil an und muss insgesamt nur zweieinhalb Jahre absitzen. Die anderen gehen in Revision.

Sie haben Erfolg: Der Bundesgerichtshof hebt das Urteil auf. Die Rechte der Angeklagten und ihrer Verteidigung waren verletzt worden, der Fall nur unzureichend aufgeklärt.

Ungeklärte Fragen und Skandale bis zum Schluss

Im April 1978 beginnt der zweite Prozess: Es geht in monatelangem, zähem Hickhack immer wieder um dieselben Fragen – wie auch später im dritten und vierten Verfahren: Warum hat Bodeux gestanden? Erpressbar war er schon deshalb, weil er kurz nach der Tat 21 Jahre alt wurde. Die Staatsanwaltschaft hatte die Wahl, ihn nach Jugend- oder nach Erwachsenenstrafrecht anzuklagen, und Zweiteres hätte lebenslänglich bedeuten können. Da war aber noch etwas anderes, wie sich im Lauf der Zeit herausstellt: Es liefen Ermittlungen wegen eines Raubmords an einem Juwelier in Köln-Porz, und Jürgen Bodeux war einer der Tatverdächtigen. Plötzlich häuften sich die Seltsamkeiten. Von allen Verdächtigen wurden Fingerabdrücke verglichen, nur nicht von Bodeux und seiner damaligen Freundin. Es gab Kontakte der ermittelnden Polizisten mit den Berliner Behörden, und schließlich sind wichtige Unterlagen der Raubmord-Ermittlungen gegen alle Regeln einer geordneten Aktenführung einfach spurlos verschwunden, wie die letzte Strafkammer im Fall Schmücker festgestellt. Der Kölner Raubmord wurde nie aufgeklärt. Hat Bodeux das mit seiner Aussage als Kronzeuge erkauft?

Ungeklärt bleibt auch in den weiteren Verfahren, was Schmücker in den Stunden vor seinem Tod getrieben hat. Zeugen gaben unmittelbar nach der Tat an, dass er in einer Studentenkneipe nahe dem Tatort mit Unbekannten gestritten habe. Er soll gesehen worden sein, wie er in der Nähe der Krummen Lanke mit unbekannten Männern in ein leer stehendes Haus ging, und er wurde angeblich mit zwei Männern in einem blauen VW Käfer unmittelbar am Tatort beobachtet. Sogar die Nummer des Wagens ist bekannt, doch sie ist in der Kfz-Zulassungsstelle nicht erfasst. Der Verfassungsschutz weigert sich zunächst, anzugeben, ob diese Autonummer von ihm benutzt wurde. In einem der vielen Verwaltungsgerichtsverfahren erzwingen die Verteidiger die Herausgabe der Information, doch sie erhalten nur die fadenscheinige Auskunft, die betreffenden Angaben seien aus Datenschutzgründen schon gelöscht worden.

Gerichte und Ermittler mauern weiter. Die Strafkammer, die das Verfahren schließlich einstellt, wird feststellen, dass auch Richter an den Manipulationen beteiligt waren, dass sie sich von Staatsanwaltschaft und Verfassungsschutz Informationen zuschieben ließen, ohne sie in das öffentliche Verfahren einzubringen, wie es ihre Pflicht gewesen wäre, und dass sie bewusst die Aufklärung einzelner Aspekte verhinderten, weil der Verfassungsschutz es so wollte.

Die Anwälte fühlen sich immer wieder ausgetrickst. Einmal stehen sie kurz vor einem Erfolg beim Bundesverwaltungsgericht und erwarten eine Entscheidung, die die Sicherheitsbehörden zum Herausgeben wichtiger Informationen verpflichtet hätte, da schließt die Berliner Strafkammer gegen alle Gepflogenheiten überraschend den Fall ab und fällt in großer Eile ein Urteil. Das Verfahren vor dem Bundesverwaltungsgericht ist damit hinfällig.

Insgesamt dreimal werden die Angeklagten verurteilt, und jedes Mal hebt der Bundesgerichtshof das Urteil auf. Was beim ersten Mal noch eine Mahnung war – dass auch in Prozessen mit terroristischem Hintergrund die Strafprozessordnung gilt und dass die Geheimhaltungsbedürfnisse der Terroristenjäger nicht auf Kosten eines fairen Verfahrens gehen dürfen –, wird spätestens bei der dritten Zurückweisung zum handfesten Skandal für die Berliner Justiz. Die jugendlichen Angeklagten sind inzwischen unter Auflagen freigelassen worden. Ilse Jandt ist nach dem jahrelangem Hin und Her vor den Gerichten und dem Aufenthalt im Hochsicherheitstrakt des Moabiter Gefängnisses physisch und psychisch schwer krank und muss wegen Haftunfähigkeit entlassen werden.

Immer wieder versuchen Journalisten Licht in die Dunkelheit dieses Falls zu bringen. Zwischen drittem und viertem Verfahren kann der *Spiegel* einen sensationellen Erfolg verbuchen: Das Nachrichtenmagazin enttarnt Volker von Weingraber, der angeblich mit Haftbefehl gesucht wird, als V-Mann des Verfassungsschutzes. Damit ist die Quelle offen gelegt, die der Verfassungsschutz all die Jahre verbergen wollte. Doch der *Spiegel* weiß noch mehr. Noch in der Tatnacht hat eben dieser Volker Weingraber die Tatwaffe dem Verfassungsschutzbeamten und V-Mann-Führer Grünhagen übergeben. Die Pistole, die als verschwunden galt, lag viele Jahre und drei Verfahren hindurch in einem Safe des Verfassungsschutzes, und wenn sie Fingerabdrücke trägt, dann sind es die des V-Manns und seines Betreuers. Weingraber ist außerdem nicht auf der Flucht, wie alle Uneingeweihten glaubten. Er wurde vom Verfassungsschutz so üppig mit Geld versorgt, dass er sich davon ein Weingut in der Toskana kaufen konnte.

Noch ein Skandal belastet den vierten Prozess, der im April 1990, fast 16 Jahre nach Schmückers Ermordung, beginnt. Es ist bekannt geworden, dass der Verfassungsschutz einen V-Mann in die Kanzlei von Ilse Jandts Verteidiger Philipp Heinisch eingeschleust hat. Vermutlich wurden auch die Telefone der Anwälte abgehört. Diese hatten sich mehrmals gewundert, wie gut die Staatsanwaltschaft immer wieder über ihre Absichten informiert war. Ein verfahrener Prozess wird zum vierten Mal aufgerollt. Die Tat liegt lange zurück, die Angeklagten sind von der Anwesenheit meistens befreit. Über mehr als ein halbes Jahr wird nur darüber verhandelt, ob überhaupt noch verhandelt werden kann.

Am 28. Januar 1991 ergeht vor dem Landgericht Berlin ein bemerkenswertes und mutiges Urteil: Nach insgesamt 591 Prozesstagen und sechzehneinhalb Jahren wird das Verfahren ohne Entscheidung zur Sache eingestellt, die Angeklagten erhalten Haftentschädigung. Das Gericht kommt zu dem Schluss: »Die Angeklagten sind in ihrem Anspruch auf ein faires rechtsstaatliches Verfahren so schwerwiegend verletzt worden, dass das unmittelbar im Grundgesetz verankerte Rechtstaatsprinzip einer Fortsetzung des Strafverfahrens entgegensteht.« Das Verfahren sei unter Beteiligung von Staatsanwälten und Richtern weitgehend vom Verfassungsschutz gesteuert worden, Akten und Beweismittel seien unterdrückt, manipuliert und gefälscht worden. Der Staat habe dadurch seinen Strafanspruch verwirkt.

Diesmal legt die Staatsanwaltschaft Revision ein. Sie wird abgewiesen. Der Mord an Ulrich Schmücker bleibt ungesühnt. Juristisch ist der Fall damit vorläufig abgeschlossen.

Die längst nicht mehr jugendlichen Angeklagten sind später nicht mehr aufgefallen, doch die anderthalb Jahrzehnte des über ihnen schwebenden Verfahrens haben Narben hinterlassen; einer hat den Weg in ein normales Leben nicht mehr gefunden, er ist am Alkohol und anderen Drogen hängen geblieben. Auch Ilse Schwipper, ehemals Jandt, hat sich nie ganz von den Folgen der Haft und des Verfahrens erholt, sie tritt gelegentlich auf Veranstaltungen in der linken Szene auf und lebt ansonsten ein eher zurückgezogenes Leben. Die ehemaligen Angeklagten schweigen bis heute. Mord verjährt nicht, bei stichhaltigen neuen Erkenntnissen könnte theoretisch der Fall wieder aufgerollt werden.

Agentenführer Grünhagen ist angeblich noch während der Prozesse gestorben. Auch daran gibt es Zweifel, aber Grünhagen ist zumindest nicht wieder aufgetaucht. Die beiden maßgeblich beteiligten Staatsanwälte haben keine Nachteile aus ihrem juristischen Fiasko erlitten und machten politische Karriere. Beide brachten es in Berlin zum Staatssekretär, einer leitete zeitweilig auch das Berliner Landesamt für Verfassungsschutz.

Der V-Mann Weingraber ließ sich auch seine Enttarnung noch vergolden. Weil er jetzt wieder untertauchen und ein neues Leben beginnen müsse, forderte und bekam er vom Berliner Verfassungsschutz erneut eine große Summe. Als sich herausstellte, dass Weingraber weiterhin fröhlich auf seinem sicherheitshalber der Frau überschriebenen Gut in der Toskana lebte, versuchte das Land Berlin, dieses Geld wieder einzuklagen, scheiterte aber an einem italienischen Gericht.

Ulrich Schmückers Eltern haben sich noch lange bemüht, herauszufinden, was wirklich mit ihrem Sohn geschehen ist. Sie sind tot, Schmückers Grab in Bad Neuenahr ist längst eingeebnet, seine alten Freunde dort erinnern sich vor allem an einen sanften Jungen, der gut Gitarre spielen konnte.

Gerald Endres

Der Mörder in der Mülltonne

Mittelbexbach, eine Bergmannsgemeinde im Saarland am Ende des Zweiten Weltkrieges. Zwei Kirchen im Dorf: eine für die Katholiken und eine für die Protestanten. Die Katholiken sind in der Mehrheit – 75 gegenüber 25 Prozent. Die Menschen hier leben von der Steinkohle (die schon 1849 der damals noch königlich-bayerischen Gemeinde einen Eisenbahnanschluss nebst Bahnhof bescherte), von der Ziegel- und Backsteinproduktion sowie von den Eisen- und Stahlwerken im benachbarten Neunkirchen. Kleine, arbeitsame, unauffällige Leute wohnen noch heute in Bexbach, das durch Zusammenlegung von Mittelbexbach und Oberbexbach zur Stadt geworden ist.

In der Nacht des 20. April 1945 hallen durch die stockfinsteren, menschenleeren Straßen Mittelbexbachs zwei Schüsse. Auf dem Pflaster an der Ecke Dr.-Ludwig-Nieder-Straße und Susannastraße, dort, wo die besser situierten Mittelbexbacher wohnen, stirbt, von zwei Kugeln getroffen, Johann Kerner, nicht einmal 50 Meter von seinem Haus entfernt. Johann Kerner ist 53 Jahre alt und seit 1920 im Polizeidienst, erst als Landjäger und Oberlandjäger, seit 1933 als Polizeimeister in Mittelbexbach. 1935 ist er in die NSDAP eingetreten. Er ist seit 1921 verheiratet und nun Vater zweier Kinder, zehn und siebzehn Jahre alt.

Wenige Minuten zuvor hat ein Mann an seiner Haustür geklingelt und zu Frau Kerner, die ihm öffnete, gesagt: »Der Kerner soll zum Bürgermeister kommen! Es ist was passiert.« Die Frau hat ihren Mann beschworen, so spät nicht mehr aus dem Haus zu gehen; der Mann an der Tür ist ihr unheimlich; außerdem hat Johann Kerner etwas am

Fuß, sodass er schlecht laufen kann. Doch der Polizist, der sich schon hingelegt hatte, zieht sich pflichtschuldigst wieder an, greift sich eine Taschenlampe und macht sich auf den Weg zum Bürgermeister; das Rathaus ist nur einige Fußminuten entfernt. Johann Kerner kommt nur ein paar Schritte weit; dann strecken ihn die Schüsse nieder. Es ist gegen 22:20 Uhr und es herrscht Ausgangssperre.

Am Morgen danach sucht ein Anwohner, der nachts die Schüsse und Johann Kerner laut schreien gehört hatte, am Tatort nach Spuren. Er findet die Hülsen von zwei abgefeuerten Geschossen und zwei Patronen – die eine angeschlagen, die andere unversehrt. Sowohl die Hülsen als auch die Patronen sind vom Kaliber 9 Millimeter. Der Zeuge liefert die Beweisstücke bei der Hilfspolizei ab.

Zwei Wochen später stellt der Gerichtsmediziner in Homburg in seinem Obduktionsbericht fest: Johann Kerner wurde in den Bauch und in den Hals getroffen:

»Der Schuss in den Unterbauch ist fast genau von vorne erfolgt, etwas von oben nach unten. Das Geschoss, Kaliber 9 mm, durchschlug den inneren Beckenmuskel, splitterte den linken Beckenknochen teilweise auf und blieb im Unterhautgewebe des Gesäßes stecken. Dieser Schuss hätte bei sofortiger ärztlicher Versorgung den Tod Kerners nicht herbeigeführt. Der Schuss in den Hals – es war ein Durchschuss – ist in ziemlich horizontaler Richtung von links vorne nach hinten rechts abgegeben worden. Er durchschlug die Halswirbelsäule, zerstörte lebenswichtige nervöse Zentren des oberen Halsmarks und hatte den sofortigen Tod zur Folge.«

Verletzungen – besonders die, die durch den Schuss in den Hals verursacht wurden –, die an eine Hinrichtung denken lassen. Der tödliche Schuss ist auf den Polizisten abgegeben worden, als der schon hilflos auf dem Boden lag.

Wendezeit

Der 20. April 1945. Adolf Hitler feiert Geburtstag in seinem Führerbunker – seinen letzten. Aus der Reichskanzlei tönen noch Durchhalteparolen, die Engländer rücken in Nordwestdeutschland Richtung

Lüneburger Heide vor, die Sowjetarmee schließt ihren Klammergriff um Berlin und beginnt mit dem Vorstoß ins Innere der Stadt. Die alliierten Luftflotten fliegen ihre letzten Bombenangriffe dieses Krieges auf deutsche Städte – Regensburg, Ingolstadt, Neuruppin, Brandenburg, Treuenbrietzen, Berlin. Für die Bexbacher aber ist der Zweite Weltkrieg schon zu Ende.

Am 21. März 1945 ist das Saarland von den Amerikanern besetzt worden. Demoralisierte, sich auflösende deutsche Kampfverbände vor sich her treibend, sind sie durch Bexbach, das von Zerstörungen weitgehend verschont geblieben ist, weiter in die Kreisstadt Homburg gezogen. Die Stadt ist von Bomben schwer zerstört, liegt in Trümmern. Während die Menschen versuchen, irgendwie ihr Überleben zu organisieren, zieht das Detachment I3A2 des XXIII. Corps der US-Armee am Alten Rathaus, dem Sitz der NSDAP-Kreisorganistaion, das Sternenbanner auf. Die Amerikaner bilden eine Militärregierung und richten im Hotel Homburger Hof ihre Kommandantur ein.

Von Homburg aus beginnt in den Wochen danach die Neuorganisation des öffentlichen Lebens im Kreisgebiet, auch in Mittelbexbach. Die Nazi-Organisationen werden aufgelöst, die Bevölkerung wird zur Abgabe aller Waffen aufgerufen, eine Hilfspolizei eingesetzt und eine Sperrstunde eingeführt. »Das heißt, man darf zwischen 20 Uhr und 6 Uhr nicht auf die Straße. Kontrollierende Amis fahren mit Jeeps umher und schießen warnend in die Luft. In den Häusern, in denen sie einquartiert sind, liegen sie, die Füße auf der Fensterbank, und kauen ihren unvermeidlichen Chewing-Gum«, erinnert sich der damals 16-jährige Rudi Brill in seinem Tagebuch 1944/45.

Es ist die Zeit, in der der Herrschaftsapparat der Nazis nicht mehr und eine demokratische neue Ordnung noch nicht funktioniert. Seine Erinnerungen an die »Stunde null« in Mittelbexbach und an den Polizistenmord an Führers letztem Geburtstag hat der katholische Pastor Johannes Bossung ins Pfarrgedenkbuch eingetragen. Pastor Bossung weiß alles über die Mittelbexbacher, jedenfalls über die katholischen, die bei ihm die Beichte ablegen und Sonntags bei ihm die Messe besuchen. In gestochen scharfer Sütterlinschrift hat er die Ereignisse rückblickend am 23. Juli 1947 mit der Feder festgehalten: Wie am 20. März 1945 die Amerikaner kamen, sich zunächst in Oberbexbach einrichteten und später in der Wirtschaft von Alfred Schulz in Mittelbexbach Quartier bezogen. Wie sie unter anderem die Motorräder der beiden Kaplane beschlagnahmten. Wie »die katholischen amerikanischen Krieger« unter Führung eines besonders anständigen jungen Offiziers, der praktizierender Katholik war, am 1. April, dem Ostersonntag, »in musterhafter Haltung« am Hochamt teilnahmen. Und wie der erwähnte junge Offizier, »auch Herrn Polizeiwachtmeister Johann Kerner, obwohl dieser der NSDAP aus Druck angehörte, zum neuen Bürgermeister« bestimmte. Leider hätten diese Amerikaner bald weitermarschieren müssen, schreibt der Pastor, und »so kam es unglücklicherweise, dass Herr Kerner nicht zum Bürgermeister ernannt wurde, sondern sein Konkurrent«.

Unter Verdacht

Als in der Nacht des 20. April 1945 an der Ecke Susannastraße/Dr.-Ludwig-Nieder-Straße in Mittelbexbach die beiden Schüsse fallen, ist Alex Engel nicht weit vom Tatort entfernt. Er kommt vom Rathaus her und will zu seiner Schwester, die in der Susannastraße wohnt. Alex Engel ist Dolmetscher in Diensten der Gemeinde; zuvor war er als Übersetzer für die deutsche Besatzungsmacht in Frankreich tätig gewesen. Engel hört die Schüsse und bleibt stehen; er glaubt, dass Amerikaner auf Zivilisten feuern. Schließlich ist Ausgangssperre, und da möchte keiner von den Besatzern aufgegriffen werden. Als Alex Engel die Susannastraße erreicht, sieht er einen Mann die Straße hoch davonlaufen. Er eilt zum Tatort und erfährt von den Nachbarn sowie der Familie Kerner, was geschehen ist. Der Dolmetscher alarmiert zunächst die amerikanische Bahnhofswache und geht dann in Begleitung zweier US-Soldaten zum Haus des Bürgermeisters Karl Klein. Der wohnt mit seiner Frau und seiner 12-jährigen Tochter nicht weit vom Tatort entfernt, gleich neben dem Bahnhof. Dort hämmern die beiden GIs mit ihren Gewehrkolben an die Tür. Zunächst antwortet niemand. Erst nach längerer Zeit – die späteren Angaben vor Gericht schwanken zwischen zehn und zwanzig Minuten – zeigt sich der Bürgermeister an einem Fenster im 1. Stock. Engel ruft ihm zu, dass der Kerner Johann erschossen worden sei. Daraufhin kommt Klein herunter und geht mit Engel und den beiden Soldaten zum Tatort und zum Haus Dr.-Ludwig-Nieder-Straße 2. Der tote Polizist ist inzwischen in seiner Wohnung aufgebahrt worden, und die Familie des Ermordeten steht unter Schock. Klein nimmt an einer ersten Vernehmung der Witwe Kerners teil, die jedoch in der allgemeinen Verwirrung nicht viel aussagen kann. Sie gibt später ihre Verwunderung zu Protokoll über eine seltsame Frage des Bürgermeisters: Warum denn Kerner mit einem Mann ohne Armbinde weggegangen sei. Wie konnte Klein wissen, dass der Mann keine Armbinde trug?

Karl Klein, Jahrgang 1901, entstammt einer alten, angesehenen Bexbacher Bürgerfamilie. Der Vater war Metzger und sein Sohn Karl das schwarze Schaf – zumindest in den Augen der ehrbaren katholischen Mehrheit von Mittelbexbach. 1923 handelt er sich eine Vorstrafe wegen Diebstahls ein. Dann habe es ihn in die Fremdenlegion gezogen, weiß der pensionierte Lehrer Josef Johann, der heute Vorsitzender des Heimatkundevereins ist, zu berichten; Verwandte hätten ihn in letzter Minute aus einem Rekrutierungslager in Marseille herausgeholt. Zum Militär ist Karl Klein später nicht eingezogen worden wegen einer Beinverletzung, die er sich in den zwanziger Jahren in der Metzgerei zugezogen hat – angeblich im Streit mit seinem Vater. Ende der zwanziger Jahre lässt Karl Klein sich vom Vater sein Erbteil auszahlen und geht nach Kanada. »Und dann«, ergänzt Josef Johann, »ging es dem Klein Karl wie in der Parabel vom verlorenen Sohn. Wie er sein Vermögen durchgebracht hatte, kam er mittellos nach Bexbach zurück.«

So ganz mittellos wird Klein nicht gewesen sein, denn er hat ja sein Handwerk. Er macht sich als Metzger selbstständig, heiratet und wird Vater einer Tochter. 1936, ein Jahr nach der Rückgliederung des Saargebietes ins Deutsche Reich, muss Karl Klein wegen Krankheit sein Geschäft aufgeben. Vorübergehend arbeitet er bei den Junkers-Werken in Dessau im Flugzeugbau. Zurück in Bexbach, eröffnet er kurz vor Kriegsbeginn die Gaststätte »Goldener Stern« direkt am Bahnhof. Eine gute Lage, denn hier müssen jeden Tag die Bergleute vor und nach der Schicht vorbei. Er hat etwas von der Welt gesehen, der Klein Karl, hat einen Blick über den Mittelbexbacher Tellerrand hinaus riskiert, das macht ihn in seiner Gaststätte zum interessanten Gesprächspartner.

»Eines dürfte zutreffen: Karl Klein hat in seiner Zeit als Gastwirt und als Metzger gewusst, wie man mit Publikum umgeht, und er wusste auch sehr genau, wie man mit Frauen umgeht. Zumindest sagten das die, die ihn näher kannten. Und das dürfte unter anderen ein Punkt gewesen sein, der ihm eine gewisse Feindseligkeit bei bestimmten Männern eingetragen hat.«

Zu diesem Schluss kommt der Journalist und Fernsehrealisator Adalbert Hansen, der Karl Klein im Jahr 1970 interviewt hat.

1943 wird der »Goldene Stern« geschlossen. Karl Klein muss als Landarbeiter in den Dienst seines Vaters treten. Als Metzger weiß er allerdings sehr wohl, wie er sich ein Zubrot verdienen kann: durch Schwarzschlachtungen. Das ist in Zeiten rationierter Lebensmittel und begrenzter Fleischzuteilungen streng verboten, jedoch weit verbreitet. Josef Johann erinnert sich:

»Ich selbst war im November '44 auf Urlaub, bevor es wieder an die Front ging, und da ist in der Verwandtschaft ein Schwein zu schlachten gewesen, und das durfte ja nicht schreien, und da bin ich mit meiner Pistole hingegangen und habe der Wutz ins Ohr geschossen, da ist die lautlos zusammengefallen und dann haben die Leute die geschlachtet und haben das unter sich heimlich verteilt. Wenn Sie erwischt wurden, dann waren Sie dran. Dann sind Sie schwer bestraft worden.«

Viele haben schwarz geschlachtet, aber besonders Karl Klein, so heißt es, ist mit Johann Kerner deswegen aneinander geraten; der Polizist habe gegen Ende des Krieges ein Verfahren gegen ihn anstrengen wollen.

Zu Kleins schlechtem Image in der guten Bexbacher Gesellschaft tragen auch andere Geschäfte bei, mit denen er seine Finanzen aufzubessern versucht. Besonders geheimnisumwittert: seine Schwarzmarkt-Touren nach Kiew. Mit dem in Kiew – damals unter deutscher Besatzung Hauptstadt des »Reichskommissariates Ukraine« – stationierten Eisenbahner Adolf Brass organisierte er 1943 die erste Fahrt. Adolf Brass, Jahrgang 1918, erinnert sich:

»In Kiew war ich etwa ein Dreivierteljahr, von dort aus bin ich ab und zu nach Hause gefahren, habe Urlaub gekriegt und habe dann meine Freunde besucht in Bexbach und hab mir ein paar schöne Tage gemacht, auch in dem Lokal Klein in der Bahnhofstraße. Dort war immer nette Gesellschaft, und dort habe ich auch den Herrn Klein kennen gelernt. Der kam dann eines Tages, wie wir dort saßen und uns unterhielten, auf mich zu und hat gefragt, wo ich bin, ob ich kein Soldat wär, und da habe ich gesagt: ›Ich bin kein Soldat, ich bin bei der Eisenbahn. Und zwar in Kiew.‹ (...) Und da haben wir so geredet, und da habe ich gesagt: ›Wenn Sie sich überlegen, allein so eine Schachtel Streichhölzer, die kostet alleine 5 Mark, wenn Sie die dort verkaufen.‹ Und so kamen wir dann ins Gespräch, was nicht noch alles so gebraucht wird dort. Und da hat er gesagt: ›Ja, wie könnte man das dorthin bringen?‹ Da habe ich gesagt: ›Das ist heute kein Problem mehr. Es gibt ja keine Kontrollen mehr in den Zügen; wenn der Eisenbahner dorthin fährt, da fragt niemand was dazu.‹ Ein paar Tage später hat er gesagt, er hat eine [Eisenbahner-]Uniform, und er hat auch Streichhölzer. Da habe ich dann gesagt: ›Ja, wie viel haben Sie denn?‹ Da hat er gesagt: ›So viel wir brauchen.‹ Und da habe ich gesagt: ›Die können wir in Homburg verladen, ich werde dort mit dem Rangierer sprechen, dass der unsere Ware an den Zug anschließt, und dann in Kiew können wir sie ausladen und verkaufen.‹

Also, ich habe das alles organisiert, und die Fahrt ging nachher nach Russland, und dort habe ich den Klein auch richtig kennen gelernt, ich hab den ja nicht gekannt. Der Mann war ja wesentlich älter als ich, und ich war nur kurze Zeit in Bexbach. Der war sehr interessant für mich. Er kannte die Bibel, und ich war wirklich von ihm begeistert. Er muss sehr belesen gewesen sein, das habe ich dann festgestellt, und er war auch intelligent. Ich konnte ihn auch mal fragen, wie er politisch sich das alles so vorstellt, da habe ich dann gemerkt, dass er ein bisschen ein Linker ist. Aber wir haben uns nachher nicht mehr weiter drauf eingelassen. Wir haben nachher nur noch über unsere Geschäfte gesprochen.

Inzwischen sind wir dann über Warschau rüber nach Kiew gekommen, und dort haben wir die Streichhölzer ausgeladen, er hat sie zu sich genommen und hat sie dann dort auf dem Markt verkauft. Ich hatte keine Zeit, weil ich ja im Dienst war. Und nach drei Tagen hatte er die Streichhölzer verkauft und hatte natürlich nur Rubel. Ja, was machen wir mit den Rubeln? Ein Bankdirektor, ein Deutscher, der dort die Bank verwaltet hat in Kiew, den kannte ich, mit dem habe ich gesprochen. Ich war dort für die Verpflegung zuständig und habe Fleisch und alles Mögliche gehabt und habe dem damals auch Fleisch gegeben für dieses Geschäft, um zu tauschen. Das ging alles Hand in Hand.

Damals ging es ja nur auf die krumme Art. Ehrliche Geschäfte waren ja gar nicht zu machen. Weil da keiner drauf eingegangen ist. Ging ja alles nur unter der Hand und schwarz. Na gut, da wechselten wir das um in den Koffer, und ich bin zurück zum Klein, der hat gewartet draußen auf der Straße, und ich gab ihm den Koffer und habe gesagt: Da ist das Geld. Am gleichen Tag ist er wieder zurück nach Bexbach. Mit dem Koffer voll Geld.«

30 000 Mark, gibt Adolf Brass nach einigem Zögern zu, sind bei dem Geschäft damals herausgekommen. Sehr viel Geld. Doch was der Beginn einer wunderbaren Freundschaft hätte werden können, endete im Streit. Denn als Adolf Brass im nächsten Urlaub nach Mittelbexbach kam, um seinen Anteil abzuholen, wollte der Klein Karl von nichts wissen:

»Und da hat er gesagt: ›Was willst denn du mit dem Geld machen.‹ Da habe ich gesagt: ›Ich mache dasselbe wie du, ich bringe das sicher unter.‹ Und da hat er gesagt, das ginge doch nicht, Geld anlegen, und hat nach Ausreden gesucht. Alles Mögliche hat er vorgebracht, um mich nur klein zu halten. Und dann hab ich gesagt: ›Ich will dir mal eines sagen, ich will mein Geld haben, und was ich damit mache, das ist meine Sache. Und was du mit deinem machst, ist deine Sache. (...) Entweder krieg ich mein Geld, oder ich gehe zum Kerner.‹ Der Kerner war damals Polizeichef in Bexbach. Und daraufhin hat er mich gerufen: ›Dann komm her, du kriegst dein Geld!‹ Und dann hat er mir im Schlafzimmer, ich weiß nicht, wo er's hergeholt hat, meinen Anteil gegeben.«

Unbeliebt machte sich Karl Klein in Mittelbexbach insbesondere mit seiner politischen Einstellung: Er war Kommunist oder gab zumindest vor, einer zu sein. »Klein paktierte mit den örtlichen Kommunisten«, hielt Pastor Bossung voll Abscheu im Pfarrgedenkbuch fest, »und hisste in seinem Gasthof in der Bahnhofstraße sowohl die US-Flagge als auch die Fahne mit Hammer und Sichel.« Kleins politische Einstellung scheint bereits aus der Zeit vor dem Zusammenbruch der Nazi-Herrschaft zu stammen. Ein Schulkamerad, der Bexbacher Kommunist Rudi Buschlinger, bezeugte, als Häftling der Konzentrationslager Dachau und Buchenwald 1941 bis 1943 von Karl Klein Lebensmittelpakete erhalten zu haben; kein anderer habe ihm damals geholfen. Als die Amerikaner Bexbach besetzten, war der Klein Karl jedenfalls weder NSDAP-Mitglied noch Angehöriger der Wehrmacht, und er sprach amerikanisches Englisch. Kleins Ernennung zum Bürgermeister von Bexbach schien sich aus Sicht der Besatzer geradezu anzubieten, aber der Konflikt mit Johann Kerner, dem Inhaber der Polizeigewalt in Mittelbexbach auch während der Nazi-Herrschaft, war damit vorprogrammiert, wie Pastor Bossung rückblickend erkannte:

>Als eines Tages Herr Kerner auf das Kommandanturgebäude in Homburg vorgeladen wurde, war auch Karl Klein anwesend. Der amerikanische Major Gerardo bestimmte zur Überraschung vieler im Einverständnis mit und wohl auch auf Vorschlag von dem Landrat Lieser in Homburg, Sozialist und Konsorten, den Karl Klein als Bürgermeister, Herrn Kerner aber als Polizeiwachtmeister. Die Rivalität war nun da.«

Und nicht nur die Rivalität um das Bürgermeisteramt. Offensichtlich war die Weiterbeschäftigung Johann Kerners im Polizeidienst gesichert. Hätte man ihn nicht erschossen, wäre Kerner auch unter den neuen Herren Polizeibeamter in Bexbach geblieben.

Am Morgen nach Kerners Tod ging Karl Klein im Rathaus von Mittelbexbach wieder seiner Arbeit als Bürgermeister nach. Zu denen, die in der Warteschlange für die Sprechstunde anstanden, gehörte Edmund Neufang. Er hatte sich mündlich bei Klein um eine Hausmeisterstelle in der Alten Schule von Mittelbexbach beworben. An diesem Vormittag des 21. April 1945 händigt Karl Klein ihm die schriftliche Bestätigung aus: Neufang hat die Stelle.

Edmund Neufang ist 28 Jahre alt und frisch verheiratet. Im Sommer 1943 ist der Bergmann in seiner Heimatstadt Bochum ausgebombt worden und mit seiner Mutter nach Mittelbexbach gekommen. Ein Bruder von ihr wohnt hier, der 35-jährige Maurer Josef Schiestel. Für Pastor Bossung war dieser Schiestel ein Arbeitsscheuer, »der Herrn Kerner grollte, weil er ihn auf Anordnung der Behörde seinerzeit in ein Arbeitslager bringen musste«.

Das »Arbeitslager« war ein Konzentrationslager – Buchenwald. Tatsächlich war Josef Schiestel von 1938 bis 1939 Häftling im KZ Buchenwald. Aber nicht aus politischen Gründen, wie das Gericht später betont.

Erste Ermittlungen

Die Polizei der Stunde null im Saarland: Unbewaffnete Männer in Zivil oder in notdürftig umgefärbten Uniformen ohne Hoheits- und Rangabzeichen. Als Polizisten nur erkennbar durch eine Armbinde, auf der »Police« oder »Hilfspolizei« steht. Nach den »Richtlinien für die deutsche Polizei« der US-Militärregierung sollen »alle Einheiten und Stellen der Ordnungspolizei und der Kriminalpolizei (...) ihre Tätigkeit unter dem Befehl der bestehenden Dienst- und Verwaltungsbehörden fortsetzen«, jedoch keine Weisungen mehr von Stellen des Nazi-Sicherheits- und Polizeiapparates entgegennehmen. Ein Großteil der Aktivitäten der alten neuen Polizeiorgane besteht in Beschlagnahmungen für die Besatzungsmacht und im Schreiben von Listen: Listen von gesuchten Nazi-Verbrechern, Listen von Suspendierten, Diskriminierten und Oppositionellen, die für den Einsatz in Positionen der neuen Ordnung in Frage kommen könnten.

Am Tatort in Mittelbexbach findet keine Spurensicherung statt. Erst am nächsten Morgen werden die Geschosshülsen und Patronen gefunden – zufällig, von einem Zeugen, der erst Wochen später vernommen wird. Kriminaltechnische Untersuchungen gibt es nicht. Zwei Wochen nach der Tat steht nur fest: Kerner ist von zwei Schüssen getroffen worden, erst der zweite Schuss war tödlich, und die Geschosse, die ihn getroffen haben, sind vom Kaliber 9 Millimeter.

Der Dolmetscher Alex Engel identifiziert auf einem Foto Edmund Neufang als den Mann, den er in der Tatnacht die Susannastraße hat davonlaufen sehen. Am 23. April 1945 werden, während Pastor Bossung im pfälzischen Schwanheim den ermordeten Johann Kerner beerdigt, in Bexbach vier Verdächtige verhaftet: Edmund Neufang, sein Onkel Josef Schiestel, Adolf Brass, nun Fahrer des Bürgermeisters, und Karl Klein selbst. Sie werden zur Gendarmerie Homburg gebracht und mehrmals vernommen – am 23., 28. und 29. April und am 8. Mai 1945. Alle Festgenommenen bestreiten, mit dem Mord an Johann Kerner etwas zu tun zu haben.

Schließlich befasst sich das amerikanische Militärgericht mit dem Fall. Ein gesteigertes Interesse, dem Tod eines Polizisten nachzugehen, der der Nazi-Partei angehörte, legen die Amerikaner nicht an den

Tag. Sie haben mit der Reorganisation eines normalen Alltags in ihrem Besatzungsgebiet Wichtigeres zu tun. Drei amerikanische Offiziere in der Kommandantur Homburg vernehmen Klein, Neufang, Schiestel und Brass am 19. Mai, am 8. Juni und am 16. Juni 1945. Da sich ein dringender Tatverdacht gegen sie nicht erkennen lässt, werden Klein, Schiestel und Brass anschließend auf freien Fuß gesetzt. Edmund Neufang hingegen wird wegen verbotenen Waffenbesitzes zu vierzehn Monaten Haft verurteilt – man hat bei ihm zu Hause eine Pistole vom Kaliber 7,65 Millimeter samt Munition gefunden.

Am 10. Juli 1945 übernehmen die Franzosen das Saarland, nachdem die Alliierten es der französischen Besatzungszone zugeschlagen haben. Gilbert Grandval, ein elsässischer Jude, der in der Résistance gekämpft hat, wird zum französischen Militärgouverneur. Tatsächliche und vermeintliche Nazis werden in Internierungslager gesteckt, dann mit ihren Familien aus dem Saarland ausgewiesen und ins »Reich« abgeschoben. Das Saarland wird ins Wirtschaftsgebiet Frankreichs eingegliedert, seine Kohlegruben und seine Eisen- und Stahlwerke unter französische Zwangsverwaltung gestellt.

Nach 1947/48 ist das Saarland ein autonomer Kleinstaat mit eigener Verfassung unter der Führung von Ministerpräsident Johannes Hoffmann und seiner Christlichen Volkspartei (CVP). Sie hat die Wahlen von 1947 klar gewonnen, regiert jedoch nicht allein, sondern in Koalition mit der Sozialdemokratischen Partei Saar (SPS). Der Prozess der Abtrennung vom ehemaligen deutschen Reichsgebiet polarisiert die Bevölkerung. Befürworter der Politik Johannes Hoffmanns werden als Separatisten und Vaterlandsverräter attackiert, Gegner des Kurses als Nationalisten und Revanchisten.

In den Homburger Hof zieht am 10. Juli 1945 eine französische Kommandantur ein, und mit ihr der Sicherheitsdienst, die Sûreté.

Adolf Brass, Josef Schiestel und Karl Klein sind frei; sie können wie die übrigen Bexbacher die Chance nutzen, ein neues Leben in Frieden und Freiheit aufzubauen. Karl Klein, der nun nicht mehr Bürgermeister ist, gehört in dieser Zeit nach eigenem Bekenntnis als Kommunist zu den Gegnern des Hoffmann-Kurses und des von den Franzosen importierten »Mouvement pour le Rattachement de la Sarre« (MRS) – der Bewegung für den Anschluss der Saar an Frankreich. Damit macht er sich unbeliebt bei Georg Platz, dem neuen Inhaber der Polizeigewalt in Mittelbexbach.

Platz spürt als Kriminalkommissar in Diensten der Sûreté nicht nur untergetauchte Nazis und Spitzel der Gestapo oder des SD auf, sondern auch Bürger und Bürgerinnen, die seiner Meinung nach nicht das richtige – nämlich loyale – Verhältnis zur französischen Besatzungsmacht haben. Nach seiner Ernennung im April 1945 durch die Amerikaner und der Übernahme durch die Franzosen will er nach eigenen Angaben »nicht weniger als über tausend Verhaftungen von prominenten Nazi- und Kriegsverbrechern selbstständig vorgenommen und den zuständigen Militärgerichten zugeführt« haben.

Platz behauptet zu wissen, dass sowohl der Polizist Johann Kerner als auch sein Konkurrent um das Bürgermeisteramt, Karl Klein, Informanten des SD, das heißt der Gestapo, waren.

Edmund Neufang verbüßt ab Ende Mai 1945 seine Haftstrafe wegen illegalen Waffenbesitzes. Karl Klein erweist sich als Freund, schickt ihm Päckchen mit Lebensmitteln und Zigaretten ins Gefängnis. Anfang März 1946 nimmt der Mordfall Kerner eine neue Wendung. Denn unter dem Drängen seiner Frau, endlich zu sagen, was wirklich in der Nacht des 20. April 1945 passierte, bricht Neufang zusammen und gesteht: Er sei in jener Nacht mit Karl Klein zum Hause Kerner gegangen. Während Klein an der Ecke wartete, habe er, Neufang, Kerner aus dem Haus gerufen und auf ihn geschossen. Dann sei er weggelaufen und habe dabei einen zweiten Schuss gehört. Damit ist Karl Klein indirekt als Mittäter und als eigentlicher Mörder Kerners belastet.

Geständnisse und Widerrufe

Nun nimmt sich die Sûreté des Falles an. Sie ermittelt, dass Neufang für die Tatnacht kein Alibi hat. Am 29. April 1946 wiederholt, konkretisiert und erweitert Neufang sein Geständnis, indem er nun auch seinen Onkel Josef Schiestel belastet. Dieser, so gesteht Neufang, er selbst und Karl Klein, den er durch seinen Onkel kennengelernt habe,

seien Antifaschisten gewesen. Ihr gemeinsamer Hass habe dem Polizisten Kerner gegolten, der Schiestel ins KZ gebracht habe. Kerner
habe auch ihm, Neufang, gedroht, ihn wegen angeblicher Spionage
und wegen Beziehungen zu französischen Kriegsgefangenen ins KZ zu
bringen. Kurz vor dem Einmarsch der Amerikaner habe man zu dritt
darüber gesprochen, den Kerner umzulegen.

Am Nachmittag des 20. April 1945 habe er, Neufang, gemeinsam
mit Klein beschlossen, es an diesem Tag zu tun. Am Abend habe er
Klein wie verabredet zu Hause abgeholt; er hätte nicht gewusst, wo
Kerner wohnte, und Klein habe es ihm zeigen wollen. Unterwegs zum
Tatort habe Karl Klein ihm den Tatplan im Einzelnen entwickelt.
Neufang sollte Kerner auf die Straße locken unter dem Vorwand, dass
der Bürgermeister ihn sprechen wolle. Dies habe er getan, während
Klein wenige Meter entfernt an der Straßenecke Dr.-Ludwig-Nieder-
Straße/Susannastraße wartete. Er, Neufang, habe dann auf Kerner geschossen und ihn getroffen. Er habe noch einmal schießen wollen,
doch seine Waffe habe Ladehemmung gehabt. Während er sie wieder
schussbereit machen wollte, habe der verletzte Kerner ihn mit der Taschenlampe angeleuchtet. Da habe er es mit der Angst zu tun bekommen und die Flucht ergriffen. Während er sich vom Tatort entfernte,
habe er einen zweiten Schuss gehört.

Der zuständige Sûreté-Offizier erklärte später auf Befragen des Gerichts, dass Neufangs Geständnis keineswegs unter Zwang zustande
gekommen sei (die brutalen Verhörmethoden der Sûreté waren allgemein bekannt). Man habe ihm lediglich vorgehalten, dass sein Freund
Karl Klein, der große Antifaschist, für den SD gearbeitet und während des Krieges mit seinem Kumpel Adolf Brass Schwarzmarktfahrten nach Russland unternommen habe.

Am 2. Mai 1946 wird Karl Klein erneut verhaftet, anschließend
auch Schiestel und Brass. Im Verhör bei der Sûreté drei Tage später
bestreitet Klein alle Anschuldigungen gegen ihn. In einem weiteren
Verhör am 25. Mai räumt er ein, dass Neufang am Morgen nach der
Tat, als er sich die Bestellung zum Hausmeister abholte, den Mord an
Kerner zugegeben habe. Neufang habe sich seltsam benommen, sich
immer wieder ans Ende der Warteschlange angestellt, glasige Augen
gehabt und sei angetrunken gewesen. Er, Klein, habe ihm dann auf

den Kopf zu gesagt: »Du warst es!« Aus kommunistischer Solidarität
habe er aber Neufang nicht anzeigen wollen.

Von nun an steht Aussage gegen Aussage. Neufang hat inzwischen
erzählt, dass Klein ihn bei dem Treffen im Rathaus am Morgen nach
der Tat aufgefordert habe, zu verschwinden: Man dürfe sie beide
nicht zusammen sehen, weil er, Klein, auch auf Kerner geschossen
habe.

Karl Klein gibt zu Protokoll, er sei am 20. April 1945 abends zu
Hause gewesen, während seine Frau Hausarbeiten erledigte und die
Tochter ein Buch las. Um 21:45 Uhr habe er die BBC-Nachrichten gehört. Kurz nach den französischen 22-Uhr-Nachrichten habe die
Tochter ihn gerufen: Es klopfe jemand an der Haustür. Er selbst habe
das Klopfen nicht gehört, weil er sich die Füße gewaschen habe. Bar-
fuß sei er zum Schlafzimmerfenster gegangen und habe von dort aus
den Alex Engel mit zwei US-Soldaten gesehen. Engel habe ihm mitge-
teilt, dass Kerner erschossen worden sei. Er habe sich daraufhin angezogen und sei mit den dreien zum Hause Kerner gegangen. Frau Kerner sei so aufgeregt gewesen, dass ein Gespräch mit ihr kaum möglich
gewesen sei.

Klein, Neufang, Schiestel und Brass bleiben in Haft, werden weiter
von der Sûreté vernommen, zunächst in Homburg, später in Germers-
heim. Dort sind die saarländischen Untersuchungshäftlinge zusammen mit 50 anderen Männern im Massenquartier in den Kasematten
untergebracht, haben folglich jede Menge Gelegenheit, miteinander
zu sprechen.

Adolf Brass, nach eigenem Bekunden ein Außenseiter der Dreier-
gruppe Klein-Schiestel-Neufang, erinnert sich an die ruppigen Methoden der Sûreté und an den Zerfall einer Freundschaft:

»Eines Nachts sind sie wieder geholt worden, die drei. Am nächsten Morgen
haben die ihre ganzen Klamotten zerrissen gehabt, so haben die ihre Schläge
gekriegt. Also, der Neufang hat ausgesehen!! Und da hat der Neufang die Geschichte wirklich gesagt. Und am nächsten Tag, wie wir zusammen waren,
hat er mir gesagt: ›So, jetzt lassen mich alle im Stich, der Schiestel und der
Karl lassen mich im Stich, und ich bleibe da alleine hängen, und ich muss sitzen‹, und da hat er dann so bitterlich geheult. Das war ein ganz lieber Kerl,
der Neufang. Der hat aufs Wort gehört, was der Klein gesagt hat! (...) Und

der Klein hat nachher eine solche Wut auf den Neufang gehabt, das können Sie sich gar nicht vorstellen!«

Am 9. April 1947 vernimmt der Untersuchungsrichter des Tribunal Général der französischen Besatzungszone in Rastatt Klein und Neufang. Edmund Neufang belastet Klein erneut und behauptet nun erstmals, selbst gesehen zu haben, wie Klein den zweiten Schuss auf den schon am Boden liegenden Kerner abgab. Aber einen Tag später, am 10. April, bezeichnet er in einem Brief an den französischen Untersuchungsrichter sich selbst als den alleinigen Täter. Weder Klein noch sein Onkel Josef Schiestel hätten etwas mit dem Mord zu tun.

Das Tribunal Général in Rastatt übergibt das Verfahren am 20. Mai 1947 an die deutsche Gerichtsbarkeit. Die Verdächtigen werden in die Haftanstalt Saarbrücken verlegt. Im Saarland übernimmt Staatsanwalt Dr. Kammer die Ermittlungen. Ihm erklärt Edmund Neufang in einer Vernehmung am 8. August 1947: Karl Klein habe ihm am Morgen nach Kerners Tod auf den Kopf zugesagt, dass er, Neufang, den Polizisten getötet habe. Bei der Sûreté in Homburg habe er Klein nur belastet, weil ihm gesagt worden sei, dass Klein für den SD gearbeitet habe. Das habe ihn in fürchterliche Wut versetzt.

Klein wiederum sagt in der Vernehmung am 22. August 1947 gegenüber dem Staatsanwalt aus: Neufang sei am Morgen nach der Tat zu ihm gekommen, habe einen verstörten und verwirrten Eindruck gemacht, und er, Klein, habe ihm auf den Kopf zu gesagt: »Du warst es!« Neufang habe ihm daraufhin erklärt, eigentlich habe er Kerner nur verprügeln wollen, dann aber den Kopf verloren und drauflos geschossen.

Nach der Rücknahme seines Geständnisses stellt die neue saarländische Strafverfolgungsbehörde Edmund Neufang die Anklage wegen Mordes zu. Daraufhin gibt Neufang am 14. April 1948 bei der Landeskriminalpolizei in Saarbrücken zu Protokoll, dass er sein Geständnis 1946 bei der Sûreté in vollem Umfang aufrechterhalte. Seinen schriftlichen Widerruf vom 10. April 1947 nehme er zurück. Von da an bleibt Neufang bei der Darstellung der Ereignisse, wie er sie vor der Sûreté gemacht hat, jedoch mit der Einschränkung, dass er Kerner nicht habe töten wollen.

Das Opfer: Johann Kerner

Das Bild, das sich die Ermittler und Richter vom Opfer gemacht haben, sollte nicht unwesentlich zum Strafmaß beitragen. Johann Kerner war – wie schon erwähnt – seit 1920 im Polizeidienst, erst als Landjäger, später als Oberlandjäger, ab 1933 als Polizeimeister in Mittelbexbach. Im Februar 1935 trat er in die NSDAP ein, als sich die Rückgliederung des Saargebietes in das Deutsche Reich und mit ihr die Machtübernahme der Nazis auch in Mittelbexbach abzeichneten.

Ein frühes Dienstzeugnis beschreibt ihn so:

»Kerner ist von kräftigem Körperbau, hat gutes Aussehen, gute körperliche Haltung und ist zur Zeit vollkommen gesund. Derselbe ist in seinem Anzug sauber, kleidet sich nett und sorgfältig, hat offenen guten Charakter, ist verträglich, höflich und anständig und in seinem Betragen lobenswert. Er lebt in geregelten Verhältnissen, ist sparsam und keiner üblen Leidenschaft, insbesondere nicht dem Trunke, oder dem Verkehr mit liederlichen Frauenzimmern ergeben. Im Sicherheitsdienste ist P. Kerner besonders gut, verlässig und verwendbar, tritt mit Anstand, Takt, Ruhe und Sicherheit auf und erzielt recht gute Erfolge.«

Ein strebsamer und nüchterner, fleißiger und stets korrekter Beamter war er, eine Institution in Mittelbexbach, wie sich Josef Johann erinnert, der ihn noch persönlich gekannt hat:

»Der Johann Kerner war für mich eine Respektsperson. Ich war ja damals zu seiner Zeit ein kleiner Bub. Vorm Kerner haben wir Mores gehabt. Der war aber auch respektiert. Je krimineller einer war, umso mehr hat er vorm Kerner Angst gehabt. Und um zu charakterisieren, was das für ein Mann war: Ich wurde dann zwischenzeitlich Leutnant. Und wie ich zurückgekommen bin auf Urlaub, da hat der Herr Kerner mich gegrüßt. Da habe ich gesagt: ›Herr Kerner, wie kommen Sie dazu, mich zu grüßen.‹ Seine Antwort: ›Herr Johann, Sie sind jetzt mein Vorgesetzter!‹«

Die Erinnerung an den Polizisten Kerner bringt Josef Johann noch heute zum Schmunzeln. Taugenichtse, Arbeitsscheue und liederliche Menschen, die hatten wirklich nichts zu Lachen in Mittelbexbach:

»Ich muss vorsichtig sein, das soll vorgekommen sein, und ich persönlich bin überzeugt, dass es vorgekommen ist: Der Herr Kerner hat auch ausge-

hoben. Das Ausheben war Folgendes: Wenn ein Mann zu einer verheirate-
ten Frau sich ins Bett gelegt hat, dann war das nach damaliger Sicht ein
nicht gerade begrüßenswertes Ereignis. Und wenn dann dem Herrn Kerner
das zu Ohren gekommen ist, dann ging er an die Haustür: ›Polizei, bitte aufmachen‹, und hat die Delinquenten in flagranti erwischt und, wenn es drauf
angekommen ist, auch über Nacht im Bürgermeisteramt unten in den Kar-
zer gesteckt. War es Ordnung? Ich würde sagen, wenn es drauf ankam, war
der Herr Kerner Gesetzgeber, Richter und Vollstrecker. Kraft seiner Persönlichkeit. Das war so ein Polizist, der, wenn's drauf ankam, sich selbst ein
Protokoll machte.«

Im Gegensatz zu anderen wurde Johann Kerner von seinen Schäflein
wohl nachgesehen, dass er Mitglied der NSDAP war (möglicherweise
hat er, wie so viele andere auch, die Faust in der Tasche geballt) und
dass er der Gestapo Bericht erstattete. Josef Johann:

»Damals besuchten sehr viele den sonntäglichen Gottesdienst. Um 10 Uhr,
das war so die Hauptmesse für die Spätaufsteher, und da war auch der Kerner
drin und auch viele Nazis, und unser Pfarrer, der hat auf der Kanzel gestanden und hat vehement gegen die Neuheiten gewettert. Und der Kerner als
praktizierender Katholik musste über diese Predigten Protokoll führen. Ich
bin heute überzeugt, dass der zum Pfarrer Bossung hingegangen ist und gesagt hat: ›Herr Pfarrer, gucken Sie mal, das habe ich geschrieben.‹ Das war so
einfach nicht, in einer Diktatur.«

Ganz andere Erinnerungen hat Rudi Buschlinger, Kommunist in
Mittelbexbach. Als er 1943 aus dem KZ Dachau freikommen sollte,
brauchte er ein polizeiliches Gutachten aus der Heimatgemeinde. Das
hatte Johann Kerner auszustellen, und der habe sich gegen die Entlassung ausgesprochen mit der Begründung dass er, Buschlinger »erst
noch geläutert werden« müsse. Ein weiteres Ereignis geht ins Jahr
1941 zurück, als Mittelbexbacher Nazi-Fanatiker eine Gruppe junger
Frauen durchs Dorf trieben, die »verbotenen Umgang mit Kriegsgefangenen« gepflegt hätten. Die Frauen waren Beziehungen mit jungen
Franzosen eingegangen, die in der Ziegelei arbeiteten. Die Mittelbexbacher Nazis schnitten den Frauen die Haare ab, beschmierten sie mit
Latrinenfarbe, hängten ihnen diskriminierende Schilder um und foto-
grafierten sie in ihrer Schmach. Vorneweg vor dem schauerlichen Zug
soll der Kerner Johann marschiert sein, damit alles seine Ordnung

hatte. Schließlich: Umgang mit Kriegsgefangenen war nun einmal gesetzlich verboten.

Adalbert Hansen, der den Mordfall aufgearbeitet hat, ohne Johann Kerner zu kennen, versucht zu differenzieren:

»Es ist natürlich sehr schwer, vom Hörensagen einen Eindruck zu gewinnen, der zutreffend ist. Aber mir scheint es so zu sein, das war ein ganz braver Polizist gewesen, wie damals eben Polizisten waren. Vaterländisch treu und natürlich pflichtergeben. Und das scheint mir natürlich auch eine Rolle gespielt zu haben bei der Strafbemessung. Denn es wurde so oft von Kerners Katholizität gesprochen, das kann man natürlich anführen; ob er Nationalsozialismus als eine Weltanschauung seiner Geschmacksrichtung angesehen hat, kann dahingestellt bleiben. Entscheidend dürfte wohl sein, dass er, Kerner, ein Mann war, der versucht hat, im Sinne der damaligen Zeit, pflichtbewusst zu arbeiten.«

Von Tod bis Lebenslänglich

Am 4. Juni 1948 begann in Saarbrücken die Hauptverhandlung im »Mittelbexbacher Mordprozess«; sie wurde zum Publikumsereignis. Der Verhandlungssaal des Landgerichtes Saarbrücken war brechend voll. Den Vorsitz führte Landgerichtsrat Dr. Jochum, die Anklage wurde durch Staatsanwalt Dr. Heiden vertreten. Karl Klein und Edmund Neufang waren wegen Mordes angeklagt, Josef Schiestel wegen Beihilfe. Adolf Brass hatte von einem amerikanischen Offizier – Perry P. Alperovitz, »Investigator« in Diensten des Detachment I3A2, Second European Civil Affairs Regiment – ein erstklassiges Alibi erhalten; gegen ihn hatte die Staatsanwaltschaft daher keine Anklage vorbereitet. 40 Zeugen wurden aufgerufen, und Edmund Neufang selbst war nicht nur Angeklagter, sondern durch sein Geständnis auch Kronzeuge der Anklage gegen Klein geworden. Alex Engel konnte nicht aussagen: Er war im Juni 1946 in einer anderen Sache verhaftet worden und in französischem Gewahrsam in Saarbrücken auf mysteriöse Art und Weise ums Leben gekommen. Selbstmord, war die amtliche Begründung.

Im »Mittelbexbacher Mordprozess« ist das Gericht nach drei Tagen Verhandlung von der Schuld Karl Kleins überzeugt. Das Gericht sieht es als erwiesen an, dass Klein Neufang, der großen Respekt vor ihm hatte, zum Mord an Kerner anstiftete, wobei er Neufangs antifaschistische Einstellung für seine Zwecke gegen Kerner ausnutzte. Und dass Klein den Polizisten beseitigen ließ, weil dieser ihm in mehrfacher Hinsicht gefährlich zu werden drohte. Kerner könne gewusst haben, dass Klein gemeinsam mit dem Eisenbahner Adolf Brass Schwarzmarktfahrten nach Kiew veranstaltet habe. Er habe auf jeden Fall von Kleins Schwarzschlachtungen gewusst; und sehr wahrscheinlich habe Kerner gewusst, dass Karl Klein für den SD, den Sicherheitsdienst der SS, zwei Berichte über die Stimmung in der Bevölkerung Mittelbexbachs geschrieben hatte. Alle diese Angaben habe Klein unterlassen, als er vor der Ernennung zum Bürgermeister einen Fragebogen ausfüllen musste. Er habe daher befürchten müssen, dass Kerner die Amerikaner über diese Unterlassung informieren und damit seine Absetzung vom Bürgermeisterposten herbeiführen würde.

Den ihm zur Last gelegten Mord bestritt Klein nach wie vor. Fast stereotyp wiederholte er während der Verhandlung den Satz: »Ich habe mit der ganzen Sache nichts zu tun.« Doch gegen Edmund Neufangs Geständnis konnte er sich nicht glaubhaft verteidigen, zumal Zeugen aussagten, Klein in der Tatnacht gesehen zu haben: die einen in der Nähe des Tatorts und die anderen später in der Nähe seines Hauses aus Richtung Tatort kommend. Kleins Ehefrau sagte zwar aus, ihr Mann sei am 20. April 1945 die ganze Zeit bei ihr zu Hause gewesen, doch das Alibi war bald zerpflückt, da sie früher vor der Sûreté ausgesagt hatte, dass ihr Mann von kurz nach 21 bis etwa 23 Uhr in der Tatnacht nicht zu Hause gewesen sei. Frau Klein hatte diese Aussage einige Tage später widerrufen, doch das Gericht war überzeugt, dass dies nur auf Veranlassung ihres Mannes geschehen war, der ihr mit einer Schleuder Kassiber aus der Homburger Gefängniszelle auf die Straße katapultiert habe. Die Schleuder legte ein französischer Polizeioffizier dem Gericht als Beweisstück vor. Als belastend wertete das Gericht auch, dass Karl Klein Neufang so kurz nach dem Mord als Hausmeister eingestellt hatte: ganz offensichtlich eine Belohnung für die Tat.

Josef Schiestel konnte nach Auffassung des Gerichts eine Beteiligung an der Tat nicht nachgewiesen werden. Edmund Neufang hatte seinen Onkel in der Verhandlung wieder entlastet: Als er, Neufang, Schiestel am Abend des 20. April 1945 zur Ausführung des gemeinsamen Plans abholen wollte, habe Schiestel sich geweigert mitzukommen. Zwei andere Zeugen sagten in der Hauptverhandlung aus, dass Schiestel zur Tatzeit bei ihnen in der Küche gesessen habe.

Am 9. Juni 1948 verurteilte das Schwurgericht Saarbrücken auf Grund von Indizien Karl Klein wegen Mordes zum Tode – das war die damals gültige Höchststrafe – und Edmund Neufang wegen Mordversuchs zu 14 Jahren Zuchthaus, unter Anrechnung der Untersuchungshaft. Josef Schiestel wurde freigesprochen.

Acht Monate später, am 14. Februar 1949, begann vor dem Strafsenat des Oberlandesgerichtes Saarbrücken die Berufungsverhandlung unter Vorsitz von Senatspräsident Dr. Levy. Wieder drei Verhandlungstage, erneute Befragung der noch lebenden Zeugen und Zeuginnen von 1948. Karl Kleins Verteidigung versuchte erfolglos, eine Einstellung des Verfahrens unter Berufung auf das Prinzip »ne bis in idem« zu erreichen, also auf den Grundsatz, für ein Delikt nicht zweimal verfolgt zu werden. Die Verteidigung verwies dabei auf das amerikanischen Militärgericht in Homburg, das Klein, Neufang, Schiestel und Brass im Mai 1945 von der Mordanklage freigesprochen habe.

Das Gericht interpretierte die damalige Entscheidung jedoch nicht als rechtskräftiges Urteil, sondern nur als eine Art Haftprüfung durch eine untergeordnete Dienststelle, die mit einem Militärgericht nicht gleichgesetzt werden könne. Als im Juli 1945 die Franzosen die Kommandantur übernommen hätten und die Amerikaner abgezogen seien, hätten diese ihm die Akten des Falles Klein zur Weitergabe an die deutsche Gerichtsbarkeit übergeben. So die Aussage des damaligen Gendarmerie-Kreisführers Valentin Deckarm in der Berufungsverhandlung. Das eigentliche Urteil des US-Militärgerichts blieb unauffindbar.

Karl Kleins Ehefrau sorgte in dieser Sache für Verwirrung, als sie von dem Besuch eines ominösen Amerikaners namens Jack Jackson bei ihr in Bexbach berichtete; dieser Jackson habe angeboten, ihr die gesuchten amerikanischen Akten zu besorgen und gegen 100 000 Franc Kaution die Freilassung von Karl Klein zu erwirken. Aus dem Deal wurde nichts, denn Mr. Jackson war offensichtlich ein Betrüger.

Die Suche nach den Dokumenten zur Entscheidung des US-Militärgerichts in Homburg beschäftigte die saarländische Justiz, das französische Hochkommissariat im Saarland, die juristischen Dienste des französischen Außenministeriums und das US-Oberkommando in Europa noch bis ins Jahr 1952 hinein. Zunächst behaupteten die Amerikaner, keine Dokumente gefunden zu haben; sie vermochten nicht einmal den Namen Homburg richtig zu schreiben – der fragliche Ort heißt durchgehend »Homberg«. 1951 tauchte eine Akte des US-Militärgerichtes mit der Signatur J 918–45 auf – nicht unterschriebene Anklageschriften, die in die Strafakte Karl Klein (Kls 15/48) übernommen worden waren. Die US-Besatzungsbehörden in Deutschland ersuchten um die Überlassung der Strafakte, um ihr eigenes Dokument überprüfen zu können. Das Saar-Justizministerium wies dies zurück mit der Begründung, »dass die Akten wegen der sich immer wiederholenden Wiederaufnahmeanträge der Verurteilten zurzeit unentbehrlich sind«. Schließlich erreichten die US-Behörden, dass von der gesamten Strafakte mit allen Anlagen eine beglaubigte Abschrift hergestellt wurde. Wo diese Unterlagen geblieben sind, ließ sich bis zur Fertigstellung dieses Beitrages nicht mehr feststellen. Ihren Verbleib zu klären könnte von Nutzen sein, denn die Original-Akte nebst Anlagen ist nach Angaben der Staatsanwaltschaft Saarbrücken dem »Jahrhunderthochwasser« der Saar 1993 zum Opfer gefallen, als die betreffenden Aktenräume bis zur Decke unter Wasser standen.

Auf die Verhandlung vor dem Berufungsgericht hatte all dies keinen Einfluss mehr, denn der Saarbrücker Strafsenat hatte bereits am 16. Februar 1949 sein Urteil gefällt: Das Todesurteil gegen Karl Klein wurde bestätigt. Edmund Neufang, gegen den die Staatsanwaltschaft abweichend vom vorhergehenden Urteil nun ebenfalls die Todesstrafe beantragt hatte, wurde zu lebenslangem Zuchthaus verurteilt. Eine Revision gegen diese Instanz war nun nicht mehr möglich, die Urteile daher rechtskräftig.

Die Militärregierung hatte die Todesstrafe außer Vollzug gesetzt, und die Regierung des Saarlandes wandelte das Todesurteil gegen

Karl Klein später in »Lebenslänglich« um. Die Guillotine, die damals noch auf dem Dachboden der Justizvollzugsanstalt gestanden hatte, musste nicht mehr entmottet werden. Die letzte Hinrichtung im Saarland mit diesem Gerät hatte im November 1932 stattgefunden. Durch den Beitritt zum Grundgesetz wurde 1957 die Todesstrafe im Saarland auf Dauer abgeschafft. Edmund Neufang wurde 1959 begnadigt und in die Freiheit entlassen.

Die Flucht in der Mülltonne

Jahre und Jahrzehnte vergehen. Das Wirtschaftswunder, die ersten Selbstbedienungsläden, die zweite Volksabstimmung im Saarland, das KPD-Verbot, der Volkswagen, der politische und wirtschaftliche Anschluss des Saarlandes an die Bundesrepublik Deutschland, der Siegeszug des Fernsehens, die neue Knitterfreiheit durch Dralon und Trevira, das erste Autotelefon – die Ereignisse fließen an Karl Klein in seiner Einzelzelle vorbei. In diesen Jahrzehnten haben ihn viele Vollzugsbeamte in der JVA Saarbrücken erlebt, wie zum Beispiel Heinz Motsch. Als er 1951 in der JVA anfing, hat er Karl Klein sozusagen als lebenslänglichen Zuchthäusler »übernommen«: »Er war einer der schwierigsten Häftlinge, weil er aus Überzeugung Kommunist war. An allem hat er sich gestört und hat an allem rumgemeckert und war mit nichts einverstanden. Aber direkt gewalttätig ist er nicht geworden. Das muss man der Ehre halber doch sagen.«

Der Strafvollzug im Zuchthaus ist in späteren Jahren abgeschafft worden; für Karl Klein war er Alltag. Heinz Motsch erinnert sich:

»Das Zuchthaus war hier in Saarbrücken in der Anstalt in der oberen Etage, gesetzt den Fall, es wollte jemand aus dem Fenster ausbrechen, dass dann die entsprechende Höhe ein Risiko gewesen wäre. Das Zuchthaus war in zwei Abteilungen gegliedert, und zwar das normale Zuchthaus und den Anfangsvollzug. Nach dem Gesetz war ein Drittel der Gesamtstrafe Anfangsvollzug. Und das war totale Isolierung, Einzelzellen. Dann nur Zellenarbeit. Es wurden Papiertüten geklebt. Spaziergang im Hof immer nur hintereinander ohne Unterhaltung. Kein Fernsehen, kein Radio, kein nichts. In der Woche ein

Buch. Alle sechs Wochen einen Brief schreiben und alle sechs Wochen einen Brief erhalten.«

Auch Josef Hammes, Sozialfürsorger in der JVA Saarbrücken, hat Karl Klein viele Jahre lang im Vollzug erlebt und erinnert sich an ihn als an einen ziemlich ungewöhnlichen Mann:

»Ich bin also schon sicher, dass der Karl Klein unter dem Urteil sehr gelitten hat. Aber er war ein Mensch, der keine Gewalt, kein Gewaltpotenzial hatte. Er war nicht darauf bedacht, andere anzugreifen, zu schädigen, zu verletzen, weder Mitgefangene noch Beamte. Was er immer gemacht hat, er hat auf sein Recht gepocht. Er wollte keine Begnadigung, sondern er wollte ein Urteil, dass er eigentlich mit diesem Strafmaß nicht hätte bedacht werden sollen (...). Klein war ein intelligenter Mann. Ich weiß, dass er immer wieder von Erfindungen erzählt hat, mit denen er sich befasst hat oder befassen wollte. Also, er hat so ein paar Dinge in die Welt gesetzt. Unter anderem hat er mir mal erzählt, dass er dabei wäre, einen Treibstoff zu entwickeln für Automobile, die frei von Benzin, von Öl, von diesen Dingen wären. Also er hat schon Ideen gehabt, und das war gut so, damit hat er das Gefangensein zumindest verdrängt. Das war ein Ventil für ihn, was er gebraucht hat, damit er in der Reihe getanzt hat.«

Ungewöhnlich muss auch sein Sinn für gesunde Ernährung gewesen sein. »Karl Klein«, so Josef Hammes, »war ein Mensch, der sehr zurückgezogen gelebt hat, er war sehr asketisch, hat nach meiner Einschätzung damals etwa 50 Kilo gewogen, war sehr sportlich, war sehr reserviert. Und wenn im Frühjahr der erste Löwenzahn gewachsen ist im Hof, dann hat der Karl Klein den schon gleich kassiert und dann roh gegessen. Er war sehr gesundheitsbewusst.«

Karl Kleins Gesundheits- und Figurbewusstsein zahlte sich aus. Denn am 30. Januar 1969, als man ihn draußen schon völlig vergessen hatte, ließ er sich aus dem Knast gewissermaßen in die Freiheit entsorgen: in einer Mülltonne.

Klein war im Küchendienst eingesetzt und sah jeden Tag, wie der Hochwald-Bauer Gottfried Glowick mit seinem Kleintransporter in den Hof fuhr, um Brot- und Küchenabfälle abzuholen – Futter für seine Schweine –, und wie er anschließend mit den gefüllten Tonnen wieder aus der JVA hinausfuhr. Gottfried Glowick war damals 34 Jahre alt:

PR in eigener Sache: In einem solchen Brotfass ließ Karl Klein sich am 30. Januar 1969 aus der JVA Saarbrücken »entsorgen«. Er wandte sich umgehend an die Presse und erwirkte ein Wiederaufnahmeverfahren.

»Ich bin einen um den anderen Tag dahin gefahren und habe die Küchenab-fälle entsorgt. Dadurch habe ich auch den Klein kennen gelernt. Der hat den Hof immer sauber gemacht und das Brot aufgesammelt. War ein guter Mann, der hat er mir Pralinen mitgegeben für meine Tochter. (...) Ich hatte ein gutes Verhältnis zu ihm. Und die Gefangenen warfen das Brot alles zum Fenster raus, und wenn da morgens nicht aufgeräumt wurde, dann hat der Hof voller Brot gelegen. Und der Klein hat immer alles gesammelt. Und die Vollzugsbe-amten haben immer gescholten, wenn zu viel Brotabfall gemacht worden ist. Da hat der Klein zu mir gesagt: ›Mach das Fass noch ein bisschen größer, dann geht mehr Brot rein.‹ Es war nur ein Fass. Da habe ich zu Hause von ei-nem anderen Fass ein Stück abgeschnitten und dann haben wir ein Stück da draufgeschweißt, und dann haben wir das da hingestellt.«

In diese Tonne setzte sich Karl Klein hinein – eine unglaubliche Leis-tung für einen Mann von nunmehr 68 Jahren – und zog einen selbst gebastelten Deckel über sich, den er mit Brotabfällen beklebt hatte. Ein anderer Küchen-Häftling kippte auf diesen Deckel eine weitere Ladung Brotabfälle, bis das Fass voll war – die perfekte Tarnung.

Zwei weitere Häftlinge wuchteten die beladenen Tonnen in Bauer Glowicks Transporter, und los ging's. Das Gefängnistor öffnete sich, schloss sich wieder, und Klein war draußen. Als Glowick an einer Ampel halten musste, kletterte Karl Klein hinten aus dem Wagen, winkte und rief dem Wegfahrenden noch ein »Tschüs« zu, um das Ganze möglichst natürlich aussehen zu lassen. Glowick entdeckte erst bei seinem nächsten Lade-Stopp, beim Hotel Haus Berlin, dass eine der Tonnen in seinem Transporter leer und umgefallen war. Er fuhr zurück zur JVA, um Meldung zu machen. Nur dadurch bemerkten die Vollzugsbeamten, dass einer fehlte – der Häftling Karl Klein.

Zwei Tage nach dieser spektakulären Flucht, am 2. Februar 1969, erschien die Boulevard-Zeitung *Bild am Sonntag* mit der Schlagzeile: »Guten Tag, ich bin der Ausbrecher Karl Klein.« Und die staunende Öffentlichkeit erfuhr, dass Karl Klein offenbar spornstreichs zur *Bild*-Redaktion nach Frankfurt gefahren war, um in einem Interview auf seinen Fall aufmerksam zu machen. Klein beteuerte ein weiteres Mal seine Unschuld und verlangte ein Wiederaufnahmeverfahren. Der Frankfurter *Bild*-Redakteur stellte eine Telefonverbindung mit dem saarländischen Justizminister Alois Becker her. Dieser versprach, den Fall persönlich zu prüfen. Danach ließ sich Karl Klein von den inzwischen durch *Bild* gerufenen Frankfurter Polizisten abführen. Seither gilt dies als das anerkannte Fluchtmotiv Karl Kleins: ausbrechen, um den Blick der Öffentlichkeit auf sich zu lenken – dann wieder zurück in den Knast gehen.

Für Josef Hammes war die Episode eines der bemerkenswertesten Ereignisse in 30 Jahren Vollzugsdienst; sie machte ihm deutlich, dass Karl Klein nicht mehr der skrupellose Mörder war, als der er 1949 verurteilt wurde:

»Das ist einer der schwärzesten Tage in einer Anstalt, wenn eine Entweichung, und dazu noch eine in diesem Ausmaß, über die Bühne gegangen ist. Aber der Umstand, dass der Klein in keiner Weise Gewalt angewandt hat, dass er einen Zeitpunkt abgewartet hat, bis er gefahrlos aus dem Auto aussteigen konnte, das spricht schon für sich. Ich bin eigentlich sicher, dass er in keiner Sekunde daran gedacht hat, auch nur einem ein Leid anzutun. Er wollte durch diese Entweichung erreichen, dass das Verfahren in ein Wiederaufnahmeverfahren einmünden sollte. Es hat im Grunde auch gewirkt. Er hat auch dann nachher, wie er nach Saarbrücken zurückkam, keineswegs geprahlt, hier ich bin der King, hört auf mich, ich habe Euch jetzt vorgemacht, wie man es macht. Der hat denen gezeigt, dass man gewaltlos seine Interessen durchsetzen kann.«

Das ursprüngliche Ziel von Karl Kleins Flucht war allerdings nicht das *Bild*-Interview und die Forderung nach dem Wiederaufnahmeverfahren. Ein Verwandter weiß es besser. Als Karl Klein flüchtete, habe er erst den Plan gehabt, in die DDR zu verschwinden; Erich Honecker betrachtete er als seinen Freund. Im seinem Versteck in Bexbach habe ein Bruder Karl Klein diese Idee aber ausgeredet: »Da bist du vier Wochen im Rampenlicht, und dann verschwindest du in der Versenkung.« Mit diesem und anderen Argumenten hat sich Karl Klein dann überzeugen lassen, seine Sache in der Bundesrepublik auszufechten.

Zwei Wochen nach der Flucht in der Mülltonne kehrte Karl Klein in die JVA Saarbrücken zurück. Das Fernsehen des Saarländischen Rundfunks griff seinen Fall in zwei Filmen auf – *Recht und Gnade im Strafvollzug* (April 1970) und *Menschen im Schatten – Die Lebenslänglichen* (April 1971). Autor und Realisator Adalbert Hansen durfte Karl Klein in der JVA filmen und gab ihm Gelegenheit, vor der Kamera zu sagen, dass er unschuldig sei.

Hansen deckte Widersprüche in den Indizien gegen Klein auf, machte Zeugen ausfindig, die 1948 und 1949 nicht gehört worden waren. Der Münchener Rechtsanwalt Karlernst Geyer, der durch die Zeitung auf Kleins Fall aufmerksam geworden war, übernahm es, die Wiederaufnahme durchzusetzen. Am 4. Oktober 1971 hatte er Erfolg. Die 3. Große Strafkammer in Saarbrücken ließ das geforderte Wiederaufnahmeverfahren zu und ordnete die erneute Hauptverhandlung vor dem Schwurgericht an. Bis zum Beginn der Verhandlung wurde Karl Klein auf freien Fuß gesetzt. Mit dem V-Zeichen verließ er das Gericht.

Die Freiheit winkt. Siegessicher verlässt Karl Klein nach der Beweisaufnahme im Februar 1971 das Gericht. Am 4. Oktober 1971 beschloss das Landgericht Saarbrücken die Wiederaufnahme des Mordfalls Kerner. Klein wurde bis zum neuen Hauptverfahren auf freien Fuß gesetzt.

Wiederaufnahme

Am 4. Dezember 1973 war Karl Klein am Ziel seiner Wünsche. Im Schwurgericht Saarbrücken begann das neue Hauptverfahren, in dem sein Fall neu aufgerollt werden sollte. Vorsitzender Richter war Werner Scherer; die Anklage wurde vertreten von den Staatsanwälten Dr. Hans-Dieter Huhn und Gerhard Lossau. Die Justiz stieß alsbald an ihre Grenzen. Wie sollte es möglich sein, 28 Jahre nach der Tat noch die Wahrheit festzustellen?

Das Gericht trug die wesentlichen Indizien gegen Klein aus den beiden vorhergehenden Urteilen von 1948 und 1949 noch einmal zusammen: Klein hatte kein Alibi. Das Alibi, das ihm seine Frau gegeben hatte, überzeugte nicht. Auch die Aussage der erstmals als Zeugin gehörten Tochter Kleins, ihr Vater sei in der Tatnacht zu Hause gewesen, ließ nach Auffassung des Gerichts eine entscheidende Lücke offen, nämlich die Zeit von 21:15 bis 22:30 Uhr. Eine Abwesenheit während der Tatzeit sah das Gericht auch deshalb als erwiesen an, weil die amerikanischen Soldaten, als sie den Bürgermeister abholen wollten, zehn Minuten oder länger warten mussten. Klein habe diese Zeit gebraucht, um durch den Hinterhof in die Wohnung zu kommen beziehungsweise um Zeit zu gewinnen, um sich zurechtmachen und beruhigen zu können. Klein wurde unmittelbar nach den Schüssen auf Kerner von Anwohnern in der Nähe des Tatortes gesehen, wie er in Richtung Bahnhof davonlief. Zwei weitere Zeuginnen sahen in der Bahnhofstraße einen Mann, der wie Klein aussah, gegen 22:30 Uhr in eine Straße laufen, von der aus das Kleinsche Haus durch einen Hinterhof zu erreichen war. Klein hatte Neufang nach dem Mord an Kerner als Hausmeister eingestellt, ihm ein Radio geschenkt und Pakete mit Lebensmitteln und Zigaretten ins Gefängnis geschickt: Das Gericht wertete dies als Belohnung.

Karl Klein vermochte es in drei Hauptverhandlungen nicht, entscheidende Fragen der Richter überzeugend zu beantworten: Welchen Grund Edmund Neufang gehabt haben könnte, Johann Kerner nachts während der Ausgangssperre zum Bürgermeister zu rufen; warum Edmund Neufang zuerst und ausgerechnet ihm, Karl Klein, den Mord an Kerner hätte beichten sollen; und warum Karl Klein über ein Jahr lang in Untersuchungshaft blieb, obwohl er durch die Angabe des wahren Täters sofort hätte freikommen können.

Schließlich und vor allem: Neufangs Geständnis, das die Richter als glaubwürdig betrachteten. Die Rücknahme seines Geständnisses und das Bekenntnis der alleinigen Täterschaft interpretierten die Richter als Aktionen Neufangs, sich vom Druck Karl Kleins zu befreien. Neufang hat andererseits seine Aussage nicht aufrechterhalten, dass er gesehen habe, wie Karl Klein den zweiten, tödlichen Schuss auf Kerner abgab. In dieser Frage kam das Gericht auch im zweiten Hauptverfahren nicht über Mutmaßungen hinaus.

Ungeklärt blieb darüber hinaus, ob nicht vielleicht doch ein ganz

anderer Täter als Edmund Neufang den Polizisten Kerner aus dem
Hause gelockt hatte. In einer ersten Befragung hatte Katharina Kerner, die Witwe, geglaubt, Josef Schiestel erkannt zu haben. Das Gericht wertete dies als Hinweis auf Neufang, da dessen Mutter die
Schwester von Schiestel war und folglich Familienähnlichkeit im Spiel
gewesen sei. Mit einem Stimmenvergleich hätte man es vielleicht genauer erfahren können, denn Josef Schiestel sprach Bexbacher Mund-
art, Edmund Neufang hingegen einen ausgeprägten »Ruhrpott«-Ak-
zent. Aber man tat es nicht, denn Neufangs Geständnis machte
weitere Überlegungen überflüssig – mochte es auch von der Sûreté aus
ihm herausgeprügelt worden sein.

Auch Kleins Tätigkeit für den SD, den Sicherheitsdienst der SS, ist
in keiner Verhandlung wirklich geklärt worden. Zwar hat nach Darstellung des Kriminalkommissars Georg Platz außerhalb des Prozesses Klein diese Tätigkeit selbst zugegeben. Auch vor der Sûreté hat
Klein wohl selbst eingeräumt, dass der SD von Mittelbexbach in seiner Wohnung gegründet worden sei – aber wurde der SD tatsächlich
üblicherweise durch Gruppenversammlungen in Wohnungen oder
Kneipenhinterzimmern gegründet? Möglich ist, dass Johann Kerner
selbst miterlebt hat, wie Klein dem SD in seinem Hause Bericht erstattete, oder dass ihm Berichte von Klein vorlagen. Auf der Liste
der (tatsächlichen oder vermeintlichen) Mittelbexbacher SD-Spitzel,
die Kriminalkommissar Georg Platz erstellt hat, fehlt der Name jedoch. Auf einer Liste der Gestapo Saarbrücken wiederum steht er an
erster Stelle. Doch hier ist es ein Karl Klein mit völlig anderen persönlichen Daten. Weder das Geburtsdatum noch der Geburtsort
noch die Adresse stimmen mit denen des Karl Klein aus Mittelbexbach überein. So ist eine Verwechslung letztlich nicht auszuschließen.

Das größte Rätsel gibt die Frage der Tatwaffe auf. In allen Verhandlungen ist stets nur von *einer* Tatwaffe die Rede, einer Armeepis-
tole 08, Kaliber 9 Millimeter. Geschosshülsen und Patronen dieses
Kalibers wurden am Tatort gefunden beziehungsweise bei der Obduktion des Toten sichergestellt. Diese Tatwaffe aber nahm Neufang
mit, als er nach seinem Schuss auf Kerner und der anschließenden Ladehemmung die Flucht ergriff. Die Waffe wurde mehr als ein Jahr

später dort gefunden, wo Neufang sie nach eigenen Angaben weggeworfen hatte. Mit welcher Waffe hatte aber dann Karl Klein den tödlichen Schuss auf Kerner abgegeben? Es findet sich nirgendwo ein
Hinweis darauf. Erst heute – im Interview für den vorliegenden »Kriminalfall« – erwähnte Adolf Brass, dass eine zweite Tatwaffe gefunden wurde:

>»Da war eine Mauer, wie man nachher festgestellt hat, wo die Pistole war, die
> der Klein damals gehabt hat, wo der eine Schuss gefehlt hat, der genau zu
> dem Projektil gepasst hat, das der Kerner noch im Körper hatte. Das ist keine
> Fantasie von mir, sondern das hat das Gericht ja alles festgestellt. Die haben
> zu Hause [bei Klein, I.P.] alles links gemacht und haben das gefunden.«

Die Urteile jedoch lassen dieses ganz erhebliche Beweisstück uner-
wähnt. In der neuen Hauptverhandlung 1973/74 erklärte Klein, er
habe nie eine Waffe besessen. Nur einmal habe ihm ein Soldat eine
Pistole vom Kaliber 6,35 Millimeter wegen Trinkschulden verpfändet. Während der Haft hat Klein nach eigenem Bekunden über Jahre
hinweg versucht, eine Untersuchung der sichergestellten Geschosshülsen und Patronen zu erreichen beziehungsweise die Ergebnisse einer
solchen Untersuchung, sofern sie stattgefunden hatte, zu erfahren. Im
März 1963 teilte ihm die Staatsanwaltschaft Saarbrücken mit, dass
sie bereits 1958 angeordnet habe, die Asservaten aus Kleins Akte zu
entnehmen und zu vernichten. Das Landgericht Saarbrücken stellte in
seinem Urteil am 18. Januar 1974 lapidar fest: »Kriminaltechnische
Untersuchungen in Bezug auf die Waffe und die Geschosse wurden
damals nicht angestellt.« Dies, obwohl auch damals schon das Ver-
gleichsmikroskop die sicher gestellten Geschosse der Tatwaffen hätte
zuordnen können.

  Aus heutiger Sicht sind die Karl Klein zur Last gelegten Tatmotive
schwer nachzuvollziehen. Die Schwarzschlachtungen – hätten sie die
Amerikaner wirklich noch interessiert im April 1945? Die Schwarzmarktfahrten nach Kiew, über die in den Verhandlungen seltsam abgehoben gesprochen wurde – Bahnfahrten nach Osten in einer Zeit,
als dort nicht nur Transporte der Wehrmacht rollten, sondern auch
Massentransporte von Menschen aus ganz Europa mit den Zielen
Auschwitz, Treblinka, Majdanek oder Sobibor. Nahmen sich demge-

genüber die Hamsterfahrten des Karl Klein nicht eher harmlos aus? Welches Interesse sollten die Amerikaner gehabt haben, diese Fahrten aus dem Jahre 1943 noch nachträglich mit Strafen zu belegen?

Das Ende

Karl Klein blieb auch nach der Bestätigung des Schuldspruches von 1949 ein freier Mann, musste nicht mehr ins Gefängnis zurück. Noch 20 Jahre lebte er in Bexbach – mitten unter denen, die ihn schon immer für den Bösewicht gehalten hatten. Josef Johann erinnert sich an eine der letzten Begegnungen mit dem schwarzen Schaf:

»Er ist bei mir erschienen und hat mich gefragt, ob ich seine Sache schreiben wollte. Heute täte ich es, damals habe ich ihn verscheucht mit der Antwort, ich schreibe dann auch das, was die anderen sagen, die haben sich ja gegenseitig widersprochen, und dann ist der Herr Klein nicht mehr gekommen. Wenn ich ihm in der Stadt begegnet bin, da war das ein freundliches ›Guten Tag, Herr Johann‹, ›Guten Tag, Herr Klein‹. Und der hat in Bexbach, ich würde so sagen, sich nicht unwohl gefühlt.«

1993 starb Karl Klein in einem Altenheim in Homburg. Er wurde 92 Jahre alt und hatte fast alle überlebt, die in den Mordfall Kerner involviert waren. Ein Grab gibt es nicht. Karl ließ sich anonym bestatten. Auch dies machte ihn bis zuletzt zum Außenseiter in der ehrbaren katholischen Gesellschaft von Bexbach, wie Josef Johann zusammenfasst:

»Mit großer Wahrscheinlichkeit hat er sich einäschern lassen; das ist für heute beinahe gang und gäbe, die Urnenbestattung, aber zur damaligen Zeit war das wiederum ein Indiz für die Gesinnung vom Herrn Klein. Ja, da hat sich ein rechtschaffener Christ nicht einäschern lassen. Aber der Herr Klein hat das dann doch gemacht. Das war auch vielleicht das Beste für ihn. Denn wer hätte denn sein Grab pflegen sollen?«

Inge Plettenberg

Autorinnen und Autoren

Gerald Endres, geboren 1957 in Kaufbeuren/Allgäu, studierte Publizistik, Politologie und Theaterwissenschaft an der Freien Universität Berlin. Anschließend arbeitete er als Hörfunkjournalist. Seit 1991 erstellt er zusammen mit Ute Bönnen Dokumentarfilme, hauptsächlich zu zeitgeschichtlichen Themen. Ausgewählte Filmografie: *Preußen – Chronik eines deutschen Staates*, ARD 2000; *Die großen Kriminalfälle – Die Gladow-Bande – Chicago in Berlin*, ARD 2000; *1848 – Barrikaden in Berlin*, B1 1998; *Der Algerienkrieg: Kampf an vielen Fronten*, arte und SWR 1998; *Die internationalen Brigaden. Freiwillige im Spanischen Bürgerkrieg*, arte und SDR 1996.

Michael Gramberg, geboren 1942, studierte Sprachwissenschaften in Heidelberg und Köln; er promovierte 1969. Von 1971 bis 1990 war er Redakteur und Auslandskorrespondent (Paris, Moskau, Riga) beim WDR. Seit 1990 arbeitet er freiberuflich und lebt hauptsächlich in Frankreich. Ausgewählte Filmografie: *Die Hure der Republik*, ARD 2003; *Der talentierte Jacques Chirac*, WDR 2003; *Die großen Kriminalfälle – Ausbrecherkönig Alfred Lecki*, ARD 2002; *Die Story: Verordnetes Schweigen*, ARD 2002; *Doppelleben: François Mitterand*, ARD 2002; *Die großen Kriminalfälle – Vera Brühne*, ARD 2000; *Die Story: Tod im Tunnel*, ARD 2000.

Danuta Harrich-Zandberg, geboren 1954 in Polen, studierte Kunstgeschichte in Brüssel und Psychologie in München. Seit 1983 arbeitet sie zusammen mit Walter Harrich als Drehbuchautorin und Produzentin. Sie drehten unter anderem: *Der Contergan-Skandal*, ARD 2003 (nominiert für den Deutschen Fernsehpreis); *Die großen Kriminalfälle – Der Frauenmörder von St. Pauli: Fritz Honka*, ARD 2001; *In den Slums von Dhaha*, ARD 2001; *Die großen Kriminalfälle – Walter Sedlmayr: Tod eines Volksschauspielers*, ARD 2000; *Tatort: Der Trippler*, ARD 2000; *Der Feind, Dein Freund. Annäherungen in Israel*, ARD 1998.

Roland May, geboren 1960 in Hamburg, studierte Publizistik, Theater- und Filmwissenschaft und Lateinamerikanistik an der Freien Universität Berlin. Seit 1987 arbeitet er als Dokumentarfilmautor und -regisseur für ZDF, ARTE, SWR, MDR, SAT.1, RTL und WDR. 1992/93 war er Redakteur bei n-tv, 1993/94 bei RTL, seit 1995 arbeitet er als freier Autor, Regisseur und Produzent. Ausgewählte Filmografie: *Das Gewissen der Welt*, ZDF 2002; *Plastic Fantastic*, arte und ZDF 2001; *Schätze der Welt – UNESCO Weltkulturerbe*, SWR 2000; *Legenden – Roy Black*, ARD 2000; *Legenden – Curd Jürgens*, ARD 1998; *Legenden – Soraya*, ARD 1998; *Shanghai brennt*, ARTE 1997.

Inge Plettenberg, geboren in Merzig/Saar. Journalistische Ausbildung (Tageszeitung). Studium der Geschichte, Anglistik und Slawistik, Promotion zum Dr. phil. Redakteurin und Realisatorin beim Saarländischen Rundfunk. Ausgewählte Filmografie: *Die großen Kriminalfälle – Ein Mord und keine Leiche*, ARD 2002; *Die Bombe kam von der Stasi*, ARD 2001: *Die großen Kriminalfälle – Soldatenmord: Die Schüsse von Lebach*, ARD 2001; *Der lange Schatten des Krieges. Zwangsarbeiter-Entschädigung, saarländisch gesehen*, SR 2000; *Bomben-Story. Die Schutzengel eines Industrie-Denkmals*, SW 3 1997; *Polina und die Milliarde aus Bonn* (Schicksal einer Zwangsarbeiterin), SR 1993; *Der Gauleiter. Joseph Bürckel: Lebensweg eines Politikers aus der Pfalz*, SW 3 1992; *Hermann Röchling oder: Der Krieg als industrielle Herausforderung* (gemeinsam mit Christian Fuchs), ARD 1990.

Christel Schmidt, geboren 1954 in Limburg, studierte Betriebswirtschaftslehre und absolvierte ein Volontariat beim Fernsehen. Heute arbeitet sie als Redakteurin beim Hessischen Rundfunk (Politik, Kultur, Unterhaltung) und freie Autorin (Dokumentation, Magazin, Feature). Ausgewählte Filmografie: *Die großen Kriminalfälle – Der rätselhafte Kindermord*, ARD 2002; *Deutsche Welten – Die Afrikaner oder Warum die Dschungelprinzessin einen Imbisswagen hat*, ARD 2000; *Michel Friedman – höchstpersönlich*, ARD-Portraitreihe 2000; *Babsie, Paul und Sonja tun es – Jugendweihe 99*, HR 1999; *Jürgen Höller, der »Du-schaffst-es-Mann«*, HR 1999.

Rudolf Schröck, geboren 1949 in München, studierte Germanistik und Geschichte und arbeitete danach als Reporter und Redakteur für Tageszeitungen und Hörfunk. Zuletzt war er 15 Jahre leitender Redakteur bei der *Abendzeitung* in München. Er arbeitet heute als Autor, Biograf und Drehbuchautor für Verlage und Fernsehen. Ausgewählte Buchveröffentlichungen: *Der Mann, dem die Frauen vertrauten – Die Geschichte des Serienmörders Horst David* (erscheint 2004); *Bayern* (mit Raimund Kutter) (2003); *Die schönsten Bier-*

gärten in München und Umgebung (2001); *München – Edition: Die deutschen Städte* (1998); *Willy Brandt. Eine Bildbiographie* (1993), *Richard von Weizsäcker. Eine Bildbiographie* (1992), *Franz-Josef Strauß. Eine Bildbiographie* (1990).

Mitarbeiter der Fernsehreihe

Koordination: Silvia Gutmann, NDR; Esther Schapira, HR

Der St. Pauli-Killer, NDR
Redaktion: Silvia Gutmann
Autoren: Danuta Harrich-Zandberg, Walter Harrich

Der Ausbrecherkönig Alfred Lecki, WDR
Redaktion: Beate Schlanstein
Autor: Michael Gramberg

Giftpaket nach Rügen, SFB
Redaktion: Jürgen Tomm
Autoren: Ute Bönnen, Gerald Endres

Der rätselhafte Kindermord, HR
Redaktion: Esther Schapira
Autorin: Christel Schmidt

Ein Mord und keine Leiche, SR
Redaktion: Vera Meyer-Matheis
Autorin: Inge Plettenberg

Der Blaubart von Fehmarn, WDR
Redaktion: Beate Schlanstein
Autor: Michael Gramberg

Die Schlecker-Entführung, SWR
Redaktion: Gerolf Karwath
Autor: Martin Thoma

Der Elternmord von Morschen, HR
Redaktion: Esther Schapira
Autorin: Ulrike Bremer

Mord in der Karibik, NDR
Redaktion: Silvia Gutmann
Autorin: Danuta Harrich-Zandberg, Walter Harrich

Der Schmücker-Mord, RBB
Redaktion: Rolf Bergmann
Autoren: Ute Bönnen, Gerald Endres

Der Mörder in der Mülltonne, SR
Redaktion: Vera Meyer-Matheis
Autorin: Inge Plettenberg

Bildnachweise

Polizeipräsidium Hamburg 19
Staatsanwaltschaft Hamburg 32
dpa picture alliance, Frankfurt 42, 142
WDR, Köln 50
Ute Bönnen Gerald Endres Filmproduktion, Kleinmachnow 61
privat 69, 206
HR, Frankfurt 86, 96, 187
SR Saarbrücken 110, 273 (?)
Presseagentur Becker & Bredel, Saarbrücken 130
NDR, Hamburg 159
SWR, Baden-Baden 172
Polizei Bremen 220
Hubertus Raabe, Sinzig 228
Polizeifoto (Klaus Hemme, Hamburg) 233
Foto-Agentur Hartung, Saarbrücken 274 (?)

Sollte es trotz aller Bemühungen nicht gelungen sein, alle Rechteinhaber zu ermitteln und korrekt wiederzugeben, wird darum gebeten, sich mit dem Verlag in Verbindung zu setzen.